Ejercicios Espirituales De San Ignacio...

Antoni Maria Claret

EJERCICIOS ESPIRITUALES

DE SAN IGNACIO.

Varios Prelados de España han concedido 2400 dias de indulgencia para todos los que leyeren ú oyeren leer un capitulo ó página de cualquiera de las publicaciones de la LIBRERÍA RELIGIOSA.

PRIÈRE DE S. IGNACE.

Prenez,
Seigneur, et re-
cevez toute ma liberté,
ma mémoire, mon enten-
dement, et toute ma vo-
lonté; tout ce que j'ai, et
tout ce que je possède. Vous
me l'avez donné, Seigneur,
je vous le rends : tout est à
vous, disposez-en selon votre
bon plaisir. Donnez-moi
votre amour et votre
grâce ; ils suffisent
à tous mes
désirs.

BOUASSE-LEBEL.
22, rue Saint-Sulpice, Paris.

St IGNACE DE LOYOLA
Fondateur de la Compagnie de Jésus
Fête le 31 Juillet.

EJERCICIOS ESPIRITUAI

DE

SAN IGNAC

EXPLICADOS POR

EL EXCMO. É ILMO. Sr. D. ANTO

Arzobispo de Santiago de Cuba

Con aprobacion del Ordinario

BARCELONA:

LIBRERÍA RELIGIOSA.—IMPRENTA DE

calle den Robador, núm. 24 y 26.

1859.

*Mei obliviscebatur, dicit Dominus. Propter hoc...
ducam eam in solitudinem, et loquar ad cor
ejus.* (Osee, II, 13, 14).

Se olvidaba de mi, dice el Señor. Por esto la llevaré á la soledad y le hablaré al corazon.

Estos Ejercicios son dados á luz por la Academia de
San Miguel.

AL LECTOR.

Hallándonos dando los ejercicios espirituales de san Ignacio, ya en público, ya en privado ó en particular, nos han pedido muchísimas veces el libro de dichos ejercicios explicados, á fin de aprovecharse mas y mas de ellos, pudiendo así, con el libro en la mano, meditar y rumiar detenidamente, y aun repetir lo que una vez oyeran de viva voz; y no solo para esto, sino tambien para poder hacer tan santos ejercicios por sí mismos en el año que no puedan conseguir director que se los dé. Condescendiendo, pues, á un deseo tan útil y laudable como santo, hemos determinado darlos á la luz pública, y distribuir sus meditaciones en diez dias; á saber, ocho enteros y dos incompletos, que son la víspera y el dia de Comunion y conclusion. El dia primero no tiene mas que una meditacion, y el último dos; los demás dias tienen cuatro, dos por la mañana, y dos por la tarde y noche.

Mas para su mayor inteligencia debe saberse que los maestros espirituales dividen la materia de las meditaciones en tres órdenes, segun los tres estados de los que meditan. Unos son pecadores que desean salir de sus pecados, y estos caminan por el camino que llaman via purgativa, cuyo fin es purificar el alma de todos sus vicios, culpas y pecados. Otros pasan mas adelante y aprovechan en la virtud, los cuales andan por el camino que llaman via iluminativa, cuyo fin es ilustrar el alma con el resplandor de muchas verdades y virtudes, y alcanzar grande aumento de ellas. Otros son ya perfectos, los cuales andan por la via que llaman unitiva, cuyo fin es unir y juntar nuestro espíritu con Dios en union de perfecto amor.

San Ignacio divide esta misma materia de las tres vias con el nombre de cuatro semanas: en la primera semana pone la materia que corresponde á la via purgativa; en la segunda y tercera semanas la materia de la via iluminativa, y en la cuarta semana la materia de la via unitiva.

Siguiendo, pues, en la explicacion de estos santos ejercicios la idea de los maestros espirituales, y lo que dice san Ignacio, hemos pensado para mayor claridad dividir toda la materia y plan de las meditaciones en cinco secciones ó clases, de esta manera. La materia de la via purgativa, ó de la primera semana, la dividimos en dos secciones: la primera seccion comprende las meditaciones mas oportunas para llorar y confesar los pecados y quedar limpio de ellos; la segunda seccion consta de las meditaciones á propósito para no recaer en pecado en lo sucesivo, y así conservarse siempre en aquella limpieza que se adquirió por medio de las meditaciones de la primera seccion; la tercera seccion consta de las meditaciones de las virtudes que debemos tener y aprender de Jesucristo, que san Ignacio llama de la segunda semana; la cuarta seccion consta de las meditaciones tambien de las virtudes de Jesucristo, pero considerándolas de un modo mas elevado y perfecto, imitando el espíritu con que hizo, sufrió y practicó todas las virtudes, cuyas meditaciones llama san Ignacio de la tercera semana; y finalmente la quinta seccion consta de las meditaciones de la via unitiva, que san Ignacio llama de la cuarta semana. Este, pues, es el plan que nos hemos propuesto en la explicacion de estos santos Ejercicios; y como tenemos en tan alta estima las palabras del Santo, las ponemos textuales en la cabecera de la meditacion, tales cuales él las escribió, conservando aun el estilo de su tiempo, y luego al texto seguirá la explicacion.

En cuanto al número de meditaciones quisiéramos que se hiciesen todas las señaladas para cada dia, y si no es posible en los actos públicos cuando se tendrán en la iglesia, que las hagan allá privadamente en sus casas, que para esto les servirá mucho el presente libro.

Sea todo para la mayor gloria de Dios, alabanza de María santísima y salvacion de las almas. Amen.

ANTONIO MARÍA,
Arzobispo de Santiago de Cuba.

PLAN DE LAS MEDITACIONES DE LOS EJERCICIOS.

TIEMPO Y MODO DE HACER LA MEDITACION.

1. Cada meditacion durará una hora.

2. Como cada meditacion tiene tres puntos, y cada punto dos afectos, se distribuirá el tiempo de esta manera: Se invocará al Espíritu Santo al momento de empezar; se hará la oracion preparatoria y los preludios correspondientes; luego se leerá el primer punto y se guardará silencio, y se meditará y contemplará aquello que se ha leido hasta los diez minutos, que se leerá el primer afecto, y al dar el cuarto se leerá el segundo afecto.

Al cabo de poco se leerá el segundo punto, y á los diez minutos se leerá el segundo afecto, y á los quince minutos ó al cuarto se hará el segundo afecto.

En el tercer cuarto se leerá el tercer punto y afecto por el mismo estilo que los anteriores.

3. El último cuarto, hasta terminar la hora, se empleará en los coloquios, conclusion, accion de gracias, ofrecimiento de los propósitos y resoluciones, en exámen de la misma meditacion, y en recapacitar todos los puntos de la meditacion y escoger lo que mas impresion ha hecho, y aquello lo rumiará, y si hay oportunidad se apuntará brevemente para que jamás se olvide, y será el ramillete que se sacará de la meditacion.

4. Durante la meditacion se medita y se contempla: se medita cuando se discurre de una verdad á otra; y se contempla cuando interiormente, con una

vista sencilla de la verdad, sin variedad de discursos, se tienen grandes afectos de admiracion, amor, dolor de los pecados, etc., etc.

5. La meditacion se hace con la aplicacion de las tres potencias. La memoria recuerda y tiene presente la materia de la meditacion, y cuando esta es infiel ó no tiene retentiva se ha de suplir con la lectura pausada y detenida de la misma meditacion. El entendimiento discurre acerca de la materia de la meditacion, se penetra bien de la verdad contenida en ella, ve los bienes que resultan de la práctica de aquella verdad, y los daños y perjuicios que se siguen de abandonarla ó de obrar en contrario. Luego viene la voluntad, y como esta sigue el bien que el entendimiento la propone, hace propósitos de seguirla y ponerla por obra, y por lo mismo resuelve apartarse de todo lo que conoce que le es perjudicial. Para ayudar á la voluntad sirve mucho la aplicacion imaginaria de los sentidos, v. gr., con la imaginacion, como si viera, oyera, tocara, etc., las personas y cosas contenidas en la meditacion. Esta aplicacion imaginaria de los sentidos enciende de un modo admirable los afectos de la voluntad, y resuelve por último apartarse de lo malo, hacer el bien, procurar la paz, y seguirla [1].

[1]   Diverte à malo, et fac bonum: inquire pacem, et persequere eam. (Psalm. xxxiii, 15).

EL PRIMER ACTO DE CADA DIA

SE EMPIEZA DE ESTA MANERA.

Hincadas las rodillas se dice:

Por la señal de la santa cruz de nuestros enemigos líbranos, Señor Dios nuestro. En el nombre del Padre, y del Hijo, y del Espíritu Santo. Amen.

Veni, Creator Spiritus,
Mentes tuorum visita;
Imple superna gratia,
Quæ tu creasti pectora.
    Qui diceris Paraclitus,
Altissimi donum Dei,
Fons vivus, ignis, charitas,
Et spiritalis unctio.
    Tu septiformis munere
Digitus Paternæ dexteræ,
Tu rite promissum Patris
Sermone ditans guttura.
    Accende lumen sensibus,
Infunde amorem cordibus,
Infirma nostri corporis
Virtute firmans perpeti.

Hostem repellas longius,
Pacemque dones protinus;
Ductore sic te praevio,
Vitemus omne noxium.

Per te sciamus da Patrem,
Noscamus atque Filium,
Teque utriusque Spiritum
Credamus omni tempore.

Deo Patri sit gloria,
Ejusque soli Filio,
Cum Spiritu Paraclito,
Nunc et per omne saeculum.

Amen.

℣. Emitte Spiritum tuum, et creabuntur.

℟. Et renovabis faciem terrae.

OREMUS.

Deus, qui corda fidelium Sancti Spiritus illus-
tratione docuisti; da nobis in eodem Spiritu recta
sapere, et de ejus semper consolatione gaudere.
Per Christum Dominum nostrum. Amen.

*Despues se rezarán tres Ave Marias á la Virgen santí-
sima.*

Sub tuum praesidium confugimus, sancta Dei
Genitrix, nostras deprecationes ne despicias in ne-
cessitatibus, sed à periculis cunctis libera nos semper, Virgo gloriosa et benedicta.

Luego un Padre nuestro y Ave María á los santos Angeles, otro á san Ignacio, y á algun otro Santo de su devocion, como patronos de los santos ejercicios.

NOTA. *Así se hará cada dia en el primer acto. En los demás actos solo se dirá:*

Veni, Sancte Spiritus, reple tuorum corda fidelium, et tui amoris in eis ignem accende.

℣. Emitte Spiritum tuum, et creabuntur.

℟. Et renovabis faciem terræ.

OREMUS.

Deus, qui corda fidelium, etc.

Tres Ave Marías á la pureza de María santísima.

ACTOS QUE SE HAN DE HACER CADA DIA
Y EN CADA MEDITACION.

ORACION PREPARATORIA.

Dios y Señor mio, yo creo firmísimamente que estais aquí presente.

Os adoro, Dios mio, con todo el rendimiento y afecto de mi corazon, y os pido humildemente perdon de todos mis pecados.

Os ofrezco, Señor y Padre mio, esta meditacion, y espero me concederéis las gracias que necesito para hacerla bien. Á este mismo fin acudo á Vos,

Vírgen santísima, madre mia, Ángeles y Santos, para que intercedais por mí y me alcanceis lo que he menester para hacer con fruto esta meditacion. Amen.

NOTA. *Aquí se hace el primer preludio, que es la composicion de lugar segun la meditacion.*

Luego el segundo preludio, que consiste en pedir la gracia, no en general, como en la oracion preparatoria, sino especial, segun la materia de la meditacion.

Despues se empezará con mucha páusa la lectura de la meditacion, mirándola como venida de Dios, y aplicando su contenido al estado presente del alma, con lo que verá cada uno lo que se debe enmendar, reformar ó mejorar, y á su vista hará propósitos prácticos, y despues de ellos las súplicas y coloquios, ya á la Vírgen, ya al Hijo de Dios, ya al Padre eterno, á fin de obtener la gracia conveniente para hacer lo que propone, y para todo lo que desea.

Llegada la hora de concluir se dirá el *Padre nuestro.*

CONCLUSION DE LA MEDITACION.

ACCION DE GRACIAS.

Os doy gracias, Dios mio, por los buenos pensamientos, afectos é inspiraciones que me habeis comunicado en esta meditacion.

OFRECIMIENTO. Os ofrezco los propósitos que en ella he formado, y os pido gracia muy eficaz para ponerlos por obra, y á este fin os suplico á Vos, María, madre mia, Ángeles y Santos de mi devocion, que intercedais por mí y me alcanceis esta gracia. Amen.

EXÁMEN DE LA MEDITACION.

1.° Antes de empezar la meditacion, ¿he reflexionado á qué iba, y á qué fin?

2.° ¿La he comenzado con deseo eficaz de hacerla bien, y aprovecharme de ella?

3.° ¿He prevenido antes los propósitos que debia hacer, y las gracias especiales que debia pedir?

4.° ¿He avivado la fe de la presencia de Dios, creyendo que iba á hablar con el mismo Dios?

5.° ¿Le he ofrecido la meditacion, y he pedido gracia para hacerla con fruto?

6.° ¿He descuidado la composicion de lugar?

7.° ¿He leido con detencion los puntos, pensando que Dios me hablaba, y he aplicado lo que leia al estado presente de mi alma?

8.° ¿He sacado de aquí propósitos prácticos?

9.° ¿He guardado la conveniente compostura del cuerpo?

10. ¿Me he dejado vencer del sueño ó pereza?

11. ¿He dado lugar á pensamientos inútiles?

12. ¿Me he envanecido por el fervor sensible?

13. ¿Me he inquietado por las sequedades ó desolaciones?

14. ¿He dejado los coloquios y súplicas?

15. ¿Me he detenido demasiado en discurrir, ó en otra operacion del entendimiento?

16. ¿Me he detenido poco en la mocion de los afectos?

17. ¿He abreviado la meditacion por motivo de sequedad, tentacion ú otro pretexto?

18. ¿Qué propósitos he sacado? ¿Pienso hoy mismo ponerlos en práctica?

19. ¿He pedido para este fin la gracia y lo demás que necesito?

20. ¿He dejado de rogar para quienes estoy obligado, y para toda la Iglesia?

Si se halla haber faltado, se pedirá perdon y se propondrá la enmienda; y si no se encuentra falta alguna, se darán gracias á Dios por ello.

Por fin, aquello que mas habrá movido se recogerá como una flor para tenerlo en el corazon todo el dia, y si es fácil se escribirá, á fin de que no se olvide, como lo advierte san Ignacio.

El examinarse despues de la meditacion es utilísimo, así para el fruto de la misma, como para aprender el modo práctico de hacerla: en consecuencia, siempre que sea posible lo hará, no solo en tiempo de ejercicios, sino tambien en todos los dias del año.

I.

MEDITACION PREPARATORIA.

AVISO IMPORTANTÍSIMO.

Debes persuadirte, alma cristiana que tienes la dichosa suerte de ser llamada á estos santos Ejercicios, que ninguna cosa te importa tanto como el hacerlos bien. Piensa que quizá será la última vez que los harás, ó porque no te se proporcionará otra ocasion, ó porque la muerte te llevará antes de otro tiempo en que se harán. ¿Quién sabe si de ellos depende tu salvacion ó condenacion? Debes, pues, hacerlos con todo esmero y fervor, como si fueran los últimos de tu vida, como si fueran para ir á morir y rendir cuentas á Dios.

Esta meditacion preparatoria tiene tres puntos: el 1.º es de la necesidad de los ejercicios; el 2.º de sus ventajas y excelencias, y el 3.º de las disposiciones para hacerlos bien.

ORACION PREPARATORIA.

Dios y Señor mio, yo creo firmísimamente que estais aquí presente. Os adoro, Dios mio, con todo el rendimiento y afecto de mi corazon, y os pido humildemente perdon de todos mis pecados. Os ofrezco, Señor y Padre mio, esta meditacion, y espero me concederéis las gracias que necesito para hacerla bien. Á este mismo fin acudo á Vos, Vírgen santísima, madre mia, Ángeles y Santos, para que intercedais por mí y me alcanceis lo que he menester para hacer con fruto esta meditacion. Amen.

PRELUDIO PRIMERO,

Ó SEA COMPOSICION DE LUGAR.

Imagínate que ves al glorioso san Ignacio con el libro de los Ejercicios en la mano, y que á su alrededor tiene un sinnúmero de justos confirmados en gracia, de pecadores convertidos, y de tibios enfervorizados; y que dirigiéndote á tí la palabra te dice: toma, hijo, este libro, y medita sériamente las verdades que están en él contenidas. Luego imagínate que ves aquella gran muchedumbre que nadie puede contar, de todas naciones, tribus, pueblos y lenguas, que están ante el trono y delante del Cordero, revestidos de un ropaje blanco, con palmas en sus manos, con que simbolizan la victoria que han reportado, ya de los tiranos, ya de sus propias pasiones, y que exclamando á grandes voces, dicen: La salvacion la debemos á nuestro Dios, que está sentado en el solio, y al Cordero, y á los Ejercicios de san Ignacio [1].

[1] Apoc. VII, 9, 10.

PRELUDIO SEGUNDO,

QUE CONSISTE EN PEDIR LA GRACIA ESPECIAL.

Os pido, Dios y Señor mio, la gracia de conocer la necesidad que tengo de estos ejercicios, y cuánto conviene aprovecharme de ellos.

Punto 1.º

Necesidad de los santos ejercicios.

Una de las gracias grandes y extraordinarias que Dios dispensa á una alma, es el que le proporcione hacer los santos ejercicios espirituales. Y para agradecer mejor esta gracia, y ver la necesidad que de ella tienes, debes saber ante todo qué cosa sean los ejercicios espirituales. Pues ejercicios espirituales, segun san Ignacio [1], no son otra cosa que un modo de examinar la conciencia, de meditar y contemplar, de orar mental y vocalmente, y de otras operaciones espirituales; porque así como el pasear, caminar y correr son ejercicios corporales, así tambien todo modo de disponer y preparar el alma para quitar de sí las afecciones desordenadas, y, despues de quitadas, para buscar y hallar la divina voluntad en las disposiciones de su vida

Anot. 1.

2*

para la salud del alma, se llaman ejercicios espirituales.

Conocida, pues, la esencia de los ejercicios espirituales, fácilmente conocerás la necesidad que de ellos tienes: porque ó eres justo, ó eres pecador, ó eres tibio. Si eres justo, necesitas de los ejercicios espirituales para conservarte, justificarte y purificarte aun mas, como debes y Dios te lo manda [1]. Por bueno que seas, sin los santos ejercicios no perseverarás: á la manera que las plantas sin agua se mueren, así las almas, sin las aguas de los santos ejercicios, incurren en la muerte del pecado. Y así como la tierra buena, que es bien cultivada, abonada y regada, es mas fructífera, así tambien es mas buena y mas copiosa en obras buenas aquella alma justa que con todo cuidado y esmero se examina, se arrepiente, ora y medita, y hace lo demás que se practica en los santos ejercicios: por esto vemos que las personas espirituales y deseosas de adelantar en la perfeccion no se contentan con tener diariamente lectura espiritual, oracion mental y vocal, exámen particular y general cada dia, sino que además cada año hacen esto mismo por algunos dias con mas detencion, ocupándose exclusivamente en esta santa tarea.

Si eres pecador, tambien tienes necesidad de los

[1] Qui justus est, justificetur adhuc ; et qui sanctus est, sanctificetur adhuc. (*Apoc.* XXII, 11).

santos ejercicios espirituales; pues que no los necesita menos el pecador para convertirse, que el
justo para perseverar en gracia. En la soledad de
los santos ejercicios Dios habla al corazon; apartado el cristiano del bullicio de las cosas del mundo, oye la voz del Señor que le dice:—Alma cristiana: ¿De dónde vienes? ¿En dónde te hallas? ¿Á
dónde vas?—Vienes de mí, que te he criado y redimido, y te he destinado para el cielo; para que
te salves te he dado leyes y Sacramentos, auxilios
y gracias especiales. —Y tú, ¿en dónde te hallas [1]?
¡Ay, te hallas en estado de pecado, desnudo de la
gracia, indigno del cielo, reo de muerte!—¿Á
dónde vas [2]? ¡Ay, vas al infierno! ¡Cada paso que
vas dando, te vas acercando á aquel eterno suplicio! No hay duda que al oir esta voz del Señor no
endurecerás tu corazon. Confesarás tu pecado, y
Dios, que no quiere la muerte del pecador, sino
que se convierta, y viva en gracia y despues en
gloria, te perdonará cual hijo pródigo, y te admitirá á su amistad y gracia como á María Magdalena, y así serás feliz.

Si eres tibio, aun tienes mas necesidad de los
santos ejercicios espirituales que el justo para perseverar, y que el pecador para convertirse. ¡Ojalá,

[1] Adam... ubi es ? (*Genes.* iii, 9).
[2] Quo vadis? Revertere ad dominam tuam, et humiliare
sub manu illius. (*Genes.* xvi, 8, etc.).

te dice el mismo Dios, fueses tú caliente por la gracia, ó frio por el pecado; mas porque eres tibio empezaré á vomitarte de mi boca [1]. ¡Oh alma tibia, tú eres la que mas necesidad tienes de los santos ejercicios espirituales; solo ellos te pueden dispertar del letargo en que te hallas! Tú, alma tibia, eres aquel árbol estéril que no produce mas que hojas, segun dice el Evangelio [2]; el dueño de la huerta, que es Dios, mandó que se cortase con la segur ó guadaña de la muerte, y se echase al fuego del infierno, ya que tan inútilmente ocupas la tierra; pero el hortelano, que es Jesucristo, le ha suplicado y ha alcanzado la gracia de que se dilate por otro año, con la esperanza de que luego darás fruto, porque ahora se te dará un nuevo y especial cultivo por medio de los santos ejercicios espirituales; se te removerá y recordará la tierra de que eres formado en cuanto al cuerpo; se te pondrá á la consideracion la basura de tus pecados y faltas, y con el conocimiento de tí mismo, de tus miserias y culpas, cual árbol bien abonado y cultivado, darás copiosos frutos de humildad y arrepentimiento.—En esta santa soledad conocerás por dónde te has desviado, cómo te has apartado de Dios, y los grados por donde has venido á parar en la tibieza en que te hallas: tú conocerás que te ha-

---

[1] Quia tepidus es, incipiam te evomere ex ore meo. (*Apoc.* iii, 16). — [2] Luc. xiii, 6, etc.

llas así porque has dejado la oracion mental y vocal, la frecuencia de Sacramentos y demás ejercicios de piedad, y que si algo haces todo anda con flojedad, con poco cuidado, y con mucha soñolencia y pereza. Tú te has cansado y fastidiado, como aquellos hebreos, del celestial maná; has murmurado de todo, de todas las cosas buenas te cansas y fastidias; tú has mirado la ley de Dios no como un yugo suave y carga ligera, sino como una cosa insoportable; la perfeccion la has tenido como por cosa imposible, no obstante que Jesucristo te dice que seas perfecto como es perfecto tu Padre celestial: de aquí es, que en lugar de procurar la perfeccion te has bebido la iniquidad como el agua; ¡qué murmuraciones! ¡qué mentiras! ¡qué afectos desordenados! ¡qué faltas de toda especie! Como un leproso te hallas plagado de faltas de piés á cabeza.—Solo los santos ejercicios te pueden sacar de tantos males...

AFECTOS.

1.° *De gratitud.* Ya empiezo á sentir el bien tan grande que me ha dispensado Dios en traerme á estos santos ejercicios. Bendito seais, Dios mio, de haberme llevado á esta probática piscina en que se cura de toda enfermedad, no al primero que entra sino á todos cuantos se presentan con deseo verdadero de curar.

2.° *De súplica*. ¡Ay, Señor! hasta ahora no he tenido un hombre que se haya compadecido de mí, mas ya he hallado este hombre; sí, ya os he hallado á Vos, Jesús mio, que sin dejar de ser Dios sois hombre verdadero. Vos sois mi Salvador, y confio que en estos santos ejercicios Vos sanaréis mi alma, que bien lo necesita. Cread, Señor, en mí un corazon limpio, y renovad en mis entrañas un espíritu recto [1].

Punto 2.°

Excelencia y utilidad de los santos ejercicios.

¡Oh cuán excelentes y preciosos son los ejercicios espirituales de san Ignacio!... Su doctrina es celestial y divina; es inspirada de Dios y enseñada por María santísima, aprobada de los Sumos Pontífices, celebrada y recomendada de los prelados, exhortada de los maestros de espíritu, y confirmada por la experiencia: y como el árbol se conoce por su fruto, por los abundantísimos y preciosísimos frutos que siempre han producido y están produciendo los santos ejercicios de san Ignacio, se puede conocer claramente cuál sea su preciosidad, excelencia y utilidad.

[1] Cor mundum crea in me Deus, et spiritum rectum innova in visceribus meis. (*Psalm.* L, 12).

Para convencer mas nuestro entendimiento y mover mas y mas nuestra voluntad, y darles la estima que se merecen, bueno será alegar aquí algunas pruebas, y así decimos que el sumo pontífice Paulo III, en su bula de aprobacion expedida en el dia último de julio del año 1548, dice: «que «Ignacio de Loyola... ha compuesto ciertos docu-«mentos ó ejercicios espirituales, sacados de la «sagrada Escritura y de las experiencias de la vida «devota, y dispuestos con muy buen método para «mover santamente los ánimos de los fieles; y que «los dichos ejercicios son de grande utilidad, y «muy á propósito para el consuelo y provecho es-«piritual;» y finalmente dice: «En virtud de esta «nuestra cierta ciencia, y con apostólica autoridad «aprobamos, alabamos, y con el patrocinio de las «presentes Letras corroboramos dichos documentos «y ejercicios, y todas y cada una de las cosas en «ellos contenidas, exhortando vivamente en el Se-«ñor á todos los fieles del uno y otro sexo, en cual-«quier lugar del mundo, á que se valgan de tan «piadosos ejercicios.»

El sumo pontífice Alejandro VII dice: «Nos, «que sabemos bien de cuánto provecho sean estos «ejercicios para dirigir las almas de los fieles y «establecerlos en la via del servicio divino, etc.» Además de los elogios y recomendacion que de los ejercicios hace, los enriquece con indulgencia plenaria, que concede á todos los fieles que hagan dichos ejercicios por ocho dias.

Clemente XI los recomienda y exhorta; y Clemente XII, además de recomendar los ejercicios de san Ignacio, y conceder indulgencia plenaria á los que los hagan por diez dias, absuelve la residencia á los curas párrocos, y concede presencia á los canónigos, beneficiados y demás obligados á asistir al coro durante los ejercicios, como consta de la bula dirigida á los Prelados, dada en Roma el dia 30 de agosto de 1732.

Los señores jueces de la Rota en los procesos de la canonizacion de san Ignacio dicen: «Que ha- «biéndose escrito estos ejercicios en tiempo que el «bienaventurado Padre era idiota y sin letras, nos «vemos necesitados á confesar que la luz con que «los escribió no fue naturalmente adquirida, sino «sobrenaturalmente infusa.» Y los mismos auditores dijeron al papa Gregorio XV, que los habia escrito de lo que habia aprendido con el magisterio divino. Por esta razon los PP. Diego Lainez y Juan Polanco, eximios en santidad y doctrina, y sabedores de los secretos del Santo, testificaron que en la composicion de los ejercicios podia decir san Ignacio lo que Jesucristo por san Juan: Mi doctrina no es mia; porque no era tanto doctrina de Ignacio, cuanto de la Sabiduría divina, que fue su único maestro.

Tambien es de sumo consuelo, y consta por

verdaderos instrumentos, que la santísima Vírgen, madre tiernísima de san Ignacio y centro de sus afectos, reveló que ella habia sido la patrona y fundadora de estos santos ejercicios, y que habia sido ayudadora y como maestra de san Ignacio para que así los escribiese.

Además son tan excelentes, útiles y provechosos los santos ejercicios de san Ignacio, que se puede decir que todos los Santos y varones eminentes en virtud que ha habido de tres siglos á esta parte son efecto de los ejercicios de san Ignacio. En prueba de esto no hay mas que leer la historia, y desde luego se halla á un san Cárlos Borromeo, cardenal y arzobispo de Milan, que de los ejercicios que hizo en Roma en la casa profesa de la Compañía sacó aquella perfeccion apostólica que le constituyó ejemplar y modelo de los mayores prelados. En los ejercicios de san Ignacio aprendió san Francisco de Sales, obispo y príncipe de Ginebra, aquel don de gobierno, y de dirigir almas con suavidad y dulzura á la mas alta perfeccion. ¿En dónde aprendió á hacer oracion san Felipe Neri sino en los ejercicios de san Ignacio, como él mismo aseguraba? En la fragua de los ejercicios de san Ignacio se formaron y perfeccionaron san Francisco Javier, san Francisco de Borja y el venerable Granada, ornamento de la Órden de santo Domingo por su virtud, letras y elocuencia, llamado el Ciceron español. Igualmente se puede asegurar del venerable Ludovico Blosio, aquel maestro grande de la teología mística, de la Órden de san Benito; del venerable maestro Juan de Ávila, apóstol y gloria de la Andalucía; del devotísimo P. Luis Estrada, del sagrado Órden cisterciense; y del Ilmo. Juan Camús, obispo belicense, quien lleno de gozo por los buenos resultados que habia experimentado de los ejercicios de san Ignacio, prorumpió en estas palabras: «¡Oh libro «todo de oro, y precioso mas que todas las rique- «zas que el mundo estima! ¡Oh libro divino, es- «crito con especial luz de Dios! ¡Libro que oculta «en sí el maná, la medula del Líbano, y el granito «de mostaza del Evangelio! ¡Libro que jamás po- «drá ser encarecido, porque no podrá llegar á ser «bastantemente alabado!»

Al testimonio de tantos varones sábios y santos, y de otros que se omiten, se puede añadir el de san Vicente de Paul, fundador de tantas instituciones piadosas y caritativas, y singularmente de los Clérigos misioneros, quien con la mayor eficacia les persuadia frecuentemente el uso de estos ejercicios como medio único para reformar las costumbres y restaurar la vida espiritual; y por eso estableció que sus hijos hiciesen los ejercicios de san Ignacio, para formarlos con esta diligencia verdaderos y celosos padres de almas.

No será por demás el insinuar aquí algunas de aquellas señoras sábias y santas que tanto apreciaban los ejercicios de san Ignacio, y que tan grandes bienes sacaron de ellos, como santa Teresa de Jesús, santa María Magdalena de Pazzis, doña Marina de Escobar y otras. De esta D.ª Marina se lee en su vida, que de los ejercicios de san Ignacio que hizo quedó su entendimiento tan ilustrado, que creyeron varones muy doctos que poseia los tesoros mas ricos de la sabiduría; tan encendido quedó su corazon en el divino amor, que no hay palabras para poder explicar; tan animosa en el padecer y sufrir, que por espacio de treinta años estuvo atormentada de dolores en la cama sin que jamás se le oyese un *ay*, sufriendo tribulaciones gravísimas, no solo con una invencible paciencia, sino tambien con un consuelo dulcísimo.

En vista de la excelencia de los santos ejercicios, de la utilidad y provecho que de ellos se ha sacado siempre que se han hecho del modo debido, ya no extrañarás, alma cristiana, que por último te digamos, que el librito de los ejercicios de san Ignacio es como el *grano de mostaza* de que nos habla el Evangelio, pequeño en especie, pero grande en virtud. Mastica este librito como el grano de mostaza, y luego experimentarás como su acrimonia te hará abrir los ojos, su fragancia te confortará, sus incendios te inflamarán, y te admirarás que en tan corta materia pueda caber tanta luz y tanto fuego.

AFECTOS.

1.° *De admiracion.* Bendito sea Dios, que se ha dignado enseñar los ejercicios de san Ignacio en estos tiempos para santificar las almas de un modo especial. ¡Oh qué héroes han producido en la santa Iglesia!

2.° *De propósito.* Yo propóngo hacerlos del mejor modo que sepa y pueda, y espero sacar de ellos, con el auxilio del Señor, la gracia que los demás han sacado, pues que comprendo muy bien que el tiempo de los ejercicios es tiempo aceptable al Señor, y sus dias son dias de salud [1].

Punto 3.°

Disposiciones y modo de hacer bien los santos ejercicios.

Ante todas cosas conviene que formes el alto concepto que merece la obra que has emprendido. Negocio á la verdad no solo conducente al bien de tu alma, sino entera y únicamente suyo. En ese negocio se trata de arreglar tu conducta, de curar las enfermedades de tu alma, perfeccionar las virtudes en que hasta aquí te has ejercitado, y hacer

---

[1] Ecce nunc tempus acceptabile; ecce nunc dies salutis. (II *Cor.* VI, 2).

de modo que cada dia adelantes en la perfeccion, aumentes cada dia el tesoro de los merecimientos, y finalmente, rico de méritos y adornado de virtudes, puedas entrar en el reino de los cielos. Ya ves, pues, como la cosa no puede ser de mayor importancia... ¿Con qué obediencia y sufrimiento no se conduce un enfermo para alcanzar la salud perdida, ó para perfeccionar un defecto ó fealdad corporal? Guarda recogimiento, silencio, y hace dieta; toma las medicinas, por repugnantes que sean; sufre las operaciones y curaciones de los facultativos, aun las mas dolorosas. ¿Y tú no harás otro tanto para la salud de tu alma?... Pues figúrate en estos dias de ejercicios que estás enfermo, y que por lo mismo llamas al Señor tu Dios, que es tu médico, y que tiene á su disposicion la salud, *Domini est salus*, y le dirás con muchas instancias: Curad, Señor, mi alma, porque he pecado y os he ofendido [1]; díle que estás pronto á tomar todas las medicinas que te prescriba; que estás dispuesto á sufrir todas las operaciones y amputaciones con tal que tu alma se salve y no perezca [2].

Además, figúrate que eres un grande comerciante, que tienes muchos negocios entre manos

---

[1] Domine, miserere mei; sana animam meam, quia peccavi tibi. (*Psalm* xl, 5).

[2] Hic ure, hic seca, hic nihil parcas, ut in æternum parcas. (*S. Aug.*).

que te tienen muy ocupado, y mientras estás dando tus sábias y prudentes disposiciones, recibes un parte telegráfico con que tu corresponsal te advierte que se hace preciso é indispensable que, sin pérdida de tiempo, pases allá, porque tus intereses están amenazados de una grande quiebra, y que si vas pronto y se ponen por obra ciertas diligencias que él conoce, no solo se salvarán tus intereses, sino que además se puede hacer una grande ganancia. ¿Qué es lo que haces á semejante aviso? ¿Qué? es claro, emprendes el viaje al instante; te desentiendes de los demás negocios; dejas á tus padres, esposa é hijos; abandonas las conveniencias y comodidades de tu casa, las diversiones, paseos y tertulias de tu poblacion; todo lo dejas, y sin pararte si el tiempo es á propósito ó no, ni en los peligros ó incomodidades del camino, vuelas á tu negocio. Haz la aplicacion. Yo soy tu corresponsal; el parte telegráfico es el aviso de estos santos ejercicios, y te digo que tu mayor caudal y tu único interés amenaza quiebra, y si procuras venir y hacer con diligencia y cuidado estos ejercicios, no solo librarás de quiebra á tu alma, sino que además harás una grande ganancia, la mayor que puede hacerse, que es ganar la gracia y despues la gloria. ¿Qué harás tú á esta noticia? ¿Qué? Lo dejarás todo por diez dias, y harás bien, como debes, estos santos ejercicios, y así librarás á tu alma de la condenacion eterna, y le proporcionarás la gracia y la gloria.

Para hacer bien estos santos ejercicios has de guardar con toda escrupulosidad las advertencias siguientes:

1.ª Estarás recogido en tu aposento, cuanto mas mejor, y aun procurarás tener la ventana entornada, y solo permitirás que entre aquella luz que necesitas para leer ó escribir cuando lo hayas de hacer, y que en lo demás esté oscuro; y medita, examina y rumia mucho. Cuando estás en la cama enfermo lo haces para la salud del cuerpo, ¿por qué no lo harás ahora para la salud del alma? La gallina lo hace para empollar y animar los huevos; ¿y tú no lo harás para animar tu alma, que la tienes muerta y fria por el pecado?

2.ª Tendrás la vista muy mortificada; no mirarás de una á otra parte, ni te fijarás, ni leerás cosas que te puedan distraer, y aun te abstendrás de leer cosas por buenas que sean, si no son oportunas; y aun te encargo que ni quieras saber ni leer la meditacion que sigue á la que estás haciendo: mortificarás, pues, toda curiosidad; todo tu cuidado lo pondrás en la meditacion que estás haciendo y en las que llevas hechas hasta aquí, que cuanto mas las rumies, mejor, y cuanto mas las repitas, mas fruto sacarás.

3.ª Mortificarás la lengua: si estuvieras enfermo y de mucho cuidado y gravedad, y el médico te mandara guardar un riguroso silencio, lo harias para la salud del cuerpo; hazlo, pues, ahora para la salud de tu alma. Silencio, silencio te encargo y te mando; cuanto mas, mejor. Solo te permito hablar con Dios, con Jesucristo, con la Vírgen, Ángeles y Santos, y con tu director espiritual. Tu conversacion ha de ser celestial; pero si por alguna precision has de hablar alguna cosa, si puedes con dos palabras no digas tres, y esto con voz baja. Esta advertencia del silencio es la mas difícil de observar, y porque no se guarda como se debe, es la causa porque muchos no salen tan aprovechados como saldrian de los santos ejercicios; y así te vuelvo á repetir: silencio, silencio, pues en ese tiempo toda palabra que digas no solo será ociosa, de que tendrás que dar cuenta un dia, sino que es altamente perniciosa, y te privaria de muchas gracias que te están preparadas, y aun perderias las que hasta aquí has recibido.

4.ª   Tambien mortificarás el oido, no escuchando á nadie sino solo á Dios, que te hará sentir su voz en las inspiraciones, meditaciones, y por medio de tu director espiritual, quien te aconsejará en todas las cosas, y te dirá cómo te has de mortificar en la comida, bebida y demás.

5.ª   Harás una confesion general de toda tu vida, ó desde la última general que hiciste bien, ó del tiempo que te diga tu padre espiritual.

6.ª Si quieres aprovéchar muchísimo en estos ejercicios, entrégate y déjate enteramente en las manos de Dios, para que haga de tí y de todas tus cosas lo que quiera, á la manera que el barro en las manos del alfarero, ó el leño en las manos del escultor: en todos esos dias repetirás con mucha frecuencia y con todo tu corazon alguna de estas jaculatorias: *Hágase tu voluntad y no la mia* [1]. *Señor, ¿qué quereis que haga* [2]? Señor, dadme á conocer vuestra voluntad, y ayudadme con vuestra gracia para cumplirla [3]. Hablad, Señor, que vuestro siervo escucha [4]. Señor, dadme á conocer el camino por donde quereis que yo ande [5]. Mi corazon, Dios mio, está preparado y dispuesto á cumplir perfectamente vuestra santísima voluntad [6].

7.ª Tendrás cuidado de notar todas las ilustraciones, inspiraciones y demás conocimientos que Dios te dará, y lo comunicarás todo á tu director ó padre espiritual, y luego que lo haya aprobado lo cumplirás. Tambien durante los santos ejercicios escribirás un plan de vida, que has de observar despues siempre mas.

[1] Non mea voluntas, sed tua fiat. (*Luc.* xxii, 42).

[2] Domine, quid me vis facere? (*Act.* ix, 6).

[3] Doce me facere voluntatem tuam, quia Deus meus es tu. (*Psalm.* cxlii, 10).

[4] Loquere, Domine, quia audit servus tuus. (I *Reg.* iii, 10).

[5] Ostende mihi viam per quam vis ambulem. (*Ps.* cxlii, 8).

[6] Paratum cor meum, Deus, paratum cor meum. (*Psalm.* cvii, 2).

8.ª Todos los dias de los santos ejercicios examinarás estos puntos por ver si los cumples bien, pues que de la fiel observancia de ellos depende en gran parte el fruto que de ellos has de sacar.

COLOQUIO CON LA SANTÍSIMA VÍRGEN.

Vos, madre mia María, que tuvísteis el consuelo de ver reunidos á los Apóstoles y discípulos en el cenáculo por espacio de diez dias, y finalmente tuvísteis el placer de verlos á todos llenos del Espíritu Santo; yo, Madre mia, tengo el grande honor y dicha de verme en estos santos ejercicios bajo vuestra direccion, y así espero con toda confianza que Vos me alcanzaréis todas las gracias que necesito para hacerlos bien : yo de mi parte estoy resuelto á hacer todo lo que conozca ser de mayor gloria de Dios y bien de mi alma, y así, Madre mia, socorredme y amparadme ahora y siempre. Amen.

Padre nuestro y *Ave María.*

CONCLUSION DE LA MEDITACION.

Accion de gracias. Os doy gracias, Dios mio, por los buenos pensamientos y afectos que me habeis comunicado en esta meditacion.

Ofrecimiento. Os ofrezco los propósitos que en ella he formado, y os pido gracia muy eficaz para ponerlos por obra.

MEDITACION II.

Del fin del hombre.

PRINCIPIO Y FUNDAMENTO DE TODAS LAS MEDITACIONES.

Advertencia. Ante todas cosas propone san Ignacio á nuestra consideracion una verdad importantísima con dos nombres, á saber : *principio* y *fundamento.* La llama *principio*, porque así como las ciencias tienen sus principios, que son verdades innegables de que se infieren muchas otras, así en la ciencia de la salvacion, la primera verdad propuesta por san Ignacio es un principio de que se infieren consecuencias ó resoluciones ordenadas á bien vivir. La llama tambien *fundamento*, porque al modo que para levantar un edificio lo primero que se hace es echar el cimiento que le sostenga, así en dicha verdad fundamental está sostenida, no solo la fábrica de los ejercicios, sino tambien toda la vida moral y espiritual del cristiano que trata de salvarse.

Segun esto fácil es conocer lo mucho que importa la atenta y detenida consideracion de esta grande verdad, pues si una ciencia no se aprende sin principios ciertos, ni se levanta un edificio sin cimientos estables, tampoco se harán con fruto duradero los ejercicios espirituales, si primero no echamos y sentamos bien este solidísimo fundamento de que vamos á hablar. Ahondemos, pues, aquí, porque cuanto mas profundamente la consideremos é imprimamos en nuestras almas, mayor y mas estable será el fruto que sacarémos.

MEDITACION [1].

La oracion preparatoria como la de la pág. 13.

Preludio primero, ó sea composicion de lugar. Imagínate que ves á Dios lleno de majestad y grandeza sentado en su trono, y que oyes la voz que dice: *Yo soy el principio y el fin* [2]. Tambien te puedes imaginar que ves un mar inmenso de donde salen muchos rios, y que todos vuelven á él, y que este mar te indica que es la bondad de Dios, de quien salen todas las criaturas y á él vuelven, y que tú eres una de ellas, que de él has salido y á él debes volver.

Preludio segundo, ó sea peticion. Dios y Señor mio, os pido que me deis á conocer mi fin, que lo procure y consiga, y os suplico me concedais gracia para hacerme superior á mí mismo, y vencer todos los obstáculos que me lo puedan estorbar.

Proposicion (son palabras del Santo). «El hom-

---

[1] El Santo no pone aquí título de meditacion, ni hace preludios; pero los ponemos para mayor inteligencia.

[2] Ego sum... principium et finis. (*Apoc.* XXII, 13).

«bre fue criado para alabar, reverenciar y servir á «Dios nuestro Señor, y mediante esto salvar su «alma.»

Explicacion. ¿Cuál es mi orígen? ¿Quién el Autor de mi ser? Este conocimiento es tan importante, que no puedo dispensarme de él sin renunciar la razon natural y la Religion que profeso. Este conocimiento me conduce como por la mano al cumplimiento de mis esenciales deberes. Toda la naturaleza á voz en grito me dice que debo al Autor de mi ser la sumision, el respeto, la obediencia, el reconocimiento y el amor [1]. ¿Quién, pues, es el Autor de mi ser? Yo existo... ha habido tiempo en que yo no existia... Veinte, treinta, cuarenta, sesenta, ochenta años há yo no existia:—¿Dónde estaba entonces? Era nada.—¿Cómo he venido al mundo?—¿Quién me ha criado?—¿Díme yo el ser á mí mismo? No; porque siendo nada, nada podia. —¿Me formó el acaso? No; porque el acaso es una quimera.—¿Me han sacado de la nada mis padres? No; ellos han sido unos instrumentos de que Dios se ha valido: este Dios es mi Criador, y no aquellos, aunque siempre los debo honrar.—Atiende ó sino: el alma inmaterial, espiritual, eterna é inmortal que tienes, que te hace superior á todos los animales y cási igual á los Ángeles, y que es imágen

---

[1] Cœlum, terra, et omnia dicunt mihi, ut amem te. (*S. Aug.*).

de Dios, ¿quién la podia hacer sino el mismo Dios? Lo dicta la recta razon, y lo enseña la fe cuando dice Dios : Hagamos al hombre á nuestra imágen y semejanza[1]. Lo mismo se ha de decir de tu cuerpo, que es material : lo material es mudable, dependiente, no subsiste por sí, ni de sí tiene el ser; lo tiene del Ser supremo, que es Dios, que como Criador la ha sacado de la nada. De modo que aun de la mas vil porcion de tí mismo te ves obligado á elevarte á Dios como á su primer principio y criador, propagador y conservador.

Además, el complicado mecanismo de tu cuerpo, la coordinacion y juego de los innumerables resortes que forman su máquina admirable, es incógnito á nuestros padres[2]. Solo Dios, que es la primera causa inteligente, motora y directiva, es quien lo ordena y conserva todo, y la conservacion es una continuada creacion. Él deja obrar las segundas causas, pero ni estas funcionarian sin el concurso físico de la primera. Y así debes quedar bien con-

[1] Faciamus hominem ad imaginem et similitudinem nostram. (*Genes.* I, 26). — Deus creavit hominem (*v.* 27). — Formavit Dominus Deus hominem de limo terræ, et inspiravit in faciem ejus spiraculum vitæ, et factus est homo in animam viventem. (II, 7).

[2] La madre de los siete hijos Macabeos que martirizaron, para animarles les decia : Nescio qualiter in utero meo apparuistis, neque enim ego spiritum et animam donavi vobis, et vitam et singulorum membra non ego ipsa compegi; sed enim mundi Creator. (II *Mach.* VII, 22).

vencido que Dios te ha dado cuanto tienes; el alma
con sus potencias, y el cuerpo con sus sentidos: él
mismo es, y no otro, quien te conserva esto mismo, pues si él aflojara su omnipotente mano, al instante volverias á la nada de donde saliste [1]. Sí, Dios
te ha dado y te conserva el ser que tienes por su
bondad y misericordia [2]. Te ha preferido á otros que
podia criar, y nunca los criara. Te ha dado el ser
noble de hombre, y no de bestia, ni de planta, ni
de piedra, siendo así que tú no tenias derecho alguno á un ser tan distinguido y privilegiado. Y esto
¿para qué fin? ¡Ah! una sabiduría infinita no puede hacer cosa alguna sin prefijarse un fin digno de
su grandeza. Así es; el último fin por el cual este
Ser inmenso te ha sacado de la nada, es este solo:
de que le conozcas, le sirvas, le glorifiques y le ames
aquí en la tierra, y despues le goces eternamente
en el cielo [3]. ¿ Estás tú persuadida de esto, alma
mia?... ¿lo crees? En todos los momentos de tu vida
pasada hubieras debido glorificar y amar á Dios, y
en todos los momentos de la que te reste deberás

[1] Manus tuæ, Domine, fecerunt me : tu formasti me,
et posuisti super me manum tuam. (*Psalm.* cxviii, 73;
cxxxviii, 5).

[2] In charitate perpetua dilexi te : ideo attraxi te mise-
rans. (*Jerem.* xxxi, 3).

[3] In gloriam meam creavi eum. (*Isai.* xliii, 7). — Ha-
betis fructum vestrum in sanctificationem, finem vero vitam
æternam. (*Rom.* vi, 22).

tambien servirle, glorificarle y amarle... ¿y por qué?

1.º *Porque así lo exige la bondad de Dios.* Figurémonos que hubieras venido al mundo en el mismo estado en que al presente te hallas, pero enteramente mudo, sin poder articular palabra, y que hoy mismo descendiese Dios del cielo, te desatase la lengua y te concediese el habla, pero que al mismo tiempo añadiese este precepto : *En reconocimiento de la bondad que he usado contigo, no proferirás palabra alguna que no sea en honor mio.* ¿Podria jamás darse cosa mas debida que una lengua, á la que Dios ha dado la facultad de hablar, le alabase?... Ahora mira en tí mismo, y dime si encuentras una sola parte de tu cuerpo, por mínima que sea, que no la hayas recibido de Dios; si hay en tí alguna potencia que él mismo no te haya dado[1] : ¿no es, pues, cosa justísima que Dios sea amado de ese corazon que has recibido de él, y que se empleen en obrar por Dios esas manos que él mismo ha formado?

2.º *Porque así lo exige el supremo dominio de Dios.* No puede haber dominio mas absoluto que el que Dios tiene sobre tí : él es quien te ha criado y te ha sacado de la nada.—El que planta un huerto adquiere el dominio de él, y es el dueño de todos sus frutos, de tal modo que el que quisiere coger

---

[1] Quid habes, quod non accepisti? (I Cor. iv, 7).

una sola manzana contra su voluntad, cometeria un hurto y una injusticia. Dios te ha criado, y es el dueño de tí y de todas las cosas que en tí se encuentran, y por lo mismo todo afecto que no se dirija á él, toda palabra que no sea en su alabanza, toda obra que no sea hecha por su amor, es un hurto y una injusticia. ¿Comprendes tú ahora, ó alma mia, cuán debido es que tú sirvas á Dios, y que le honres y ames con todo tu corazon? ¿Cómo has cumplido con esta obligacion?—De dos maneras se sirve mal: 1.ª Estando ocioso, y dejando enteramente las obligaciones que se tienen para con su dueño, ó bien haciéndolas con descuido. 2.ª Cuando por malicia se hacen cosas por las cuales el dueño quede ofendido.—¿Cómo has servido tú hasta ahora á tu Dios y Señor?—¿Qué dice tu corazon?

AFECTOS.

1.° *Acusacion de sí mismo.* ¡Oh Dios mio! demasiado conozco los desórdenes de la vida que he tenido hasta ahora. Mi único fin y negocio debia haber sido el amaros, el serviros y glorificaros con todo mi corazon: y no debia haber empleado un momento, ni proferido una palabra, ni hecho obra alguna sino por vuestra gloria y honor... Pero ¿cómo me he portado? Tantos millares de horas de mi vida, tantos millares de palabras que ha proferido mi boca, tantos millares de obras de mis manos, ¿á qué objeto se han dirigido? ¡Oh, cuántas á las criaturas, y cuán pocas á Vos, ó Dios mio!... Mas esto es lo menos. ¿Cuántos dias han pasado en los cuales no haya cometido nuevos ultrajes y nuevas ofensas contra Vos? ¡Miserable de mí! ¡Cuán descuidado, cuán ingrato y cuán perverso he sido, Señor!...

2.° *Acto de dolor.* No puedo hacer mas, ó Dios mio, que implorar vuestra infinita misericordia, pidiéndoos humildemente perdon; por tanto detesto y abomino con todo mi corazon y con todas las fuerzas de mi alma, cuanto me es posible, todos los momentos que no he empleado en vuestro honor y gloria... ¡Ah! si pudiese recobrar tantas horas preciosas que he perdido y he empleado muy mal! Perdon, Señor, perdon; ya me pesa de haber pecado: misericordia, Dios mio y Padre mio.

Punto 2.°

No hay cosa mas útil que vivir para el último fin, sirviendo, glorificando y amando á Dios de todo corazon.

El último fin para que Dios te ha criado no ha sido solamente para que le sirvieses y amases únicamente por su gloria, sino tambien para que adquirieses la eterna bienaventuranza y llegases á gozarle en la otra vida. Así como es cierto que ahora vives en la tierra, así lo es tambien que sirviendo á Dios irás dentro de algun tiempo á gozarle en el cielo: párate aquí algun poco, alma mia, para ponderar el bien que te espera.

1.° *En el cielo hay una bienaventuranza inmensa para el alma.* Tan imposible es el poder comprender la bienaventuranza que gozará el alma en el cielo, cuanto lo es el agotar el océano. — El único pensamiento que en algun modo da á comprender su grandeza, es que siendo Dios un ser infinito, por una consecuencia necesaria debe ser infinita su bienaventuranza, porque una bienaventuranza inferior no podria satisfacer á un ser infinito... ¡Oh verdad admirable! la bienaventuranza de Dios es infinita, y esta misma bienaventuranza es tu último fin. Dios quiere que tú hayas de gozar el mismo objeto de la felicidad con que es bienaventurado él mismo, y los mismos placeres que él mismo goza...

2.° *En el cielo hay una bienaventuranza sin medida para el cuerpo.* El alma no puede servir á Dios en las cosas que le manda en su santa ley sin la cooperacion del cuerpo, y por lo mismo, así como aquella conseguirá la bienaventuranza, así obtendrá el cuerpo la misma gracia. Pero ¿cuál y cuánta será la bienaventuranza en cuanto al cuerpo? La fe nos lo dice: será tal y tanta, que ni ojo vió, ni oido oyó jamás cosa semejante, ni ninguna imaginacion puede jamás idearla, ni ningun entendimiento comprenderla; y para decirlo brevemente,

Dios emplea toda su omnipotencia para hacer bienaventurado al cuerpo en todos sus sentidos.

3.° *En el cielo ambas bienaventuranzas son eternas.* ¡Oh cuán vanas son todas las felicidades de la tierra! Cien años atrás hubo reyes y reinas; millones de vasallos doblaban reverentes la rodilla reconociendo su dominio; todo el mundo admiraba su esplendor, y su poder hacia temblar los reinos... ¿Dónde están estos al presente? Están bajo la tierra podridos, sus huesos se hallan convertidos en polvo, y este viene á ser hollado de los mas sórdidos piés... Tambien al presente hay en la tierra reyes y reinas que son respetados como divinidades; pero dejad que pase un siglo: ¿qué quedará de ellos? Nada mas que un puñado de polvo que disipará el viento... El reino que os espera es de muy diversa especie, y en él todo es eterno. —Aquella fruicion infinitamente deliciosa de la santísima Trinidad es eterna. —Aquellos dulcísimos abrazos con Jesucristo son eternos. —Aquel tierno amor é íntima familiaridad con la divina Madre y con los demás bienaventurados son eternos. —La hermosura del paraíso es eterna. —Aquella medida sobreabundante de gozos, que absorbe todas las potencias del alma, es eterna. —Aquel torrente de placeres que inunda todos los sentidos del cuerpo es eterno. —Todo se halla allí sin ninguna disminucion, sin alteracion, sin intermision, sin fin, eterno, eterno, eterno!!!...

AFECTOS.

1.° *Acto de esperanza.* ¡Oh Dios! ¡Oh bondad infinita! ¡Cuán consoladora es para mí esta verdad! El cielo es mi patria, el cielo es mi heredad, el cielo es mi premio, es mi último fin... sí, así es; Dios lo ha criado para mí... Si yo le sirvo y amo, llegará un dia en que yo resplandeceré con una hermosura superior á la del sol y de la luna; en el que yo contemplaré el paraíso con mis propios ojos; en el que podré libremente estrecharme con mi amado Jesús; en el que el cuerpo y el alma estarán sumergidos en un mar de delicias. ¡Oh dia feliz! ¿Puedo yo esperarle? Sí que lo espero, y lo espero con seguridad: Jesús mismo me lo ha prometido... Basta que guarde su ley... que corresponda al fin de mi creacion [1]...

·2.° *Desprecio de todo lo temporal.* ¡Pero cómo! si el cielo es mio, ¿cómo no desprecio yo el mundo, y todo lo que el mundo puede dar?... ¿Por qué me entristezco por las penas y dolores del cuerpo, si llegará un dia en el cual este mismo cuerpo no tendrá sino puras delicias, y por toda la eternidad? ¿Por qué siento tanto que los hombres me desprecien, si por toda la eternidad he de ser amado

---

[1] Si vis ad vitam ingredi, serva mandata. (*Matth.* xix, 17.) — Deum time, et mandata ejus observa; hoc est enim omnis homo. (*Eccles.* xii, 13).

y honrado de Dios y de todos los Santos?... ¡Ah cuán ciego he sido hasta ahora, ó Dios mio, en estimar tanto los bienes vilísimos de esta tierra!... Para en adelante quiero y propongo despreciar lo temporal, y amar lo eterno y celestial.

Punto 3.º

No puede haber cosa mas necesaria que aspirar al último fin, amando, sirviendo y glorificando á Dios de todo corazon. Así es, alma mia: al criarte Dios ha tenido por fin su honor y gloria, y debe obtener, y obtendrá infaliblemente, este su fin con tanta certeza, cuanto es cierto que Dios es aquel Dios que es. Por lo que mira y reflexiona:

1.º *Dios es bondad infinita y justicia infinita.* Imprime profundamente, ó alma mia, en tu corazon estas verdades. Por ser bondad infinita, es imposible que no ame y que no premie eternamente á todos los que le han glorificado, servido y amado; y siendo justicia infinita, es imposible que no aborrezca y castigue eternamente á todos aquellos que le han despreciado. ¿Has comprendido bien estas verdades? Pasemos adelante.

2.º *Por ser bondad infinita ha criado el paraíso, y por ser justicia infinita ha criado el infierno.* En el paraíso amará y premiará eternamente á las almas que le hayan sido fieles, y ellas en correspondencia le alabarán y bendecirán eternamente.

En el infierno aborrecerá y castigará eternamente á las almas infieles, y ellas le maldecirán y blasfemarán eternamente... En el paraíso será alabada por toda la eternidad su infinita bondad y misericordia; en el infierno su majestad y justicia será exaltada y cumplida... ¿Qué se sigue de esto? se sigue que...

3.° *Dios logrará siempre é infaliblemente su fin...* Haz enhorabuena lo que te agrade, pero siempre será verdad que servirás á la gloria de Dios... Sirviendo y amando á Dios en la tierra, amarás y alabarás eternamente su misericordia en el cielo; no sirviéndole en la tierra, glorificarás eternamente su justicia en el infierno. Á un señor de infinita grandeza, cual es Dios, le honra igualmente el premiar por toda una eternidad á sus fieles siervos, que el castigar eternamente á los rebeldes. Represéntate ahora, ó alma mia, con una viva imaginacion, de una parte el cielo abierto, y aquellos gozos inmensos que allí disfrutan los escogidos, y de otra el infierno con aquellos inmensos tormentos que sufren allí los condenados, y discurre así contigo: yo deberé necesariamente glorificar á Dios por toda una eternidad; este es un decreto suyo, tan irrevocable é invariable, cuanto es imposible que Dios deje de ser Dios. ¡Verdad terrible!... con qué una de estas dos cosas me tocará: ó vivir eternamente en el cielo, ó vivir eternamente en el infierno, supuesto que en el otro mundo todo es eterno... Esta mi alma alabará ó blasfemará, amará ó aborrecerá eternamente á Dios, pues que es eterna; mi cuerpo estará siempre sumergido en las celestiales delicias, ó gemirá en los tormentos infernales, porque tambien será eterno... Estas mismas manos abrazarán sin fin á Jesús cuanto quieran, ó estarán aprisionadas con las cadenas del infierno, porque serán eternas; mis propios ojos contemplarán sin fin los cuerpos resplandecientes de los ciudadanos del cielo, ó los horribles espectros del infierno, porque ellos serán eternos; mi misma carne, todos los sentidos de mi cuerpo gozarán para siempre de una incomparable bienaventuranza, ó arderán para siempre en el fuego y entre las llamas, porque todos son eternos... Terrible y espantosa alternativa, pero ciertísima. ¿Qué resuelvo? En mi arbitrio está escoger uno ú otro... mas uno de los dos debe tocarme eternamente, y me tocará el que escogeré.

AFECTOS.

1.° *De temor.* ¡Qué diré yo, ó Dios mio! ¿Iré yo al cielo, ó al infierno?—Pregunta terrible, que hace estremecer el corazon... ¿Iré al paraíso? no puedo saber si será esa mi suerte, pero sé que Vos habeis dicho... *Quien ama su vida en este mundo, la perderá; y el que la aborrece en este mundo, la conservará para la vida eterna.* Estas son vuestras palabras... Amar su alma en este mundo significa entregarse á la sensualidad y al pecado, obedecer á su propia voluntad, huir los desprecios, airarse contra los que nos ofenden; aborrecer su alma significa mortificarse generosamente, negar la propia voluntad, buscar los desprecios, volver bien por mal.—¿Lo he hecho yo así? ¡pobre de mí! ¡ay, que la boca de Jesús me condena! yo no he sido del número de los que han aborrecido su alma.

2.° *Propósito.* ¡Pero cómo, Dios mio! Si de adquirir mi fin depende una entera y bienaventurada eternidad, y de la pérdida de este una eternidad infeliz, ¿cómo es posible que yo esté con tanto descuido para conseguirlo? ¿No deberia yo en este momento sacrificar mi vida con alegría, si fuese necesario, para adquirir el cielo? ¿no deberia yo en este momento derramar toda mi sangre por evitar el infierno? Así es; adquirir un bien infinito y evitar un mal infinito son dos objetos por los cuales nunca se puede hacer demasiado ó padecer mucho: pues yo resuelvo aquí mismo, ante vuestro divino acatamiento, procurar buscar mi último fin, ó Dios mio, á toda costa, y para conseguirlo con seguridad resuelvo tambien seguir fielmente todo aquello que en estos santos ejercicios conozca ser necesario y ventajoso al efecto.

3.° *Invocacion.* Mas ¿cuántas veces he hecho estos propósitos, y otras tantas he sido desleal y

4*

omiso en cumplirlos? Bien veo que si no me ayudais con una fuerza superior, soy perdido; me vuelvo á Vos, ó Dios mio, y con el corazon contrito y humillado clamo: Perdonadme, ó sumo Bien, mis pecados y mis negligencias; no mireis mis deméritos, sino vuestras misericordias; no me trateis segun el rigor de vuestra justicia infinita, sino segun la benignidad de vuestra infinita clemencia. Concededme nuevas luces, las cuales me hagan comprender claramente la importancia de mi fin... nuevos impulsos, que conmuevan íntimamente mi corazon; concededme nuevas gracias, que me hagan constante en mis propósitos. ¿De qué me aprovecharia que me hubiéseis criado, ó celestial Padre mio, si pereciese eternamente? ¿De qué me aprovecharia que hubiéseis derramado por mí vuestra sangre, ó divino Hijo, si me perdiese? ¿De qué me aprovecharia, ó divino Espíritu, el haberme hecho heredero por gracia, si yo me condenase?

Padre nuestro y *Ave María.*
Conclusion como en la pág. 14.

MEDITACION III.

De la indiferencia con que se deben mirar las cosas sensibles.

La oracion preparatoria como en la pág. 13.
Primer preludio como en la pág. 38.

Segundo preludio. Dios y Señor mio, os suplico me deis gracia de portarme siempre con una santa indiferencia respecto á las cosas sensibles, y que solo escoja y prefiera aquellas que sirvan mas á vuestro honor y gloria y salvacion de mi alma. Amen.

Palabras del Santo. «Las otras cosas sobre la «faz de la tierra son criadas para el hombre, y para «que le ayuden en la prosecucion del fin para que «fue criado [1]: de donde se sigue, que tanto ha de «usar de ellas cuanto le ayuden para su fin, y tanto «debe quitarse de ellas cuanto lo impidan. Por lo «cual es menester hacernos indiferentes á todas las «cosas criadas en todo lo que es concedido á la li-

---

[1] Omnia subjecisti sub pedibus ejus. (*Psalm.* VIII, 8). Son como el pedestal; como escaleras para subir. Dios las puso debajo los piés, y el hombre se las pone encima su corazon y sobre sus hombros y cabeza, y le hacen dar un vuelco.

«bertad de nuestro libre albedrío y no le está pro-
«hibido; en tal manera que no queramos de nues-
«tra parte mas salud que enfermedad, riqueza que
«pobreza, honor que deshonor, vida larga que cor-
«ta, y por consiguiente en todo lo demás, solamente
«deseando y eligiendo lo que mas nos conduce para
«el fin á que somos criados.»

Explicacion. El qué pierde su último fin, ó lo
pierde porque está muy aficionado á ciertas cosas
del mundo, ó porque aborrece demasiado algunas
otras... La aficion mira á las comodidades, á las sa-
tisfacciones del cuerpo, á los bienes, á las riquezas,
á los honores y estimacion de los hombres. Estas
cosas incitan á que se busquen aun con ofensa de
Dios, y así se pierde el último fin. El aborrecimiento se refiere á las incomodidades, á las molestias,
dolores, pobreza, desprecios, opresiones, á la enfermedad y á la muerte. Estas cosas excitan en el
hombre tristeza y horror, y hacen tambien que se
aleje de Dios y pierda así su último fin.—Queriendo
tú, alma mia, asegurar tu último fin, debes poner
tu corazon en un justo equilibrio é indiferencia, de
manera que estés siempre pronta y dispuesta á des-
hacerte aun de las cosas mas queridas, siempre que
te sirvan de obstáculo á la consecucion de tu último
fin; y cuando te ayuden á conseguirlo, abrazar aun
aquellas que sean mas arduas y desagradables. .

Punto 1.º

El supremo dominio que Dios tiene sobre mí, exige una total indiferencia de mi corazon á todas las cosas que no son Dios.

Tu fin, alma mia, en esta tierra no es otro que amar y servir á Dios con perfeccion; pero el amarle y servirle así no es otra cosa que cumplir con perfeccion la voluntad divina. Sí, así es, alma mia; amar y servir perfectamente á Dios, no es mas que cumplir perfectamente su voluntad: pues bien, esto no puede verificarse si no estás preparada y dispuesta con una total indiferencia y equilibrio para la salud y para la enfermedad, para los honores, y para los desprecios y pobreza.—Pondera bien esta verdad.

1.º No te toca á tí determinar el modo de servir á Dios; á su divina Majestad pertenece el determinarlo. Á tí te toca servirle segun su gusto, y no segun el tuyo: él es el amo, y tú el siervo; al amo toca mandar, y al siervo obedecer; aun en el cielo se observa este órden: entre los Ángeles, unos están siempre delante del trono de Dios alabándole, adorándole y bendiciéndole; otros velan sobre la tierra en la custodia de los hombres: este Ángel está destinado á un rey poderoso, aquel á un pobre labrador; cada uno sirve á Dios del modo que se le manda. ¿Acaso tendrá Dios menos autoridad en la tierra que en el cielo? Habiendo comprendido bien esta verdad, pasemos adelante.

2.° El dominio de Dios es sin límites; él tiene toda la autoridad para prescribir esta ó aquella manera de servirle que mas le agrade. Él es tu Dios, y tú su criatura. ¿Quién habrá que se atreva ó sea capaz de limitar su poder?... Un alfarero dispone del vaso que ha formado como gusta; ¿no será razon que Dios pueda disponer del hombre, que es su hechura, como puede aquel disponer de su vasija? Él es dueño de colocarte en aquel estado que mas le agrade; y en cualquiera que te coloque estás obligado á venerarle, servirle y amarle.

3.° El servir á Dios como su Majestad quiere, es puntualmente amarle y servirle con perfeccion, y de consiguiente es conseguir su último fin: todo lo demás es cosa perdida. Si te se ha impuesto una carga ó un oficio, debes cumplir sus obligaciones con diligencia y amor de Dios, y no pensar en mas: esto es servir á Dios segun su voluntad.—Si tu interior está cubierto todo de tinieblas, de tentaciones, de aflicciones, de desolaciones, es necesario que te resignes á esta disposicion de la Providencia por amor de Dios: esto es servirle á su gusto.—Si el mundo te odia, si te censura, si te insulta con improperios, súfrelo en silencio por amor de Dios: esto es servirle como quiere. Cuanto mas tú te apar-

tares de este modo de vivir, tanto te alejas de tu último fin.

AFECTOS.

1.º *Reconocer el supremo dominio de Dios.* Así
es ¡oh sumo Bien! Vos sois el Dios supremo; á Vos
pertenece el mandar, y á mí el obedecer; yo estoy
obligado á serviros, pero de aquella manera que á
Vos agrade. Renonozco este vuestro supremo dominio, y le adoro profundamente. ¡Ay del siervo
voluntarioso! Querer servir á Dios segun nuestro
propio capricho, y no como él quiere ser servido,
es tratar á Dios como siervo, y querer uno hacerse
su dueño. ¿Qué premio podrá esperarse por un desórden de esta naturaleza? ó mas bien, ¿qué castigo
no debe esperarse y temerse?

2.º *Arrepentimiento.* Mas ¿cómo es posible, ó
Ser infinito, que haya uno solo que pretenda serviros y amaros á su propio gusto y no al vuestro?
¡Ay! que por desgracia son muchos, muchos estos
necios, y yo mismo me veo obligado á confesar con
rubor que he sido hasta ahora uno de ellos. Quiero
serviros y amaros con salud, pero de ningun modo
con enfermedad; quiero serviros y amaros, pero
solamente cuando soy amado y honrado, mas no en
manera alguna en medio de los desprecios, oprobios, persecuciones;... quiero serviros y amaros,
pero hasta el punto que las cosas me salen bien, y

mientras una devocion tierna me dilata el corazon, mas no en las tinieblas, desolaciones, tentaciones... ¿Es esto servir y amar á Dios como su Majestad quiere? ¡Ah! ¡pobre de mí! ¿qué es lo que he hecho?

Punto 2.°

La providencia de Dios exige de mí un corazon santamente indiferente. Cuanto es cosa ardua y difícil el conseguir su último fin sin una total indiferencia santa, tanto es cosa fácil, alma mia, el conseguirle con ella : para convencerte de ello claramente pondera esta verdad.

1.° Dios es una sabiduría y ciencia infinita; sabe y conoce aquellos medios que te conducirán con toda seguridad á la consecucion de tu último fin. Todos los medios son idóneos para conseguir el último fin, la salud y la enfermedad, la honra y la deshonra, un destino honorífico y una ocupacion despreciable, con tal que de ellos se haga buen uso; mas díme, si es que lo sabes : ¿qué cosa te conducirá con mas seguridad á tu último fin? ¿El tener una salud robusta, ó una complexion enfermiza? ¿El ser honrado y amado, ó el ser mas bien vituperado y aborrecido? ¿El tener un puesto elevado, ó el tener una baja ocupacion? Esto no lo sabes tú, ni yo, ni ningun otro del mundo : todos estos son misterios que no los puede penetrar sino la sola vista de aquel que todo lo puede.

2.º   Dios es amor infinito, que siempre ordena para las almas los medios mas seguros para que consigan su último fin, con tal que se mantengan siempre en esta santa indiferencia y equilibrio. Dios se porta con las almas como una madre que ama entrañablemente á su tierno hijo. Cuanto es incapaz una verdadera madre de dar veneno á su querido hijo, tanto, y mucho mas, es incapaz Dios de ordenar ninguna cosa nociva á un alma que se abandona á él con indiferencia. Persuádete bien de una vez, alma mia, que si Dios te visita con una enfermedad, este es entonces el camino mas seguro para conducirte á la consecucion de tu último fin; cuando permite que seas despreciado y vilipendiado, cuando te pone en las tinieblas, en las desolaciones ó en las tentaciones, este es el camino para tí mas seguro para dirigirte á tu último fin.

3.º   Dios es omnipotencia infinita, y conduce infaliblemente á su último fin á una alma constante en esta santa indiferencia y equilibrio. ¿Y quién será aquel osado ó atrevido que á Dios le pueda poner obstáculo? Ni ángel, ni hombre, ni cielo, ni tierra, ni todo el infierno puede tenérselas tiesas con una Omnipotencia infinita: tú sola, ó alma mia, tú sola puedes ponerle obstáculo, y frustrar sus amorosos designios, sustrayéndote de las disposiciones que ha formado sobre tí, abandonando tu indiferencia santa; mas si te mantienes firme en ella, tan cierto es que conseguirás tú último fin, como es cierto que Dios es un Dios de infinito amor, de infinita sabiduría y de infinito poder.

AFECTOS.

1.° *Confianza.* ¡Oh y cuán consoladora es esta verdad! Aquel que me gobierna es una infinita sabiduría, que sabe y conoce los medios que me son mas convenientes... Aquel que me guia es un infinito poder, y no hay quien pueda precipitarme si él me sostiene y me fortifica. Aquel que me ama es un amante infinito, el cual de hora en hora dispone aquellos medios que para mí son los mejores... Con este conocimiento, ¿podré yo admitir en mi corazon alguna desconfianza? No me suceda esto jamás, ó Dios mio. Yo me abandono enteramente en el seno de vuestra paternal Providencia, y lleno de confianza exclamo: Vos me quereis en vuestra compañía en el paraíso, y me quereis en un alto grado de gloria... tan grande como todo esto es vuestra bondad, y tambien mi esperanza: Vos sois mi Padre, y vuestro amor me conducirá á tanta dicha...

2.° *Confusion de sí mismo.* Mas ¿cómo podré yo esperar tanta dicha? Tal y tan grande seguridad no la pueden concebir sino aquellas almas que sirven y aman á Dios como él quiere, y que caminan en su presencia con una perfecta y santa indiferencia. ¿Soy yo una de estas almas? ¡Ay cuán dis-

tante está de mi corazon semejante disposicion!
¡Qué alegría no manifiesta en las alabanzas y en
los honores, en las prosperidades y riquezas, y qué
tristeza no siente en los desprecios, pobreza y miseria! ¡Cuánto se complace mi corazon en la época de una tierna devocion y de los consuelos, y
cuánto se conturba en las tentaciones y desolaciones! ¡Con cuánto gusto hace aquello que se le manda, si es segun su voluntad é inclinacion, y con
qué disgusto lo que no le place! ¿Es esta, por ventura, aquella indiferencia santa que se requiere
para el perfecto amor? ¡Oh Jesús, tened piedad de
mí! Un corazon tan mal dispuesto no es capaz de
amaros, y se puede decir que no ha puesto aun la
primera piedra para el edificio de la santidad y de
la salvacion...

Punto 3.º

*La justicia divina exige la santa indiferencia y
equilibrio de mi corazon.* Si tú, alma mia, no te
sometes á las disposiciones de la divina Providencia, y si no abrazas con humilde sumision aquellos
medios que va disponiendo para tu último fin, caerás en las manos de la divina justicia... ¿Y qué
se seguirá de esto? Un cúmulo de males que no se
podrán llorar bastantemente. Piénsalo bien, porque:

1.º Es ciertísimo que una alma semejante necesariamente tiene que padecer en este mundo mucho mas que otra que esté indiferente santamente. Te engañas mucho, alma mia, si te lisonjeas de poder librarte de aquellas molestias que el amor que Dios te tiene ha dispuesto, como medios para tu último fin : no ciertamente, no lo podrás conseguir jamás; padecerás, y necesariamente tendrás que padecer aquellos dolores y aquellas enfermedades, aquellos desprecios y aquellas opresiones que Dios desde la eternidad ha dispuesto que padezcas [1]. Si tienes un corazon indiferente y lo sufres todo con paciencia, darás gusto á Dios, y él te fortalecerá con el influjo de sus gracias, te dará una continua paz y tranquilidad, y te hará fácil y suave el camino de la cruz. Si te falta esta santa indiferencia, y llevas con impaciencia los contratiempos, desagradarás á Dios, y él te negará todo vigor y aliento, y toda clase de paz y consuelo, dejándote desfallecer bajo el peso de tu cruz.

2.° Es muy cierto que perderás por toda la eternidad aquel alto grado de gloria que te estaba destinado por tu último fin. No es posible adquirir aquel grado de gloria sino por los medios que Dios tiene destinados; pero si tu corazon no está indiferente, y no te vales de tales medios abrazándolos de buena gana, te fatigarás en vano, y perderás

[1] Aut facies quod Deus vult, aut patieris quod tu non vis. (*S. Aug.*).

tu último fin. Ello es cierto que te encuentras en peligro de no conseguir tu eterna salvacion, ni aun en un grado inferior de gloria... Una alma que no tiene esta indiferencia santa, cae necesariamente en muchas y graves tentaciones... ¿Á qué cosa no impele en tales circunstancias la cólera y la indignacion, la pusilanimidad y la tristeza, la soberbia y el temor de los desprecios? ¿Á qué no estimula el capricho y la propia voluntad, la perturbacion y el tumulto interior, y la rebelion de las pasiones indómitas? ¡Ah! que para superar estos riesgos seria necesaria una particular asistencia de Dios. Pero ¿la concederá él á un alma que no quiere sujetarse á sus disposiciones, que llena de ira arroja de sí los medios que Dios tenia ordenados, que no quiere servirle sino á su modo, que no quiere reconocerle por su dueño y señor, y que descaradamente resiste á sus órdenes? Espérelo quien pueda esperarlo : la contienda es muy arriesgada, mucho...

AFECTOS.

1.º *De humillacion.* ¡Oh sumo bien, Dios y Señor mio! ¡Cuántos defectos descubro en esta hora en mi alma! ¡cuánta ceguedad en mi entendimiento! ¡cuánto desarreglo en mi voluntad! Yo miro los dolores y las indisposiciones como el mayor de los males, y Vos los apreciais como medios los mas efi-

caces para mi santificacion.—Yo juzgo los desprecios como la cosa peor del mundo, y Vos los estimais como el mejor medio para mi exaltacion en
el cielo.—Yo digo que las desolaciones y tentaciones son mi ruina, y vos decís que ellas han de formar la mayor parte de mi gloria en el paraíso.—
Así, pues, me ha engañado mi propio juicio, y
hasta á este extremo ha llegado la ceguedad de mi
entendimiento[1]. Mas ¡ay! que no acaba aquí mi
miseria, porque á la ceguedad de mi entendimiento corresponde igualmente la corrupcion de mi voluntad. La concupiscencia y las comodidades, los
honores y la estimacion de las criaturas, una dulce paz y tranquilidad del corazon, una obediencia
que concuerde con mi genio, es únicamente á lo
que me inclino; todo lo demás me retrae y me espanta.—Extiendo siempre ambas manos al veneno, y aparto de mí la medicina que podria cu-
rarme.

2.° *Propósito.*   ¿Qué remedio para esto? Dos
cosas he conocido en este dia ¡oh Dios mio! La primera, que es necesario serviros y amaros como Vos
quereis, y no como quiero yo.—La segunda, que
no puedo serviros ni amaros así, si no tengo un
corazon indiferente y si no me sirvo de los medios
que Vos me destinais: sin esto no puedo serviros

[1] Erravi sicut ovis quæ periit; quære servum tuum.
(*Psalm.* cxviii, 176).

ni amaros, ni santificarme y salvarme.—Si esto, pues, es así, en este momento depongo ante vuestro divino acatamiento todo apego á las criaturas, y todo el aborrecimiento que siento para con ellas. —Honor y desprecio, salud y enfermedad, consuelo y desconsuelo, esta ó aquella ocupacion, serán para mí cosas indiferentes : gima y laméntese la naturaleza cuanto quiera, la gracia ha de triunfar en adelante. Esta es, pues, la resolucion de mi corazon ¡oh Dios y Señor mio! Quiero serviros y amaros como Vos quereis, y no como me agrada á mí... Así emplearé los dias, las horas y todos los momentos que me restan de vida.

3.° *Invocacion de la gracia.* ¡Oh cuán bienaventurada es el alma que está así dispuesta! Ella tiene el fundamento de la santidad ; ella tiene ya de la misma la propia esencia, que es la caridad perfecta ; ella está ya en el camino derecho que la conduce á unirse con Dios. ¡Ay! ¿quién me conservará en este estado? Yo no ¡oh Jesús mio! yo no puedo tanto ; es demasiado grande mi debilidad, está demasiado arraigada en mí la inconstancia : solo vuestra omnipotencia puede remediar mi miseria, y conservarme.—Á Vos, pues, ó Jesús mio, dirijo los mas ardientes suspiros de mi corazon : quitad de mí todo deseo y amor hácia aquellas criaturas que solo agradan á mi amor propio ; alejad de mí todo temor y aversion de las que le desagradan; ponedme en una total indiferencia santa, y haced que no desee yo otra cosa que agradaros á Vos, ni otra cosa tema sino solo el disgustaros á Vos. ¡Oh Jesús! ¡Oh Padre de las misericordias! ayudadme con vuestra poderosa gracia.

Padre nuestro y *Ave-María.*
Conclusion como en la pág. 14.

MEDITACION IV.

Del pecado de los ángeles y de nuestros primeros padres Adan y Eva.

Advertencia. Despues de la consideracion del fin, pone san Ignacio á la vista la malicia del pecado mortal, para que huyamos de él como de la vista de la serpiente, ya que el pecado es la única cosa que nos puede impedir la consecucion de nuestro último fin [1].

La oracion preparatoria como en la pág. 13.
Preludio primero, ó sea composicion de lugar. Imagínate que ves al eterno Padre sentado en un trono de majestad y grandeza, que como juez da sentencia contra los ángeles rebeldes, contra Adan y Eva, y contra Jesucristo su Hijo, que ha tomado la figura de pecador. Imagínate que uno de aquellos Ángeles que están delante del trono del Señor

[1] La meditacion de la malicia del pecado es la primera que se levanta sobre el fundamento que se puso en la anterior con ese nombre.

Durante los dias de las meditaciones de la primera seccion, en el tiempo libre, se leerá la necesidad y utilidad de la confesion general, y se hará exámen de conciencia.

5*

se acerca á tí y te dice : Sabe y entiende qué malo y amargo es haber ofendido á tu Dios [1].

Preludio segundo, ó sea peticion. Dios y Señor mio, os pido luz y gracia para conocer la malicia del pecado, dolor de las faltas cometidas, y propósito firme de morir antes que volver á pecar.

Punto 1.°

Son palabras del Santo. « El primer punto será «traer á la memoria sobre el primer pecado, que «fue de los ángeles : y luego sobre el mismo el en-«tendimiento discurriendo; luego la voluntad, que-«riendo todo esto memorar y entender por mas me «avergonzar y confundir, trayendo en comparacion «de un pecado de los ángeles, tantos pecados mios : «y donde ellos por un pecado fueron al infierno, «cuántas veces yo lo he merecido por tantos. Digo «traer en memoria el pecado de los ángeles, como «siendo ellos criados en gracia, no se queriendo «ayudar con su libertad para hacer reverencia y «obediencia á su Criador y Señor, viniendo en so-«berbia, fueron convertidos de gracia en malicia, «y lanzados del cielo al infierno : y por consiguien-«te discurriréis mas con el entendimiento y mo-« viendo mas los afectos con la voluntad.»

Explicacion. De la pena impuesta á los ánge-

---

[1] Scito, et vide, quam malum et amarum est reliquissé te Dominum Deum tuum. (*Jerem.* ii, 19).

les se puede conocer la infinita malicia del pecado. Vuelve un poco atrás con tu pensamiento, alma mia, á aquellos tiempos maravillosos cuando Dios crió el cielo y le pobló de Ángeles; ¿quién podria jamás imaginar una felicidad mayor de la que tocó á aquellos espíritus? Fue tan rara su hermosura, que ningun hombre hubiera podido mirarla sin quedar arrebatado de gozo; su sabiduría tan estupenda, que al frente de ella la de Salomon se puede decir que hubiera sido una pura y verdadera ignorancia; tal su esencial bienaventuranza, que no eran capaces de padecer ningun dolor; su habitacion tan amena, cuanto lo puede ser un paraíso. Mas por grandes que fuesen estos dones de naturaleza, los de gracia fueron mayores sin comparacion. Ellos tuvieron un conocimiento de Dios perfectísimo, una caridad infusa la mas ardiente, una amistad y union con Dios la mas estrecha é íntima; con la añadidura de una promesa cierta de entrar de allí á pocos momentos en su gloria para gozarle eternamente.

Los ángeles abusaron de una tan gran bondad; no quisieron servir á Dios del modo que su Majestad queria; pecaron[1], é incurrieron en la pena. — Ahora pondera aquí con todas las fuerzas de tu espíritu las circunstancias de esta pena...

1.° *Esta pena fue la privacion de todo bien.*

---

[1] Similis ero Altissimo. (*Isaí.* xiv, 14).

Estos ángeles infelicísimos, de bellísimos espíritus que eran, fueron transformados en un momento en horribilísimos demonios: de hijos predilectos de Dios, convertidos en objetos de odio sempiterno, y precipitados como un rayo de lo mas alto del cielo al abismo de fuego infernal [1].

2.º *Esta pena fue el cúmulo de todos los males posibles.* En la memoria, el mas triste recuerdo de lo pasado; en el entendimiento, una perturbacion extrema; en la voluntad, una suma desesperacion; y las llamas mas atroces en todas las potencias.

3.º *Esta pena fue sin remedio.* Habian pasado mas de cuatro mil años desde que estos miserables espíritus ardian en las llamas, cuando vino al mundo Jesucristo para destruir el pecado. Pero ¿qué les aprovechó tal venida? Aquel mismo misericordiosísimo Jesús, que derramó tantas lágrimas sobre la malvada Jerusalen, no derramó por ellos ni una sola; aquel amantísimo Jesús, que dió toda su sangre por sus mas pérfidos enemigos, no ofreció por ellos al eterno Padre ni una sola gota.— El pecado no duró sino un solo momento, y la pena durará por toda la eternidad.

Detente aquí un poco, alma mia, y desciende con el pensamiento á aquella cárcel de fuego, y re-

[1] Videbam Satanam sicut fulgur de cœlo cadentem. (*Luc.* x, 18).

preséntate vivamente la miseria de estos espíritus réprobos : observa su figura tan horrible y tan espantosa, que ningun mortal podria mirarla sin morir de miedo. Su habitacion es una prision la mas terrible, todo al rededor circuida y abrasada de fuego : los tormentos que sufren son tan atroces, que no hay entendimiento que los pueda comprender. — Despues de haber observado estas cosas, discurre así contigo mismo: Estos mónstruos fueron un tiempo espíritus hermosísimos, hijos dilectísimos del Altísimo, hechuras de la divina Omnipotencia, los primeros habitadores y el mas hermoso ornamento de la mansion celestial. — ¿Qué mal han hecho para haber caido en tan gran desdicha? Toda la culpa se reduce á un pensamiento solo, consentido en un instante; á una desobediencia sola, á un solo pecado; y por este pecado solo, arden hace ya cerca de seis mil años, y arderán por toda la eternidad. — ¿Y quién es el que ha pronunciado una tan terrible sentencia contra ellos? Dios. ¡Oh verdad terrible! ¡Dios! Es preciso, pues, decir, ó que Dios no es sabiduría infinita, justicia infinita, misericordia infinita, ó que el pecado es verdaderamente un mal infinito; lo primero no se puede pensar, luego lo segundo se ha de confesar, y decir que el pecado es un mal infinito.

AFECTOS.

1.° *Admiracion.* ¡Oh Dios mio! yo no sé qué deba admirar mas, si el rigor de vuestra justicia con la que habeis tratado á los ángeles rebeldes, ó la grandeza de la misericordia que habeis mostrado conmigo. Aquellos nobilísimos espíritus, aquellas bellísimas imágenes de vuestra divinidad, cometieron un pecado solo, y por este solo pecado los reprobásteis por toda la eternidad; yo, que soy un puñado de tierra y de polvo, he cometido tantos pecados, ¡y Vos me habeis sufrido!... Yo he abusado de vuestra misericordia, y despues de haberme perdonado mis pecados anteriores he cometido otros de nuevos, ¡y Vos de nuevo me habeis perdonado! Aun ahora al presente, en este mismo punto, me mirais con ojos paternales, y extendeis hácia mí los brazos de vuestra misericordia.—Espíritus soberanos, carísimos escogidos, dad una mirada desde el cielo hácia mí, y veréis en mí tantos monumentos de la misericordia y longanimidad de un Dios, cuantos son los pecados que he cometido. ¡Ah! suplid por mí lo que yo deberia, pero que no soy cápaz de hacer.—Alabad... bendecid á Dios porque es bueno, y grande la misericordia que de mí ha tenido.

2.° *Arrepentimiento.* Mas esta misma misericordia es la que llena mi corazon de dolor.—Yo

he ofendido á un Dios que me ha amado mas que
á tantos millares de millones de nobilísimos espíritus ; á un Dios que, al mismo tiempo que yo co-
metia las mayores iniquidades, me acogia en el seno de su misericordia ; á un Dios que, no obstante mis pecados, me quiere amar por toda la eternidad. Y yo, ingrato, ¿cómo he podido despreciar
tanto amor, y ofender tan gran bondad? ¿Cómo
puedo ahora recordar tantas maldades, y no pro-
rumpir en dolorosísimas y amargas lágrimas? ¡Oh
Jesús mio! reconozco, confieso, me arrepiento,
abomino todos mis pecados...

Punto 2.°

Son palabras del Santo. «El segundo es hacer
«otro tanto, es á saber, traer las tres potencias
«sobre el pecado de Adan y Eva, trayendo á la me-
«moria como por el tal pecado hicieron tanta pe-
«nitencia, y cuánta corrupcion vino en el género
«humano, andando tantas gentes para el infierno.
«Digo traer á la memoria el segundo de nuestros
«padres, como despues que Adan fue criado en el
«campo damasceno, y puesto en el paraíso terre-
«nal, y Eva ser criada de su costilla, siendo veda-
«do que comiesen del árbol de la ciencia, y ellos
«comiendo, y asimismo pecando : y despues vesti-
«dos de túnicas pellíceas, y lanzados del paraíso,
«vivieron sin la justicia original que habian per-

«dido, toda su vida en muchos trabajos y mucha
«penitencia; y consecuente discurrir con el enten-
«dimiento, mas particularmente usando de la vo-
«luntad, como está dicho.»

Explicacion. Por la pena impuesta á nuestros
primeros padres se conoce el infinito mal que es el
pecado. No se ha visto jamás en el mundo una felicidad semejante á aquella en que Dios crió á nuestros primeros padres.

1.° ¡Cuán deliciosa era su habitacion, esto es,
el paraíso terrenal! No estaba sujeto al frio, ni al
calor, ni á la lluvia, ni á los vientos, sino que continua y apaciblemente gozaba de la vista del sol.
Sin necesidad de fatiga alguna los árboles produ-
cian de suyo excelentes frutos, las vides uvas sa-
brosísimas, y la tierra admirables renuevos de plantas y flores.

2.° ¡Cuán perfecto fue su dominio sobre los
animales! Á la primera voz bajaban los pájaros del
aire, y mostrábanles su dependencia; á una palabra corrian los animales, y poniéndoseles á sus
piés les daban pruebas de su obediencia; á una señal los peces venian nadando por el agua á la ribera, y les manifestaban su alegría.

3.° ¡Cuán maravillosa fue la felicidad del cuerpo! No estaba sujeto ni á la fatiga, ni al cansan-
cio, ni á los dolores, ni á la enfermedad, ni á la
ancianidad, ni tampoco á la muerte; bastaba que

comiesen del fruto del árbol de la vida para mantenerse siempre en toda la flor de la juventud.

4.° ¡Cuán admirable fue la felicidad del alma!
Esta tenia el mas perfecto dominio sobre todas las
pasiones : ni ira, ni tristeza, ni envidia, ni odio,
ni ninguna otra inclinacion desordenada osaba levantarse contra la razon; estaba dotada de un pleno
conocimiento de Dios, de una ardentísima caridad,
de tiernísimo afecto hácia su divina Majestad; y
finalmente, estaba prometido á nuestros progeni-
tores, que despues de una larga y felicísima vida,
sin que precediese enfermedad ni muerte, serian
trasladados al cielo en cuerpo y alma para reinar
allí eternamente con Dios. Pero tan magnífica como
fue la liberalidad de Dios para con estos nuestros
primeros padres, no fue menos monstruosa su ingratitud para con él. No quisieron servirle como
queria ser servido; pecaron, é incurrieron en la
pena.—Ahora pondera las circunstancias de esta
pena, y en ellas la gravedad del pecado.

1.° Por solo este pecado queda Adan despojado de toda felicidad... Es maldecida la tierra, la
cual en adelante no producirá otra cosa que abro-
jos y espinas; maldecido el cuerpo, y condenado á
los dolores, á las enfermedades y á la muerte; maldecida el alma, y, cual enemiga de Dios, dester-
rada del paraíso en este valle de lágrimas.

2.° Por este solo pecado es condenada igualmente toda la posteridad á las mismas desgracias. Figúrate un terreno, como por ejemplo, de una legua en cuadro y como media de altura, todo lleno de calaveras, y díte á tí misma : todos estos millares de millones de hombres han tenido que sucumbir á la muerte por este solo pecado.

3.° Por solo este pecado, todos los niños que mueren sin Bautismo quedan privados por toda la eternidad del paraíso. Supongamos que en toda la tierra mueren cada año diez millones de niños : con que es decir que desde la Natividad de Jesucristo habrán muerto mas de diez y ocho mil millones. Todos estos están excluidos del cielo por toda la eternidad por solo este pecado.

4.° Por este solo pecado la mayor parte de los adultos se condenan por toda la eternidad... Todo el que se condena, se condena por las indómitas pasiones del corazon, que lo arrastran al pecado. Esta furia de las malas inclinaciones es un castigo de aquella desobediencia que cometieron nuestros primeros padres... si, y lo que es aun mas terrible, si el mundo por un imposible durase eternamente en el estado presente, cada año caerian por toda la eternidad millones de hombres en el fuego del infierno por este solo pecado.

5.° Por este pecado Jesús ha muerto en la cruz. ¡Estupendo milagro! el supremo Señor del cielo y de la tierra, la santidad por esencia, el Hijo unigénito de Dios es condenado por su propio Padre á la ignominiosa muerte de cruz; y esto por el pecado.

6.° No obstante esta muerte, continúa el Padre celestial en castigarnos á los miserables hombres por el pecado: perdido el paraíso; nosotros peregrinos en un valle de lágrimas; la vida colmada de amarguras; la muerte llena de angustia y de terror; dudosa la eterna salvacion; y no hay otro camino para entrar en el cielo sino el de la penitencia y el de las lágrimas.

AFECTOS.

1.° *Temor.* ¡Oh fe santa! cuán sorprendentes son las verdades que me pones á la vista! ¡Los mas bellos ángeles precipitados del cielo; todo el género humano desterrado del paraíso; millones de almas condenadas al infierno! ¡Jesús, Hijo de Dios, muere en la cruz, y muere en ella por la voluntad de su eterno Padre; y todo esto por un solo pecado! ¡Oh pecado, cuán grande es el mal que en tí ocultas! Pues si el eterno Padre trató con tanta severidad á su dilectísimo y unigénito Hijo por causa del pecado, ¿con cuánto rigor no me tratará á mí, que he cometido tantos pecados? ¿á mí, que he permanecido tanto tiempo en ellos? ¿á mí, que despues del perdon he recaido en ellos tantas veces?

2.º *Arrepentimiento.* Veo muy bien ¡oh Dios mio! que para mí no puede haber otro escape sino vuestra misericordia infinita por parte vuestra, y una verdadera y constante penitencia por parte mia; por tanto me postre delante de Vos, detestando con todas las fuerzas de mi espíritu todos los pecados que he cometido. He hecho mal, lo conozco y lo confieso; no debia haber ofendido jamás á una bondad infinita, antes debia haber muerto, y aun dar mil vidas, que cometer tanto mal. ¡Ah! ¿quién dará una fuente de amarguísimas lágrimas á mis ojos, y un dolor tan intenso á mi corazon cuanto he menester?...

Punto 3.º

Reflexiones sobre las verdades precedentes.

Recoge de nuevo tus potencias, alma mia, para comprender bien las siguientes reflexiones.

1.º Si un pecado solo es tan abominable á los ojos de Dios, ¿cuánto deberá serlo mi alma en su presencia? Si yo he cometido un solo pecado, he pecado tanto como un espíritu rebelde; si he cometido ciento, he pecado tanto yo solo cuanto cien espíritus rebeldes. Si he cometido un solo pecado, me he hecho tan abominable delante de Dios cuanto lo es cada uno de los espíritus rebeldes; si he cometido ciento, me he hecho yo solo tan abominable cuanto lo son ciento de estos espíritus unidos juntamente... Si he cometido un pecado solo, necesariamente soy aborrecido de Dios cuanto lo es uno de los espíritus rebeldes; si he cometido ciento, Dios me aborrece á mí solo cuanto aborrece á ciento de estos espíritus rebeldes igualmente unidos.

2.º Si un solo pecado merece el infierno, ¡cuánto motivo no tengo de bendecir la infinita misericordia de Dios! Si he cometido un pecado solo, he merecido el infierno como todos los espíritus réprobos; si he cometido mas de uno, lo he merecido mas que todos ellos. ¿Y por qué no me hallo yo donde están esos desgraciados? ¡Ah! aquel mismo Dios que ha ejercitado todo el rigor de su justicia con ellos, ha usado conmigo toda la riqueza de su infinita misericordia. ¡Oh bondad! ¡oh amor! ¡oh longanimidad!

3.º Si Dios por un solo pecado ha dado un castigo tan terrible á los ángeles y á los hombres, ¿cuánto motivo tengo yo de temer su justicia? Dios ha condenado á arder por toda la eternidad en el fuego del infierno á tantos millares de millones de espíritus angélicos por un pecado solo, sin remedio, sin hacerles gracia, sin darles espacio de penitencia... Si yo me atreviese á pecar otra vez, ¿no podrá él hacer, ó no hará tambien conmigo lo mismo? ¡Oh Dios mio! me veo obligado á confesar que yo no podria volver á pecar sin una temeridad extrema, y que Vos no me podríais perdonar ya si vuestra misericordia no fuese infinita.

AFECTOS.

1.° *Arrepentimiento.* El cielo y la tierra me dan testimonio de que teneis un odio infinito al pecado. ¡Ah, si cayese una sola gota de ese santo odio en mi corazon! Desgraciado de mí, ¡qué es lo que yo he hecho! No hay cosa que tanto merezca ser amada de mí como Jesús; no hay cosa que tanto deba ser aborrecida de mí como el pecado; y yo insensato he aborrecido á Jesús y amado al pecado. ¡Oh impiedad digna de ser castigada eternamente en el infierno! Lo conozco, ó Dios mio, y lo lloro; ¡cuánto mejor hubiera sido para mí haberme podrido bajo la tierra antes que pudiese pecar! Mas estos suspiros vienen ya muy tarde. ¡He pecado; he pecado tantas veces; he pecado enormísimamente! Perdonadme, Jesús mio, yo me arrepiento.

2.° *Agradecimiento.* Mas esta enormísima malicia mia me recuerda vuestra misericordia: no puedo pensar sino con temblor y espanto en aquella hora funesta, en la cual pequé por primera vez. ¡Hora infelicísima! ¡Ah! ¡ojalá que jamás hubiera llegado! ¡Oh Dios! si me hubiérais tratado entonces como tratásteis á los ángeles, ¡cuánto tiempo haria que estaria yo en el infierno! ¡Ah! que sola la memoria de aquel tremendo peligro en que se halló entonces la preciosísima, única é inmortal alma mia, me hace estremecer. Vos habeis tenido misericordia de mí, y me habeis dado tiempo de hacer penitencia. ¡Oh cuántas alabanzas, cuántas bendiciones y cuántas acciones de gracias os debo!

3.º *Invocacion*. Tened misericordia de mí, ó Dios mio, tened misericordia de mí: ahora conozco la malicia infinita que contiene el pecado; lo conozco por el fuego de los espíritus rebeldes; lo conozco por la suerte de los hombres desterrados del paraíso; lo conozco por las penas y tormentos de Jesús muerto en una cruz... ¡Misterio portentoso! ¡El Hijo de Dios tiene que morir, y morir de este modo, por mis pecados! ¿Hubiera podido yo cometer un mal mayor que este? ¡Conducir á Jesús á la cruz! ¡Oh pecado! ¡oh maldito pecado! ¿cómo has podido parecerme dulce y agradable? ¡Oh Jesús! por aquella misma sangre que habeis derramado por los pecados, os ruego me concedais aquellas gracias particulares que me son necesarias para poder llorar amargamente los pecados pasados, y evitar y aborrecer los futuros mas que la muerte.

Padre nuestro y *Ave María.*
Conclusion como en la pág. 14.

6

MEDITACION V.

De la malicia del pecado mortal.

La oracion preparatoria como en la pág. 13.

Preludio primero, ó sea composicion de lugar.
Imagínate que ves á Dios sentado en un trono de
majestad y grandeza como juez, y tú, como reo
que eres, puesto en pié atado de manos, y delante
del Juez y de tí se te está leyendo el proceso de
todos los pecados que has cometido en todo el decurso de tu vida, con todas las circunstancias del
lugar, de las personas, del estado y de las edades
de tu vida, sin poder excusarte ni negar cosa alguna.

Preludio segundo, ó peticion. Dios y Señor
mio, os pido conocimiento del número y de la gravedad de mis pecados, y un gran dolor y arrepentimiento de haberlos cometido.

Punto 1.°

Son palabras de san Ignacio. «Se ha de apli-
«car el entendimiento y la memoria sobre el pe-
«cado particular de cada uno, que por un pecado
«mortal es ido al infierno; y otros muchos sin
«cuento por menos pecados que yo he hecho. Digo
«hacer otro tanto sobre el tercer pecado particu-

«lar, trayendo á la memoria la gravedad y malicia
«del pecado contra su Criador y Señor: discurrir
«con el entendimiento como en el pecar y hacer
«contra la voluntad infinita, justamente ha sido
«condenado para siempre; y acabar con la volun-
«tad, como está dicho.

«Ahora traer á la memoria todos los pecados de
«la vida, mirando de año en año, ó de tiempo en tiem-
«po. Para lo cual aprovechan tres cosas: la primera,
«mirar el lugar y la casa en donde he habitado;
«la segunda, la conversacion que he tenido con
«otros; la tercera, el oficio en que he vivido.

«El segundo ponderar los pecados, mirando la
«fealdad y la malicia que cada pecado mortal co-
«metido tiene en sí, dado que no fuese vedado.

«Mirar quién soy yo... ¡ay! una llaga y postema
«de donde han salido tantos pecados y tantas mal-
«dades, y ponzoña tan torpísima!

«Considerar quién es Dios, contra quien he pe-
«cado, segun sus divinos atributos, comparándolos
«á sus contrarios en mí. »

Explicacion. 1.° *En el mismo momento* en
que se comete el pecado, el alma, que es una be-
llísima imágen de Dios, queda transformada en un
horribilísimo mónstruo. No es posible que se pueda
comprender la admirable belleza de que está adornada un alma que goza la gracia de Dios. Hallándose en este estado, ella es un retrato y una copia

6*

de la belleza misma divina, para cuya formacion se requiere nada menos que una sabiduría y poder infinito. Mil vidas (dijo un dia una gran Santa, santa Teresa de Jesús, á quien Dios habia hecho ver esta belleza), mil vidas perderia gustosa, y mil muertes padeceria, por conservar la hermosura de una sola alma de estas. Mas cuanto la gracia hermosea á una alma, otro tanto la afea el pecado. Un alma pecadora y un espíritu condenado se asemejan perfectamente en la deformidad; y así como un hombre no podria ver un demonio en su propia figura sin morir de espanto, así tampoco podria ver un alma que está en pecado sin morir de terror.

2.° *En el momento* que se comete el pecado, se hace el alma extremamente odiosa á Dios. No es posible que se llegue á comprender por ninguna inteligencia del cielo ó de la tierra, cuán grande sea la abominacion, y cuán entrañable el odio que Dios tiene al pecado. Sí; Dios aborrece al pecado, y necesariamente le aborrece; de tal manera que así como no es posible que deje de amarse á sí mismo como sumo bien, así tampoco lo es que deje de aborrecer al pecado como sumo mal.

3.° *En el momento* en que se peca, el alma, de hija que era de Dios, se hace esclava del demonio. Es digno de compasion el estado de un poseso, el cual se ve precisado á hospedar en su propio cuerpo dia y noche á un demonio del infierno; pero mucho mas lastimoso es el estado de aquel cuya alma, por el pecado, se hace esclava del demonio, y está obligado á vivir bajo su tiránica potestad: el primero puede suceder que sea hijo del Altísimo, que goce de su gracia y tenga total confianza de ir á gozarle eternamente en el cielo; pero el segundo es enemigo de Dios, está privado de su gracia, y siempre á punto de caer en el infierno, arrastrándole á él su mismo amo para atormentarle allí eternamente.

4.° *En el momento* en que se peca, cae el alma en el estado mas vil y despreciable. No hay cosa mas vergonzosa que el pecado, ni mas infame que el pecador. Figúrate, alma mia, que Dios abre los ojos á todos de modo que puedan ver claramente en tu corazon todos los vicios, y todos los pecados que has cometido en tu vida en pensamientos, palabras y obras. ¡Oh Dios, qué rubor y que vergüenza seria la tuya! ¿No irias antes á esconderte en las grutas y cuevas de los desiertos, que comparecer delante de los hombres? Hé aquí como, á juicio de la misma recta razon natural, no hay cosa mas vergonzosa que el pecado, ni cosa mas infame que el pecador. ¡Ah, cuánto deberias sonrojarte delante de Dios, en cuya presencia cometiste tantos pecados, y á cuyos ojos está manifiesta continuamente toda la fealdad de tu vida!

AFECTOS.

1.° *Rubor de mí mismo.* ¡Oh Dios mio, cuántos pecados he cometido! ¡No hay potencia en mi alma ni sentido en mi cuerpo con que no os haya ofendido! ¡Desgraciada memoria, de cuán indignos recuerdos no te has alimentado! ¡Desgraciado entendimiento, cuán malos pensamientos no has producido! ¡Desgraciada voluntad, á cuántos desordenados afectos no has consentido! ¡Lengua infeliz, cuántas palabras libres no has proferido! ¡Manos indignas, cuántas acciones prohibidas no habeis ejecutado! ¡Corazon desarreglado, cuántas cosas no has amado, cuántas no has aborrecido desordenadamente! ¡Oh Dios mio! si un pecado solo os causa náusea, horror y abominacion infinita, ¿en qué forma comparecerá delante de Vos mi alma, en la cual no se ve otra cosa sino pecados? ¿Á dónde huiré yo para esconderme y encubrir mi fealdad? ¡Oh pecado! ¡cuán amable pareces á quien te comete; cuán amargo y detestable despues de haberte cometido! Á la verdad, si todos me conociesen como me conoce Dios, no habria santo en el cielo ni hombre en la tierra que no volviese la vista á otro lado por el grande horror...

2.° *Invocacion.* Sonrojado estoy de mí mismo, ¡oh Dios mio! y todo horrorizado me siento al reflexionar mi sumo frenesí. ¡Ay Dios mio! ¿á quién recurriré sino á Vos, Dios de eterna bondad y de misericordia infinita? Dignaos por vuestra piedad de concederme tanto dolor que penetre todo. mi corazon, y sea tan eficaz que llegue á purificar mi alma de todas sus inmundicias; yo no puedo concebirlo sin una ayuda particular de vuestra gracia; concedédmela ¡oh Señor! y el cielo y la tierra tendrán un nuevo motivo de alabar y bendecir vuestra misericordia.

Punto 2.°

La suma malicia del pecado por razon de la suma vileza y bajeza del hombre que ofende á Dios... Reflexiona atentamente, alma mia, lo que tú eres, y despues juzga del pecado.

1.° *Tú eres una criatura* que de tí misma no tienes ningun bien. Porque ¿qué bien puede tener una criatura que se puede llamar la misma nada? Hace pocos años que ella era una nada; ahora en cuanto al cuerpo es un puñado de barro; dentro de poco será tirada en un sepulcro para que allí se convierta en podre, sirva de pasto á asquerosísimos gusanos, y vuelva otra vez á ser polvo: ¿qué bien puede tener un ser tan despreciable á quien no puede comprender ningun entendimiento, y de cuya nada ni las mismas soberanas inteligencias, ni aun la santísima Vírgen, solo Dios puede penetrar con su vista esta profundidad y medirla?... Y

sin embargo, este puñado de polvo, este gusano
de la tierra, esta criatura vilísima, ha tenido la
osadía de hacerse fuerte contra Dios, y de oponerse á su voluntad; y su temeridad ha llegado
hasta despreciar al Altísimo, diciendo con los hechos, si no con las palabras, ¿quién es el Señor
que me quiere obediente á su voz? yo no conozco
dueño que sea superior á mí...

2.° *Tú eres una criatura* con quien Dios se ha
mostrado infinitamente liberal. Dios te ha colmado
de innumerables beneficios, alma mia, y no há habido en todo el curso de tu vida un solo momento
en que no hayas experimentado algun nuevo rasgo
de su beneficencia; y no habrá en adelante por
toda la eternidad un punto (como por tí no quede)
en el que no te dispense algun nuevo favor. Esta
liberalidad te la ha mostrado con un amor eterno,
porque el Señor no se ha amado antes á sí mismo
que á tí; con un amor no merecido, porque no
necesita de tí ni de tus obras; con un amor magnánimo, porque hubiera podido conferir estas gracias á otros que le hubieran servido mejor que tú:
¡y aun así fuiste tan temeraria é ingrata, alma
mia, y tuviste valor de ofender á un Dios tan benéfico para contigo, y de ofenderle tantas veces y
con tanta desvergüenza!—¡Qué monstruosidad no
seria la de un hijo que se atreviese á cometer á
vista de su padre todo género de infamias, y aun

llegase á escupirle en el rostro! ¡Ah! ¿y no hiciste tú otro tanto, vilísima criatura, contra tu Dios, que siempre se ha mostrado contigo amantísimo Padre?

3.° *Tú eres una criatura* que todo se lo debes á Dios. Sí, ó alma mia, de cualquiera cosa que haya en tí, eres deudora á tu Criador. Él es quien te lo ha dado y quien te lo ha de conservar: ¡qué impiedad el abusar de los beneficios y de las gracias recibidas de Dios, y servirse de ellas en afrenta y ultraje de su incomprensible Majestad! ¿Qué monstruosidad no hubiera sido, si uno á quien Jesucristo hubiese curado milagrosamente una mano paralítica, la emplease despues esta misma en azotarle? ¿qué indignidad si la lengua de un mudo, puesta expedita por Jesucristo con un portento, se desatase despues con blasfemias, hasta en la cruz? ¡Ah! vuelve á tí los ojos, alma mia: ¿quién te dió esa lengua, quién esos ojos, esos oidos, esas manos, y todos los demás miembros del cuerpo, y las potencias del alma, con que tantas veces has ofendido á tu Dios? ¿Esta ha sido la recompensa por tantos favores?

4.° *Tú eres una criatura* á quien Dios ha sacado del infierno por la fuerza de su poder y misericordia [1]. Alma mia, sí has pecado una vez sola,

---

[1] Misericordia tua magna est super me, eruisti animam ex inferno inferiori. (*Psalm.* LXXXV, 13).

has merecido el infierno, y eres deudora únicamente á la misericordia de tu Dios de no estar
sumergida en él; así te lo enseña la fe: pero esta
circunstancia ¿cuánto no agrava tus pecados? Si
hoy mismo librase Dios del infierno á un condenado y le concediese tiempo para hacer penitencia,
y no obstante tan gran beneficio volviese mañana
otra vez á blasfemarlo, ¿qué te parecería? Te habrá Dios librado ya del infierno diez, veinte y acaso mas veces; y despues de haber usado contigo
de una misericordia tan extraordinaria, ¿qué es lo
que tú has hecho?

AFECTOS.

1.° *Humillacion y sincera confesion delante de
Dios.* Amabilísimo Dios mio, yo me abismo ante
vuestro divino acatamiento hasta lo mas profundo
del infierno, ya que no podria hallar lugar que
me sea mas propio. — ¿Soy otra cosa que polvo y
ceniza? y sin embargo me he atrevido á rebelarme
pérfidamente contra el Dios altísimo de cuya mano
lo he recibido todo: cuanto soy, cuanto tengo,
cuanto puedo, todo es don de Dios, el cual á todas
horas me inunda como un torrente inmenso con
beneficios siempre nuevos. Contra Dios, que despues de un exorbitante número de pecados, por un
exceso de su misericordia me ha perdonado. ¡Oh
Dios mio! confieso que mi conducta ha sido mas

que diabólica; que no merecia un infierno, sino mil. Vosotros, miserables espíritus condenados, vosotros no sois mas infelices que yo por haber pecado mas, no, sino únicamente lo sois porque Dios fue menos misericordioso con vosotros de lo que ha sido conmigo. —Vosotros no tuvísteis sino un momento, yo tantos años; vosotros cometísteis un pecado solo, yo innumerables; á vosotros se os concedió una gracia sola, á mí millares; Dios os reprobó por un pecado solo, y á mí me ha querido perdonar despues de tantos y tantos: con todo esto he seguido ofendiéndole; —¿no deberian mis ojos verter un mar de lágrimas para llorar las horas todas que me restan de vida?

2.° *Arrepentimiento.* Vos penetrais ¡oh Dios mio! todos los senos de mi corazon; mi voluntad es detestar, aborrecer, maldecir sinceramente, y con todas las fuerzas de mi alma, todos los pecados que he cometido hasta este momento. ¡Ah! ¡Ojalá pudiese concentrar en mi corazon todos los dolores y arrepentimientos de todos los penitentes mas contritos, para llorar y detestar mis pecados, si no cuanto merecen, á lo menos cuanto me fuera posible! En compensacion os ofrezco el dolor, la amargura y agonía que padeció Jesús por mis pecados, los cuales le hicieron sudar sangre en el huerto.

Punto 3.º

Se convence la malicia infinita del pecado por la suprema Majestad de Dios, á quien se ofende cometiéndole. Cuanto es mayor la dignidad de la persona á quien se ofende, tanto mayor y mas grave es la ofensa que ella recibe: descargar en el rostro de un poderoso monarca una bofetada, seria una ofensa incomparablemente mas grave que si se descargasen ciento en el de un esclavo; la razon natural lo enseña: pondera tú ahora, alma mia, segun este principio la gravedad del pecado. ¿Quién es Dios?

1.º *Dios es infinitamente bueno.* Es un ser el cual contiene en sí mismo todas las perfecciones posibles; es bondad infinita, omnipotencia infinita, misericordia infinita, liberalidad infinita; en suma, posee infinitas perfecciones.—Mas así como es sumo bien en sí mismo, así es tambien el origen y la fuente de todos los bienes que se encuentran en las criaturas: no hay poder, bondad, santidad, hermosura, misericordia ni liberalidad, sea en el cielo ó en la tierra, en los Ángeles ó en los hombres, ni en ninguna otra criatura, que no dimane de Dios, como único é inagotable manantial que es.—Ofender, despreciar, deshonrar advertida y deliberadamente á un Dios tan grande, ¡oh qué malicia!

2.º *Dios es infinita majestad y grandeza.* Eleva tus miradas al cielo, alma mia, y figúrate ver allí sentado al Señor en un trono, con millares de Ángeles al rededor que lo circundan sobrecogidos del esplendor de su divinidad, y que se esfuerzan á alabarle y bendecirle con toda la facultad de sus potencias, y conociendo que no pueden ensalzarlo cuanto merece su grandeza se postran humillados sobre su rostro, y confiesan que debe ser mas amado y glorificado infinitamente, y mucho mas de lo que ellos son capaces. Pues ahora mientras esto se practica en el cielo, donde todos los espíritus bienaventurados compiten á porfía en alabar y glorificar aquella gran Majestad, se levanta un hombre vilísimo de la tierra á afrentar aquella misma suprema Majestad, cargándola de oprobios y denuestos.—¿Qué enorme é incomprensible malicia no es esta? ¡Ah, que no se puede explicar, alma mia! Dos pensamientos servirán para darte de ello una pequeña idea.

1.° Imagínate que todos los Ángeles desciendan del cielo y tomen cuerpo humano; que todos los hombres que han vivido desde el principio del mundo salgan de sus sepulcros, y todos hagan por espacio de mil años la mas rigurosa y horrible penitencia; y finalmente, que todos derramen por amor de Dios su sangre con los mas exquisitos martirios; ¿podrian ellos con todo esto resarcir la ofen-

sa que se hace á Dios con un solo pecado? no, que esto no es posible...

2.º Si todos los Ángeles del cielo, con todo el esfuerzo de su entendimiento, se pusiesen á ahondar en el conocimiento del pecado por toda la eternidad, jamás podrian llegar á comprender el abismo de su malicia.

AFECTOS.

1.º *Sincera acusacion de sí mismo.* La luz que me concedeis, ó Dios mio, me hace conocer que mi malicia ha llegado á lo sumo : yo os he ofendido... ¿Quién soy yo? No un querubin, no un ángel, ni otro espíritu nobilísimo, sino un miserable hombrecillo, un puñado de polvo, un gusano de la tierra... ¡Yo os he ofendido á Vos! ¿Quién sois Vos? No algun monarca, no algun ángel ó serafin, sino un Dios, suma bondad, fuente y orígen de todo bien, supremo señor del cielo y de la tierra.— ¡Yo os he ofendido! ¿y dónde? No en secreto, ni en vuestra ausencia, sino en vuestra presencia, y en medio del esplendor de vuestra majestad... ¡Yo os he ofendido! ¿con qué? Con aquellos ojos, con aquellos oidos, con aquella lengua, con aquellas manos, con aquel corazon que me habeis dado por pura misericordia. —¡Yo os he ofendido! ¿mas por qué? No por la esperanza de adquirir un reino, ni por temor de estar amenazado de la muerte, sino por una vil satisfaccion de los sentidos ; por temor de alguna ligera confusion. —¡Yo os he ofendido! ¿mas cuántas veces? ¡Ah, Dios mio, Vos sabeis el número!—¡Yo os he ofendido! ¿cuándo? En la hora misma en que Vos estábais ocupado en conservarme la salud corporal, en colmar mi alma de nuevos beneficios, en enfrenar el furor del demonio para que no me arrastrase consigo al infierno. —¡Oh Dios! ¡Cuán enorme es mi ingratitud, mi locura, mi furor, mi malicia! Y sin embargo, aun es ante vuestros ojos infinitamente mayor de lo que yo puedo conocer...

2.° *Arrepentimiento.* Hé aquí cómo he vivido ¡oh Dios mio! ¿Y cuál ha sido el modo con que os he ofendido? Mas : ¿cuál ha sido despues mi dolor y arrepentimiento? He hecho de cuando en cuando algun acto de contricion, me he dado golpes de pecho, y despues he continuado en vivir tranquilamente como si estuviera ya asegurado del perdon.—Mas cómo, ¿despues de tantas ofensas á Dios me contentaré con un arrepentimiento tan débil y tan breve? ¿No deberia estar mi corazon continuamente sumergido en el dolor, y no deberian mis ojos verter continuas lágrimas? He ofendido al sumo é infinito Bien; esto basta para no cesar nunca de dolerme.—¡Ah! ¡quien jamás os hubiera ofendido, ó Ser infinitamente amable! ¡Y por qué no he sacrificado mil veces antes mi cuerpo y mi vida!...

3.º *Propósito.* Pero ya el mal está hecho; me he dejado engañar de los sentidos, y vencer y arrastrar de mis perversas inclinaciones. Perdonadme ¡oh Dios mio! os lo suplico por vuestra infinita misericordia, y por los méritos de la preciosísima sangre de vuestro Hijo Jesucristo.—Ahora vuelvo á Vos con todo mi corazon, y resuelvo en vuestra presencia preferir antes la muerte que volver á pecar nunca jamás. ¡Oh santo propósito! ¡bienaventurada resolucion! Pero ¿es sincera? Sí, Jesús mio, así lo resuelvo sinceramente: Señor, que teneis el dominio de la vida y de la muerte, si preveis que tengo de cometer un nuevo pecado, os suplico me saqueis del mundo antes que llegue tan triste dia...

Padre nuestro y *Ave María.*
Conclusion como en la pág. 14.

MEDITACION VI.

De las penas del infierno, y singularmente de la pena de daño.

Advertencia. Con grande acuerdo propone san Ignacio la meditacion de las penas del infierno inmediatamente despues de las del pecado, para que así mas lo deteste y llore quien por desgracia lo cometió, viendo el reato que trae como consecuencia necesaria; porque al delito se ha de seguir infaliblemente el castigo en la otra vida, si Dios no usa de misericordia, en razon de que luego que el hombre peca incurre en débito de condenacion eterna, y viene á ser como el malhechor ya sentenciado sin recurso á morir en el suplicio. Esta, pues, es la razon por que san Ignacio despues de las meditaciones del pecado pone inmediatamente las del infierno, á fin de retraer de cometerle á nuestro corazon, naturalmente temeroso de pena, y con especialidad de penas eternas; motivo justísimo de arrepentimiento y de dolor de haber pecado, y de que implore la divina misericordia.

7

Punto 1.°

La oracion preparatoria como en la pág. **13**.

Son palabras de san Ignacio :

«*Primer preámbulo, composicion de lugar*, que «es aquí ver con la vista de la imaginacion la lon-«gura, anchura y profundidad del infierno.

« *El segundo*, demandar lo que quiero : será aquí «pedir interno sentimiento de la pena que padecen «los dañados, para que si del amor del Señor eter-«no me olvidare por mis faltas, á lo menos el te-«mor de las penas me ayude para no venir en pe-«cado.

« El primer punto será ver con la vista de la ima-«ginacion los grandes fuegos y las ánimas como en «cuerpos ígneos.

«El segundo, oir con las orejas llantos, alaridos, «voces, blasfemias contra Cristo nuestro Señor y «contra sus Santos.

«El tercero, oler con el olfato humo, piedra azu-«fre, sentina y cosas pútridas.

«El cuarto, gustar con el gusto cosas amargas, «así como lágrimas, tristeza, y el verme (ó gusa-«no) de la conciencia.

«El quinto, tocar con el tacto, es á saber, cómo «los fuegos tocan y abrasan las ánimas.»

Explicacion. Mira, alma cristiana, á un hombre con todos los males, con ningun bien. El cristiano condenado en el infierno pierde á Dios, sumo bien y eterna felicidad. Perder á Dios es un mal que excede tanto á todo lo que puede alcanzar nuestra imaginacion, que es tan imposible comprenderlo como lo es el comprender el infinito bien que hay en poseerlo; sin embargo, podemos concebir alguna oscura idea : entra, pues, dentro de tí misma, alma mia, y pondera sériamente qué quiere decir perder á Dios.

1.° *El condenado pierde la fruicion de Dios.* Al momento que entra un alma en el cielo, la reviste Dios con una luz tan clara, que puede conocer perfectamente, cuanto es capaz una criatura, todo el abismo de su infinita esencia, y la inflama en tan encendido deseo de gozarle, que una dilacion, aunque momentánea, la causaria infinito dolor : pero porque ella desea ardentísimamente este bien, y al mismo tiempo le goza perfectísimamente, con la certeza infalible de que lo gozará eternamente, siente en sí tal y tanta inundacion de gozos, que todos los demás deleites del paraíso se pueden reputar por nada en comparacion de estos... En el infierno sucede todo al contrario : al entrar el alma en él derrama Dios sobre ella una luz tan viva, que puede conocer, en cuanto alcanza su capacidad, la grandeza de su infinita y divina esencia, y la enciende en un deseo tan impaciente de gozarle, que aun la

7*

dilacion de un solo instante la causa ya unas infinitas ansias. Por lo que deseando con tan grande ardor la posesion de tanto bien, y viéndose al mismo tiempo violentamente apartada, con la certeza de que no le gozará por toda la eternidad, nace de aquí tal y tanta tristeza, que al frente de ella todos los otros tormentos del infierno los reputa por nada... En suma, cuanto es sobre toda medida la alegría de un alma en el paraíso por la adquisicion de Dios, tanto es desmedida la tristeza de un alma en el infierno por la pérdida del mismo Dios.

2.º *El condenado pierde la providencia de Dios sobre sí.* Mientras que vive el hombre tiene Dios cuidado de él, le ilustra el entendimiento con soberanas luces, le excita la voluntad con santos deseos, le estimula al bien, le retrae del mal, le consuela y le fortalece en sus penas; pero nada de esto tiene que esperar un alma que ha entrado ya en el abismo eterno: ya Dios no piensa en ella, y la mira como una cosa que no le pertenece ya; y así por toda la eternidad no volverá á ilustrarla el entendimiento, no excitará ya su voluntad al bien, no la despertará ya en el corazon ningun piadoso deseo, y la hará incapaz de toda obra buena; en su imaginacion no habrá mas que espectros espantosísimos; en el entendimiento solo reinarán pensamientos los mas funestos; la voluntad será agitada perpétuamente de furor, de rabia, de desesperacion ; la memoria se verá siempre angustiada con los mas aflictivos recuerdos ; y á donde quiera que se vuelva la desgraciada alma, no encontrará otra cosa que tinieblas, confusion y amargura.

3.° *El condenado, perdiendo á Dios, pierde tambien el afecto con que era amado de las criaturas.* La santísima Vírgen, el Ángel custodio, todos los Santos aman al hombre mientras vive en la tierra ; pero reprobado que haya sido de Dios, lo será tambien de ellos : no tendrán hácia él por toda la eternidad un pensamiento benigno, antes se complacerán viéndole en las llamas como víctima de la justicia de Dios[1] ; le aborrecerán, le maldecirán, y se reirán de él en su extrema miseria ; la propia madre terrena desde el paraíso verá á su hijo condenado sin conmoverse nada, como si jamás le hubiera conocido : lo peor es que toda aquella inmensa multitud de condenados en el infierno, no hay ni uno que no aumente á sus compañeros los tormentos, parte por el horror que el uno causa al otro, parte por la rabia con que se enfurecen uno contra otro, y además por el calor, fetidez y estrechez.

4.° *Despues que el condenado ha perdido á Dios y con él todas las cosas, entra además bajo la potestad del demonio.* Dios no cuida ya de él, y le deja en pleno arbitrio del enemigo. Y ¡ay! qué no

[1] Lætabitur justus cum viderit vindictam. (Ps. LVII.)

hará él con esta alma! Siendo el demonio una criatura dotada de una sabiduría y fortaleza eminentísima, teniendo un odio implacable á los hombres, estando lleno de furor y de rabia, y con un poder sin límites, ¿qué no hará? Él puede enroscársele en forma de serpiente á su cuerpo, y maltratarle cruelmente con los dientes; puede introducírsele por la boca como áspid venenoso, y con sus mordeduras roer y destrozar el pulmon, el hígado, el corazon y todas las entrañas; puede hacerle tragar metales derretidos, y darle por manjar escuerzos ponzoñosos; en suma, puede atormentarle como quiera y á su placer, porque Dios se ha retirado, y él ha quedado por despótico dueño.

AFECTOS.

1.° *Confesion.* ¡Oh Jesús! ¡cuán terribles son vuestros juicios, y cuán severa vuestra justicia! ¡Oh qué mal tan grande es el pecado, y cuán amargos son sus efectos! Ser arrojado por toda la eternidad del paraíso, maldito por toda la eternidad de los escogidos, despedazado y oprimido eternamente de la tiranía del demonio; hé aquí cuál es el premio del pecado: ¿he creido yo hasta ahora estas verdades? ¡Ay, que esto es cabalmente lo que agrava mi malicia! He creido que un solo pecado basta para hacerme perder á Dios, y con Dios toda mi felicidad para siempre, y con todo eso he pecado, y lo he hecho sin reparo alguno, sin ningun temor: no sabré determinar si fue mayor mi ceguedad ó mi malicia. ¡Oh Jesús! no retireis de mí vuestra misericordia.

2.° *Propósito.* Mas ¿qué haré? ¿qué es lo que resuelvo? ¡Ah! yo quiero de todos modos poder contemplaros en vuestra gloria. ¡Oh Dios supremo y último fin mio! Aunque esto haya de costar mil vidas, he de llegar absolutamente al cielo para abrazaros allí, Jesús mio, mi amado Redentor; aunque no pueda llegar á Vos sino por medio de los mas crueles tormentos, he de veros y amaros á Vos, ó mi queridísima Madre, y á vosotros, carísimos escogidos en el paraíso, aunque sea á costa de toda la sangre de mis venas... Esta es mi resolucion, querer antes mil veces morir que cometer un solo pecado. Espíritus angélicos, sedme testigos de la sinceridad de mi corazon. Sí, mil veces morir, y nunca mas pecar; nunca mas... y me confesaré y arrepentiré de los que he cometido hasta aquí.

Punto 2.°

El condenado en el infierno halla á Dios como sumo mal. Así es; quien pierde á Dios como sumo bien, le halla como sumo mal. Pero ¿cómo puede ser que Dios, que es sumo bien y la bienaventuranza del hombre, se convierta en sumo mal y única infelicidad del mismo hombre? Escucha con atencion, alma mia, lo que obra Dios con los condenados, y conocerás claramente esta verdad.

1.º *Dios infunde y conserva en el réprobo un vivísimo conocimiento de su hermosura, con un deseo el mas ardiente de gozarle.* Si el alma no tuviese en el infierno un conocimiento mucho mayor del que tiene en esta vida, se ahorraria el mayor tormento; mas porque este conocimiento es vivísimo en ella, y le representa vivísimamente aquella inmensa felicidad y bienaventuranza que podria gozar en Dios, de aquí proviene que experimenta una amargura que no se puede concebir, siendo en todo momento impelida hácia Dios con los mas ardientes deseos, y viéndose tambien á cada instante rechazada del Señor. ¿Qué tormento no experimentaria un sediento que atado de piés y manos por mil años, estuviese viendo siempre delante de sí una gran vasija de la mas deliciosa bebida, y no pudiese llegar los labios, ni gustar una gota de ella?

2.º *Dios conserva en el réprobo la vista de su rostro indignado.* Jamás se representa Dios á los ojos del alma condenada bajo otro aspecto que el de un señor sumamente indignado, armado siempre para la venganza, y siempre ocupado en atormentarla y perseguirla: ella se esfuerza con todo su poder por sustraerse de tan atormentadora vista, por huir de su presencia y librarse de su indignacion; pero cuanto mas se esfuerza, tanto mas se le acerca Dios, para hacerla sentir el peso de su mano y toda la amargura de su cólera. No será dificil conjeturar la atrocidad de esta pena. Así como solo la vista del amabilísimo rostro de Dios basta para colmar á todos los bienaventurados de un infinito gozo; así tambien la vista del rostro airado de Dios basta solo para imprimir en todos los condenados un espanto infinito y una infinita pena.

3.ª *Dios conserva al condenado la vida.* El deseo mas vehemente que tiene un condenado en el infierno es de morir [1], porque conociendo la imposibilidad de aplacar jamás á su Dios airado contra él, desea la muerte como único medio para librarse de angustias; pero en vano la deseará, porque mientras que viva Dios vivirá tambien el condenado; y así como Dios conservará eternamente á los Santos en el cielo para recrearlos con nuevos placeres, así tambien conservará eternamente á los condenados en el infierno para atormentarlos siempre con nuevos tormentos.

4.° *Dios conserva su ira contra el condenado.* Este desgraciado maldecirá mil y mil veces sus pecados; prorumpirá en suspiros lastimosísimos, capaces de mover á compasion aun á las piedras;

---

[1] Quærent mortem, et non invenient eam: et desiderabunt mori, et fugiet mors ab eis. (*Apoc.* ix, 6).

derramará lágrimas bastantes á inundar toda la tierra; arderá por tanto tiempo, que se podria decir que por cada pecado mortal habia ya sufrido en aquellas llamas mil millones de años: mas todo esto no calmará el enojo de Dios, ni le moverá jamás á piedad. El Señor continuará mostrándose indignado con él, ni acabará de aborrecerle por toda la eternidad. Pues ahora, sabiendo esto el condenado se abandonará á una total desesperacion, se enfurecerá, se llenará de rabia, y con sumo despecho morderá sus propias carnes, y no satisfecho aun con esto, concebirá un odio eterno contra Dios: vendrá, por decirlo así, á ser demonio vomitando contra el Señor continuas maldiciones y blasfemias, y tendrá contra él tal ojeriza, que si le fuese posible maquinaria su total aniquilamiento.

AFECTOS.

1.° *Temor.* ¡Oh qué cosa tan gustosa es tener contento á Dios, y cuán amarga es tenerle irritado! ¡Cuán dulce es experimentar á Dios remunerador, y cuán sensible experimentarlo vengador! ¡Cuán agradable estar sumergido en un torrente de placeres, que derramará Dios sobre los escogidos, y cuán terrible hallarse estancado en el abismo de todos los males, que Dios hará caer como una lluvia sobre los condenados! ¡Cuán dulce es gozar de Dios por toda la eternidad, cuán amargo

perderle por toda ella! ¿Cómo haré yo para librarme de este infinito mal? ¡Ay, alma mia! despues
del pecado no hay otro remedio sino una íntima de-
testacion del pecado y una verdadera confesion : á
esta me acojo, y volviéndome á Vos, Dios mio, llorando con todas mis fuerzas, y con los mas dolorosos suspiros... os digo que me pesa de haber pecado, y os doy palabra que me confesaré.

2.° *Arrepentimiento.* ¡Oh Dios mio! yo detesto y maldigo de todo mi corazon todos los pecados que he cometido hasta ahora : conozco cuán
mal he obrado; el pecado es el sumo de los males
respecto á Vos, porque es una ofensa cometida contra vuestra infinita bondad y misericordia; y es
tambien el sumo de los males respecto á mí, porque es la ruina de mi alma, que es inmortal : le
detesto, pues, y le maldigo de todo mi corazon...
¡Oh quién no hubiera pecado jamás, Jesús mio!
¡Oh quién jamás os hubiera ofendido, sumo bien
mio! Mas el mal ya está hecho; yo os he perdido
á Vos, mi último fin y mi única felicidad, y no puedo volver á congraciarme con Vos sino por medio
de la penitencia y de las lágrimas. ¡Oh corazon
mio, arrepiéntete, y no te contentes con un dolor
mediano, sino dilátate y ensánchale cuanto puedas
para acumular en tí un dolor inmenso. Sedme Vos
testigo, Jesús mio; si tuviese mil vidas quisiera
consumarlas todas en las penas y tormentos, si pu-

diese de esa manera aniquilar mis pecados... Y así quiero arrepentirme, y en efecto me arrepiento de mis pecados, ó Dios mio, y esta voluntad y arrepentimiento es mi intencion renovarle en vuestra presencia, tantas veces cuantas son las gotas de agua que hay en todos los rios y mares. Suplid Vos, ó Jesús mio, lo que á mí me falta, y ofreced á vuestro eterno Padre, en cambio de mi dolor y arrepentimiento, aquel dolor que tuvísteis en el huerto por mis pecados.

3.° *Propósito.* Mas ¿cómo me portaré en adelante? Ya no mas pecar: si no puedo evitar el pecado sino con la muerte, elegiré con gusto la muerte, aun la mas atroz, por no pecar; si no puedo evitarle sino á fuerza de ignominias y desprecios, sufriré de buena gana ser despreciado y maltratado de todo el mundo por no pecar: antes que pecar quiero morir, y precipitarme en un horno encendido... y por lo mismo á este fin emplearé todos mis dias, y todas las horas y momentos, en amar á mi sumo Bien, y mantenerme estrechamente unido con él. Esculpid profundamente Vos, Jesús mio, estos mis propósitos en mi corazon, conservadlos en él para que jamás me olvide de practicarlos.

Padre nuestro y *Ave María.*
Conclusion como en la pág. 14.

MEDITACION VII.

De las penas del infierno, singularmente de la pena
de sentido y de su duracion.

La oracion preparatoria como en la pág. 13.
Preludio primero como en la pág. 98.

Preludio segundo, id.
Palabras de Jesucristo segun el Evangelio de san
Lucas (cap. XVI): «Habia un hombre rico que
«vestia de púrpura y lino, y se trataba diariamen-
«te con una extraordinaria magnificencia. Al mis-
«mo tiempo vivia un pobre mendigo llamado Lá-
«zaro, cuyo cuerpo estaba todo llagado, el cual se
«situaba todos los dias á la puerta de la casa de
«este rico, y era tal la necesidad de este pobre, que
«deseaba para alimentarse recoger las migajas que
«caian de la mesa de aquel, pero nadie se las da-
«ba, y los perros venian y le lamian las llagas. Su-
«cedió, pues, que este mendigo muriese, y fue lle-
«vado por los Ángeles al seno de Abrahan [1]. El rico

[1] Este pobre sufrió con paciencia llagas, pobreza, miseria y abandono de los hombres.
El rico vivió en soberbia, orgullo, avaricia, regalo y lujuria, y dureza de corazon para con los pobres.

agua, todo circuido, le quema al rededor, á diestra, á siniestra, por arriba y por abajo. La cabeza, el pecho, la espalda, los brazos, las manos y los piés, todo está penetrado del fuego, de manera que todo parece un hierro hecho ascua, como si en este momento se sacase de la fragua; el techo bajo el cual habita el condenado, es fuego; el alimento que toma, es fuego; la bebida que gusta, es fuego; el aire que respira, es fuego; cuanto ve y cuanto toca, todo es fuego... Mas este fuego no se queda solo en el exterior, sino que pasa tambien á lo interior del condenado: penetra el cerebro, los dientes, lengua, garganta, hígado, pulmon, entrañas, vientre, corazon, venas, nervios, huesos, medula de estos, sangre [1]; y lo que es mas terrible, este fuego, elevado por divina virtud, llega tambien á obrar contra las potencias de la misma alma, inflamándolas y atormentándolas [2]... Ahora pues, si yo me encontrase encadenado en un horno de hierro, de manera que tuviese todo el cuerpo al aire libre, pero con solo un brazo en el fuego, y que Dios me conservase la vida por mil años en este estado, ¿qué tormento tan intolerable no seria este? Pues ¿qué será estar

[1] In inferno erit ignis inextinguibilis, vermis immortalis, fœtor intolerabilis, tenebræ palpabiles, flagella cedentium, horrida visio dæmonum, confusio peccatorum, desperatio omnium bonorum. (*S. Greg.*).

[2] Nomine ignis omnis afflictio designatur.

todo penetrado y circuido de fuego, no en un brazo solo, sino en todas las partes del cuerpo y en todas las potencias del alma?

2.º *Este fuego es mucho mas terrible de lo que el hombre puede imaginar.* Tenga enhorabuena el fuego natural de esta vida toda la actividad que se quiera para quemar y atormentar, pero no será ni aun sombra de el del infierno. Dos son las causas porque este es incomparablemente mas atroz que aquel: la primera es la justicia de Dios, que se sirve de él como de instrumento para vindicar la injuria hecha á su suprema majestad, y por eso ha suministrado á este elemento una actividad de abrasar que cási toca á lo infinito...; la segunda es la malicia del pecado, porque conociendo Dios que el fuego de este mundo no es suficiente para castigar el pecado cuanto merece, ha comunicado al fuego del infierno una virtud tan eficaz, que jamás se podrá comprender por ningun entendimiento humano... Pero en fin, ¿cómo abrasa este fuego? Abrasa tanto, alma mia, que segun dicen los maestros ascéticos, si una sola centella de él cayese en una piedra de molino, la reduciria en un momento á polvo; si sobre un globo de bronce, lo derretiria al punto como si fuera cera; y si en un lago reducido á hielo, le haria hervir en un instante.

3.º *Párate aquí un poco, alma mia, y respon-*

de á algunas preguntas que te voy á hacer. En primer lugar te pregunto: si á fuerza de fuego se redujese á una ascua un toro de bronce, como lo acostumbraban hacer para atormentar los santos Mártires, y despues pusiesen á tu vista todo género de bienes que el humano corazon puede desear, con la añadidura de un reino el mas floreciente, y se te prometiese todo esto á condicion de que solo por media hora te encerrasen en aquel, ¿qué elegirias? ¡Ah! dirias: si se me ofreciesen cien reinos, jamás seria tan necia que me determinase á aceptar con tan bárbara condicion esa oferta, aunque tan grandiosa, y aun cuando estuviese cierta que en tal tormento me conservaria Dios la vida. Pregunto en segundo lugar: ¿si estuvieses ya en posesion de un gran reino, y nadases en un mar de inestimables bienes, de manera que nada te quedase que desear, y en este estado sorprendida por el enemigo fueses aprisionada entre grillos, y obligada á renunciar el reino ó á sufrir el estar dentro del toro encendido solo por media hora, ¿qué responderias? ¡Ah! dirias: antes preferiria pasar toda la vida en una extrema pobreza, y estar sujeta á otra cualquiera miseria y calamidad, que padecer tan gran tormento. Ahora vuelve el pensamiento de lo temporal á lo eterno: para evitar el tormento del toro, el cual no duraria mas que una pequeña media hora, te privarias tú de todas las cosas, aun de las mas queridas y agradables, padecerias cualquier otro mal aunque gravísimo: ¿y por qué no discurres así cuando se trata de lo eterno? Dios amenaza, no ya con media hora en un toro de bronce, sino con una prision de fuego eterno: pues para evitarlo ¿no deberias privarte de todo lo que ha prohibido, por mas deleitable que te pueda ser, y abrazar con gusto todo lo que ha mandado, aunque te sea sumamente penoso [1]? Acuérdate de esta máxima: El deleite pasa en un momento, y lo que te atormentará durará eternamente.

[1] Momentaneum est quod delectat, æternum quod cruciat.

Jesucristo dirá: Discedite à me, maledicti, in ignem æternum, qui paratus est diabolo, et angelis ejus. (*Matth.* **xxv**, 41).

Et postea: Ibunt hi in supplicium æternum, justi autem in vitam æternam. (*Id.* 46).

Ubi vermis eorum non moritur, et ignis non extinguitur. (*Marc.* **ix**, 47).

Ducunt in bonis dies suos, et in puncto ad inferna descendunt. (*Job,* **xxi**, 13).

Quantum glorificavit, et in deliciis fuit, tantum date illi tormentum, et luctum. (*Apoc.* **xviii**, 7).

Quis poterit habitare de vobis cum igne devorante, aut quis habitabit ex vobis cum ardoribus sempiternis? (*Isai.* **xxxiii**, 14).

Quod quisque fecit patitur, auctorem scelus.
Repetit, suoque premitur exemplo nocens. (*Seneca poeta*).
Facilis descensus averni;
Sed revocare gradum, superasque evadere ad auras,
Hoc opus, hic labor est. (*Virgilius*).

8*

AFECTOS.

1.º *Temor.* Todas estas verdades me eran ya conocidas, y yo las creia ¡oh Dios mio! Mas ¿cómo he vivido? ¡Ay cuán dolorosa me es esta pregunta! Yo he pecado y merecido el infierno; ¿y por qué? ¿Se me ofreció algun reino si pecaba, ó se me amenazó con la muerte si no pecaba? ¡Ah! no; el objeto por el cual yo pequé lo sabemos Vos y yo, y me sonrojo; por un objeto tan vil pequé y merecí el infierno; tanta fue mi ceguedad, mi necedad, y tan cruel fuí conmigo mismo: mas lo pasado espero me lo habréis perdonado ya ¡oh Dios mio misericordiosísimo! Lo que me hace temer y temblar es lo futuro. Puedo pecar de nuevo, puedo morir en pecado y condenarme: aun no han muerto las malas inclinaciones que otras veces me han hecho caer; la mortificacion es muy poca; la justicia divina no está enteramente satisfecha; aun no me puedo lisonjear de haberme granjeado perfectamente la bondad de Dios; el fervor es muy tibio. ¡Ay! que ello es demasiado cierto que puedo pecar de nuevo, que puedo morir en pecado, que puedo así condenarme!

2.º *Humilde súplica para obtener la gracia.* ¡Oh Dios mio! en esta incertidumbre de mi salvacion no sé hacer otra cosa que elevar á Vos los ojos, el corazon y las manos, para implorar con mis gemidos vuestra misericordia. ¡Oh Jesús mio! mi Dios, mi Redentor, mi todo; acordaos de aquellas llagas que os dejásteis abrir por mí; de aquellos dolores que por mí padecísteis, de aquella sangre preciosísima que por mí derramásteis... Acordaos de aquella paciencia que ha sobrellevado tanto tiempo mis pecados; de aquella misericordia que tan paternalmente me ha convidado á la penitencia; de aquella benignidad que tan graciosamente me ha perdonado... Acordaos de aquella bondad con que, prefiriéndome á millares, me habeis llamado á estos santos ejercicios; de aquella longanimidad con que pacientemente habeis tolerado hasta ahora mi impiedad; de aquel amor con que, despues de abusar de tantas gracias, me llamásteis de nuevo á la perfeccion... ¡Ah! todo esto será posible que sea cosa perdida para mí! Sí, ¡oh Jesús! todo será perdido si Vos no teneis misericordia de mí... ¡Ah! volved, pues, vuestros paternales ojos hácia mí ¡oh Jesús! y salvadme: acaso el cielo no tendrá motivo mayor de bendecir vuestra misericordia, si me la concedeis despues de tantos pecados.

Punto 2.°

La pena del sentido en el infierno es terrible en su duracion.

La cosa mas terrible que hay en el infierno es su duracion. El condenado pierde á Dios, y le pierde por toda la eternidad... Mas ¿qué cosa es la eternidad? ¡Oh alma mia! hasta ahora no ha habido ningun Ángel que haya podido entender qué cosa es la eternidad; ¿cómo la podrás entender tú? Sin embargo, para formar de ella alguna idea, pondera las dos verdades siguientes:

1.° *La eternidad no se acaba jamás.* Esta es aquella verdad que ha hecho temblar aun á los mayores Santos. Llegará el juicio final, perecerá el mundo, á los réprobos los tragará la tierra y serán precipitados en el infierno, y despues Dios con su mano omnipotente cerrará esta prision infelicísima; irán desde entonces corriendo tantos millares de años cuantas son las hojas de los árboles y plantas de toda la tierra; tantos millares de años cuantas son las gotas de agua de todos los mares y de todos los rios; tantos millares de años cuantos son los átomos todos del aire; tantos millares de años cuantas son las arenas de todas las riberas y de todos los mares... y despues del transcurso de un número tan innumerable de años, ¿qué será la eternidad? Hasta ahora no ha pasado ni aun la mitad, ni la centésima parte, ni la milésima, nada. Ahora vuelve á comenzar, y durará otro tanto; y despues mil veces y mil millones de veces otro tanto; y despues de tan largo espacio aun no ha pasado la mitad, ni la centésima, ni la milésima parte, ni aun nada de la eternidad. Hasta esta hora no han tenido interrupcion en arder los condenados, y ahora comienzan de nuevo... ¡Oh misterio profundísimo! ¡oh terror sobre todo terror! ¡oh eternidad! ¿quién puede comprenderte?

Pongamos caso que el infeliz Cain, llorando en el infierno, no haya derramado en cada mil años mas que una sola lágrima; ahora, alma mia, recoge todos tus pensamientos, y discurre así: ya hace cerca de seis mil años que Cain se halla en el infierno, y no ha derramado sino seis lágrimas: ¿cuántos años deberán pasar para que sus lágrimas llenen todos los valles de la tierra, inunden todas las ciudades, todos los pueblos, todos los castillos, y sobrepujen todos los montes hasta anegar toda la tierra? Desde la tierra hasta el sol pongamos la distancia de treinta y cuatro millones de leguas; ¿qué número de años no serán necesarios para llenar con las lágrimas de Cain este espacio inmenso? De la tierra al firmamento supongamos haya la distancia de ciento sesenta millones de leguas, y aun esta no es la mitad de la que hay hasta el cielo donde están los bienaventurados. ¡Oh Dios! ¿qué número de años puede imaginarse que sea bastante á llenar con estas lágrimas un vacío tan interminable como el que hay entre la tierra y el cielo? Y sin embargo (¡oh verdad del todo incomprensible, pero tan cierta como lo es que Dios no puede mentir!) no obstante, llegaria un tiempo en que estas lágrimas de Cain fuesen bastantes para inundar el mundo, para llegar hasta el sol, tocar al firmamento, y llenar todo el vacío que hay desde la tierra hasta el último cielo... Hay todavía mas: si Dios secase todas estas lágrimas hasta la última gota, y Cain comenzase de nuevo á llorar, llenaria otra vez con ellas todo el espacio indicado, y lo volveria á llenar ciento, y mil veces, y centenares de veces, y así sucesivamente; y despues de todo este innumerable cálculo de años no solo no habria pasado la mitad de la eternidad, pero ni aun un solo punto: hasta ahora Cain ha estado ardiendo en el infierno, y ahora comienza á arder de nuevo.

2.° *La eternidad es sin interrupcion y sin alivio.* Seria á la verdad pequeño consuelo y poca ventaja para los condenados el poder recibir un corto alivio una sola vez cada mil años... Figurémonos ver en el infierno un lugar donde estén tres condenados: el primero sumergido en un lago de fuego sulfúreo; el segundo encadenado á una gran peña, y atormentado de dos demonios, de los cuales uno le introduce continuamente por la garganta plomo derretido, y el otro se lo vierte por todo el cuerpo cubriéndole de piés á cabeza; y el tercero despedazado de dos serpientes, una de las cuales se le enrosca al rededor del cuerpo y le muerde cruelmente, y la otra, internándosele en las entrañas, le destroza el corazon. Moviéndose Dios á piedad les concede un pequeño alivio: el primero, despues del transcurso de mil años, es sacado del lago, y recibe el refrigerio de beber un vaso de agua fresca, pero al cabo de una hora es lanzado de nuevo al lago; el segundo despues de mil años es desatado de su gran poste y se le deja descansar, pero pasada otra hora se le vuelve nuevamente al mismo tormento; el tercero concluidos los mil años queda libre de las serpientes, pero pasada una hora de tregua es nuevamente embestido y martirizado de ellas. ¡Ay! cuán mezquino sería este consuelo: padecer mil años, y descansar solamente una hora! Pues ni aun este hay en el infierno... arder siempre en aquellas horribles llamas, y no recibir jamás ningun alivio por toda la eternidad; ser siempre mordido y despedazado de las serpientes, y no tener jamás descanso por toda la eternidad; sufrir siempre una ardentísima sed, y no recibir jamás el refrigerio de un sorbo de agua por toda la eternidad; verse siempre aborrecido de

Dios, y jamás gozar de una sola mirada tierna suya por toda la eternidad; oirse siempre maldecido del cielo y del infierno, y no lograr de ninguno jamás una demostracion de amigable benevolencia. Esta es la esencial desgracia del infierno: todo allí es sin socorro, sin remedio, sin alivio, sin interrupcion, sin fin, eterno, eterno...

AFECTOS.

1.° *Accion de gracias.* Ahora entiendo en parte ¡oh mi Dios! qué cosa es el infierno: es un lugar de extremo dolor, un lugar de desesperacion extrema, y este es el lugar que yo he merecido por mis pecados, y en el que estaria ya aprisionado hace tantos años si vuestra inmensa misericordia no me hubiese librado... Yo iré repitiendo mil veces estas palabras: el corazon de Jesús me ha amado, de otro modo en este momento me hallaria ya en el infierno; la misericordia de Jesús ha tenido piedad de mí, pues de lo contrario ya estaria en el infierno; la sangre de Jesús me ha reconciliado con el Pádre celestial, sino ya habitaria en el infierno. Este será el himno que yo quiero cantarós, Dios mio, por toda la eternidad: sí, desde ahora es mi intencion repetir estas palabras tantas veces cuantos momentos han pasado desde aquella hora infeliz en que por primera vez os ofendí.

2.° *Arrepentimiento.* Mas, ¿cuál ha sido despues mi ingratitud para con Dios por esta piadosísima misericordia que ha usado conmigo? Me ha librado del infierno, ¡oh caridad inmensa! ¡oh bondad infinita! Despues de un beneficio tan grande, ¿no debería haberle dado todo mi corazon, y amádole con el amor de los Serafines mas inflamados? ¿No debería haber dirigido todas mis acciones, y buscar en todo y solamente su divino beneplácito, y aceptar todas las contradicciones con alegría para manifestarle mi recíproco amor? ¿Podia hacer menos que esto despues de un beneficio tan señalado? Y sin embargo, ¿qué es lo que he hecho? ¡Oh ingratitud digna de un nuevo infierno! Yo os he echado á un lado ¡oh Dios mio! y he correspondido á vuestras misericordias con nuevos pecados y ofensas: conozco que he hecho mal, ó Dios mio, y me arrepiento de todo mi corazon. ¡Ah si pudiese derramar un mar de lágrimas para llorar tan monstruosa ingratitud! ¡Oh Jesús! tened misericordia de mí, que al presente estoy del todo resuelto á querer mil veces morir antes que volver á ofenderos.

Padre nuestro y *Ave María.*
Conclusion como en la pág. 14.

MEDITACION VIII.

De la parábola del hijo pródigo.

Advertencia. Por penúltima de las meditaciones de la primera seccion de la via purgativa, nos ha parecido muy oportuna la meditacion sobre la parábola que Jesucristo nos propone del hijo pródigo. Esta parábola anima de un modo admirable al pecador para que no desespere del perdon, por muchos y grandes que sean sus pecados; y al propio tiempo le enseña cómo ha de acudir al padre confesor, que está en lugar de Dios, para que le oiga en confesion y le eche la absolucion, y así le vista el ropaje santo de la gracia.

Parábola segun refiere san Lucas en el cap. xv: Un hombre tenia dos hijos, de los cuales el mas mozo dijo á su padre: Padre, dame la parte de la herencia que me toca. Y el padre repartió entre los dos la hacienda. No se pasaron muchos dias que aquel hijo mas mozo, recogidas todas sus cosas, se marchó á un país muy remoto, y allí malbarató todo su caudal viviendo disolutamente. Despues que lo gastó todo, sobrevino una grande hambre en aquel país, y comenzó á padecer necesidad. De resultas púsose á servir á un morador de aquella tierra, el cual le envió á su granja á guardar cerdos. Allí deseaba con ansia henchir su vientre de las algarrobas y mondaduras que comian los cerdos, y nadie se las daba. Y volviendo en sí, dijo: ¡Ay, cuántos jornaleros en casa de mi padre tienen pan en abundancia, mientras que yo estoy aquí pereciendo de hambre! No; yo iré á mi padre, y le diré: Padre mio, pequé contra el cielo y contra tí; ya no soy digno de ser llamado hijo tuyo; trátame como á uno de tus jornaleros. Con esta resolucion se puso en camino para la casa de su padre. Estando todavía léjos, avistóle su padre, enterneciéronsele las entrañas, y corriendo á su encuentro le echó los brazos al cuello y le dió mil besos. Díjole el hijo: Padre mio, yo he pecado contra el cielo y contra tí; ya no soy digno de ser llamado hijo tuyo. Mas el padre por respuesta dijo á sus criados: Presto, traed aquí luego el vestido mas precioso que hay en casa, y ponédsele; ponedle un anillo en el dedo y calzadle las sandalias; y traed un ternero cebado, matadle, y comamos y celebremos un banquete, pues que este hijo mio estaba muerto y ha resucitado, habíase perdido y ha sido hallado.

Oracion preparatoria como en la pág. 13.

Composicion de lugar. Imagínate que ves á un triste y pensativo jóven, tostado del sol, desgarrado el vestido, descalzo, sentado en una piedra al pié de una encina, rodeado de una piara de cerdos, que obligado del hambre coge del suelo algúnas de aquellas bellotas ya baboseadas y pisadas de aquellos inmundos animales, las que come entre su hedor y gruñidos, quejándose de su suerte y diciendo: ¡Ay de mí! ¡En otro tiempo lo que fuí, y ahora lo que soy!

Petición. Dios y Señor mio, dadme luz y gracia para entender bien esta parábola, y suplico que hagais de modo que ya que he imitado al hijo pródigo en apartarme de Vos, le imite en volver y pedir perdon.

Punto 1.º

En esta parábola el padre te representa á Dios nuestro Señor; el hijo mayor, tan humilde, obediente y tan bueno, representa á un buen cristiano que en todo y por todo guarda la ley de Dios, y el hijo pródigo es la figura mas expresa de un pecador.

La juventud es la primera causa de su perdicion; como jóven se deja llevar de ilusiones, de amor á las diversiones, juegos, paseos, compañeros amigos de holgar, de ver y ser visto, y por lo mismo vestir siempre un traje elegante.

Como jóven se deja arrastrar de sus pasiones, singularmente de la impureza, y en lugar de resistirlas, él mismo las despierta con las conversaciones que tiene con sus compañeros y amigos:

busca y anda siempre en medio de las tentaciones de impureza, de modo que el no pecar seria mayor milagro que el de aquellos tres jóvenes que fueron echados en el horno de Babilonia, y andaban entre las llamas sin quemarse. Mas hay una diferencia muy grande entre estos y aquel; que estos no se echaron ellos sino que los echaron otros, y por esto Dios los preservó con un milagro; pero este hijo pródigo él mismo se echó y permaneció voluntariamente, y por esto se perdió tan miserablemente.

Como jóven apeteció la independencia y huir de la sujecion paternal, no obstante que tan suave y provechosa le era á él mismo; y además tiene la audacia y atrevimiento de pedir á su padre que le dé la porcion que le corresponde; ¡qué ingratitud! ¡qué maldad!

AFECTOS.

1.º *De propio conocimiento.* Alma mia, aquí tienes un retrato de lo que tú has hecho. Tú te has entregado á los placeres y diversiones de toda especie; tú te has metido en medio de las llamas de las pasiones, y has quedado de ellas tan encendido, que por todas tus potencias y sentidos echas fuego de impureza con que escandalizas é incendias á los demás. Tus ojos están llenos de adulterio, como dice san Pedro; tu boca es como un sepulcro abierto, de donde salen palabras torpes, cuentos y chistes indecentes, y cantares deshonestos con que empañas la blanca plata de la castidad de cuantos tienen la desgracia de oirte. Tus acciones, ademanes y vestido afectado, todo revela lo que eres. Este mismo vicio te hace apetecer la independencia de Dios, de tus padres y superiores, y te quedas un completo libertino. Tú tienes la audacia de pedir á Dios tu padre lo que te toca segun tu naturaleza. No lo pides, lo arrebatas, y abusas de todo el patrimonio; abusas de tus potencias, sentidos, y de todas las gracias naturales, como son salud, hermosura, riqueza, y de todo lo demás, que no es tuyo sino de Dios. ¿Qué tienes que no lo hayas recibido?

2.º *De arrepentimiento.* ¡Ay de mí, qué he hecho!... ¡Qué ingratitud! ¡qué injusticia! ¡Oh qué perjuicios me he causado!

Punto 2.º

El hijo pródigo, con el patrimonio que recibió de su padre, se fué á un país léjos de su patria, en que disipó todo lo que tenia; vino una grande hambre, y se alquiló á un señor que le hizo guardar cerdos. Ahí tienes, cristiano, descrito en esta parábola por el mismo Cristo lo que ha pasado en tí. Por el pecado te has apartado de Dios tu padre[1]; todo lo has disipado viviendo lujuriosamente; has quedado desnudo de la gracia, como otro Adan y Eva; estás pasando una grande hambre espiritual; te falta el pan de la gracia de Dios, el pan Eucarístico, porque ya no comulgas; te falta el pan de la lectura de los libros buenos y de la divina palabra; privado de estos santos alimentos, de los que vive el justo y de los que tú te has voluntariamente apartado, te hallas acosado del hambre; y así como el cuerpo sin comer no puede vivir, y si no puede comer una cosa come otra, así también sucede en el alma, si no le dan comida de virtudes, toma la comida de vicios.

El hijo pródigo se alquiló á un señor que le hacia guardar cerdos. Y tú, alma cristiana, ¿qué has hecho? ¡Ay! te has alquilado, mejor diré, te has esclavizado á Satanás, que te hace guardar los cerdos inmundos de los vicios y pecados, como son la soberbia, el orgullo, la codicia, la lujuria, la cólera, la gula, la envidia, la pereza, la incredulidad, la indiferencia, la irreligion, la impiedad: todos estos vicios andan á tu alrededor, como los cerdos andaban al rededor del hijo pródigo; y así como aquel se alimentaba de la comida de los cerdos que guardaba, así tú te alimentas con el objeto de estos vicios; pero tienes un dueño tan tirano y cruel que no te sacia lo bastante; aun no te deja

---

[1] Regio longinqua oblivio Dei. (*S. August.*).

9

llenar el vientre de estas inmundas bellotas. ¿Cuántas veces deseas riquezas que no puedes alcanzar; aspiras á honores que no puedes lograr; deseas vengarte, y no lo puedes conseguir; apeteces comidas y bebidas exquisitas, y no las alcanzas; procuras vestidos de lujo, diversiones y placeres indecentes, y aunque algunos consigues, pero no de modo que quedes satisfecho? siempre quedas con hambre: ¡qué miseria!

Al hijo pródigo, la misma hambre le hizo caer en la cuenta... y dijo: Yo aquí perezco de hambre... ¿pues qué haré?... ¡Ah! ya sé lo que haré; me levantaré, é iré á mi padre, y le diré: Padre, he pecado contra el cielo y contra tí; yo no soy digno de ser llamado hijo tuyo, pero á lo menos admíteme por uno de tus últimos criados. Ya ves, alma cristiana, la resolucion que toma el hijo pródigo; esta es la que tú debes tomar tambien. ¿Qué, no ves que aquí pereces de hambre? ¿Qué, no conoces que los vicios no son el alimento adecuado de que tú debes alimentarte? Estos podrán ocuparte y entretenerte, pero no llenarte y satisfacerte. Acuérdate de lo que antes eras, mira lo que son y les pasa á los que sirven á Dios con fidelidad; andan vestidos con el ropaje de la gracia, de la virtud y del mérito; se alimentan del pan de vida y de entendimiento; y su buena conciencia y la confianza en Dios los tiene contentos, alegres y

satisfechos. Ea, pues, resuélvete de una vez, le-
vántate, y véte á tu padre.

AFECTOS.

1.° *Resolucion.* No quiero mas guardar los
cerdos de los vicios, culpas y pecados; no quiero
servir mas á un tirano tan cruel cual es Satanás,
que despues de haberme tenido por esclavo, y en-
vilecido, y sujetado á tantas miserias, me daria
por resultado la condenacion eterna. Yo quiero
volver á mi Padre; ahora conozco lo que perdí...
¡Ay Padre mio, qué malo he sido! ¡qué inconside-
rado! Yo os he ofendido, ¡qué vileza! me he ofendido á mí mismo; nada he adelantado, nada he
ganado sino el descrédito, los disgustos, penas y
trabajos, y la condenacion.

2.° *Propósito.* Propongo, Señor y Padre mio,
volver á Vos; bien conozco que soy indigno de ser
admitido por hijo vuestro, pero á lo menos reci-
bidme por el ínfimo de vuestros siervos: si yo he
dejado de ser hijo vuestro por mis caprichos y
maldades, Vos no habeis degenerado, Vos siempre
habeis sido y sois mi buen Padre, Vos me perdonaréis. Sí, Vos, Padre mio, me admitiréis; yo conozco vuestro magnánimo y generoso corazon; Vos
me perdonaréis...

9*

Punto 3.º

El hijo pródigo pone por obra su proyecto: al instante se le presentarian dificultades, tendria que vencer ciertos respetos humanos, tendria que sobreponerse á lo que podrian decir los de su casa, amigos, parientes y vecinos; no hay duda que él mismo se diria: ¡Ay! todos se ocuparán de tí, todos te mirarán, todos hablarán, todos suscitarán y recordarán lo que antes eras, decias y hacias; y ahora al verte así, ¿qué dirán?... Pero él, intrépido lo vence y supera todo, se presenta en su casa, su padre lo recibe con toda ternura, amor y alegría, y todos aquellos obstáculos y dificultades que antes se le presentaban como insuperables, los ve desvanecidos como el humo.

Ea, alma cristiana, resuélvete de una vez; pon luego por obra lo que tienes proyectado; anda, corre á tu Padre, no tengas miedo, no te dejes engañar de Satanás; él te presentará obstáculos insuperables: te pintará tu conversion como cosa poco menos que imposible; te formará un muro impenetrable de que Dios no te perdonará tantos y tan grandes pecados; que el confesor, que está en lugar de Dios, no te admitirá; que te despedirá bruscamente; te dirá Satanás que ya no tienes remedio; que tú no puedes dejar el vicio; que es imposible que tú te abstengas siempre mas de aquellos gustos y placeres: tambien te presentará lo que dirán los mundanos... No dés crédito á Satanás: conviértete de veras, haz una buena confesion general de todos tus pecados, y verás que todas esas dificultades se desvanecerán como el humo.

El padre confesor te oirá con toda dulzura y caridad; él no se asusta, ni se incomoda por los muchos y grandes pecados del penitente; lo que le da pena, y muy grande, es si ve que el pecador se presenta indispuesto y sin ganas de convertirse, esto sí que le amarga y aflige su celoso corazon: pero si ve que el pecador se presenta con un corazon contrito y humillado, no puede ni sabe despreciarlo; al contrario, lo abraza y lo aprieta contra su seno, y llora de ternura y amor; da gracias al Señor al ver la grande misericordia que ha derramado sobre aquel pecador, y admira su valor y resolucion en haberse vencido á sí mismo, á Satanás y á todos los respetos humanos. ¡Oh qué gusto tan grande! ¡oh qué placer tan singular siente el pecador cuando el padre confesor, oida la confesion, le echa la absolucion! Dice, en medio de los sollozos de ternura, aquellas palabras de san Agustin: Mas dulces me son estas lágrimas que derramo de dolor de haber pecado, que todos los gustos y placeres de los teatros y diversiones mundanas [1].

[1] Dulciores mihi sunt lacrymæ pœnitentiæ, quam gaudia theatrorum. (*S. August.*).

¡Oh, qué transportes de alegría no siente su corazon cuando se siente revestido de la gracia santificante por medio del sacramento de la Penitencia! Pero sube de punto su gozo cuando se·ve admitido á la mesa eucarística. ¡Oh, qué júbilo!... le parece que toda la corte celestial viene á celebrar su fiesta en su mismo corazon...

AFECTOS.

1.º *Resolucion.* Ya estoy resuelto, me confesaré hoy mismo; no quiero tardar mas; yo diré todos mis pecados al padre confesor; yo espero alcanzar el perdon de todos ellos. ¡Oh Padre mio! ¡cuánto siento el haber pecado! Jamás, Padre mio, jamás volveré á pecar, ayudado de vuestra divina gracia.

2.º *Ruegos.* ¡Oh María, madre mia amorosísima, abogada de los pobres pecadores que se quieren enmendar! yo quiero enmendarme de veras; yo quiero confesar bien todos mis pecados: por vuestros santísimos dolores alcanzadme un verdadero dolor de haber pecado. ¡Ay cuánto lo siento, Madre mia, el haber pecado! ¡el haber ofendido á Dios y á Vos! ¡el haber con mis pecados vuelto á crucificar á vuestro santísimo hijo Jesús!

¡Oh Jesús mio! á Vos me acerco lleno de dolor de haber pecado; estoy confundido y avergonzado al ver que yo con mis pecados os he puesto en esa cruz, pero me animo al recordar que Vos desde la cruz rogais por los mismos que os han crucificado. Vuestra sangre preciosísima no pide venganza como la de Abel, sino piedad, clemencia, perdon y misericordia; y así lleno de confianza digo:

Alma de Cristo, santifícame.
Cuerpo de Cristo, sálvame.
Agua del costado de Cristo, lávame.
Pasion de Cristo, confórtame.
Ó buen Jesús, óyeme.
Dentro de tus llagas escóndeme.
No permitas que me separe de tí.
Del enemigo maligno defiéndeme.
En la hora de mi muerte llámame,
Y manda que venga á tí,
Para que te alabe con los Santos
Por infinitos siglos. Amen.

Padre nuestro y *Ave María*.
Conclusion como en la pág. 14.

MEDITACION IX.

De los frutos que deben sacarse de las meditaciones anteriores.

La oracion preparatoria como en la pág. 13.

Composicion de lugar. Imagínate que ves á Jesús clavado en la cruz, y que te dice: Mira cuánto he hecho y sufrido para librarte del infierno y salvarte; ¿y tú para tí mismo no harás lo que debes?

Peticion. ¡Oh Jesús mio! yo no me quiero condenar... me quiero salvar... cueste lo que costare... Dadme, Salvador mio, los auxilios y gracia que necesito para conseguir mi eterna salvacion. Amen.

Hemos ponderado ya, alma mia, las terribles desgracias que debe temer un alma que pierde su último fin; pero ¿de qué aprovecharia este conocimiento si no se pusiese mano á la obra, valiéndose de todos los medios necesarios para no caer en ellas y obtener con seguridad nuestro último fin? Yo te expondré aquí lo que hay que hacer; y tú, alma mia, recoge tu pensamiento, y pondéralo con atencion en presencia del Crucifijo.

Punto 1.°

El primer fruto que ha de sacar el alma de todas las meditaciones precedentes, es un arrepentimiento sincero, y una perfecta contricion de los pecados cometidos... Díme, alma mia, ¿en qué estado está al presente tu conciencia? Si en este punto descendiese un Ángel del cielo, y te díjese: prepárate, porque dentro de una hora morirás, ¿qué te diría tu corazon? ¿Te sientes tranquilo en el caso de morir en el estado en que actualmente te hallas? Tus confesiones ¿han sido tales que puedas tener buen fundamento para fiarte de ellas, y de poder esperar con seguridad que tus pecados estén ya perdonados? En suma, ¿te contentarias de morir en esta hora y en el estado que estás al presente? Responde, pero delante del Crucifijo, el cual sabe tu corazon. Sabe, alma mia, que el primer paso para ir á Dios, el primer escalon para subir á la santidad, el primer medio para adquirir la paz interior, es que el corazon mediante una verdadera penitencia se ponga en tal estado que esté preparado para morir en todo momento, aun de muerte repentina, y á comparecer delante de su divino Juez. Á fin de que se ponga el alma en tan feliz estado, se requieren necesariamente los dos propósitos siguientes:

PRIMER PROPÓSITO.

En tiempo de los ejercicios hacer una confesion general de toda la vida, ó desde la última general, con un exámen exacto, con tanto fervor, con tan repetidos actos de contricion, y con tal sinceridad en la acusacion de los pecados, que pueda decirte siempre la conciencia: he hecho cuanto Dios exige para perdonar los pecados, ahora puedo comparecer sin temor ante su tribunal. ¡Oh alma mia! ¡Qué dulce consuelo, qué quietud interior tan fundada, qué esperanza tan segura de la vida eterna se adquiere de semejante confesion!...

SEGUNDO PROPÓSITO.

Despues de haberte asegurado de esta manera (en cuanto es posible en esta vida) de la gracia presente, de la gloria futura, hacer las demás confesiones con tan exacto exámen, con tan íntima contricion, con tanta sinceridad como si se supiese con certeza que aquella era la última de la vida.

Punto 2.°

El segundo fruto que ha de sacar el alma de las meditaciones precedentes, es dar á Dios toda la satisfaccion posible por los pecados cometidos... Vuelve de nuevo, alma mia, la consideracion á la cárcel infernal, y rumia los siguientes pensamientos. Mira: en este momento penetra un rayo de la divina misericordia en aquella tenebrosa habitacion, y resuena una voz divina que dice: Cain, vamos; tú has estado ya seis mil años ardiendo en esas llamas; yo quiero usar de misericordia contigo, pero con la condicion de que volviendo al mundo has de sufrir en silencio todos los dolores, todas las enfermedades, todos los desprecios, todos los oprobios, todas las cruces y contrariedades por mi amor, y así te perdonaré los pecados y te salvaré. ¡Oh qué voz tan alegre no seria esta para el corazon de Cain! ¡Oh bondad infinita! diria, ¡oh misericordia inmensa! Soy gustoso de sufrir alegremente por mil años cuanto ha podido padecer jamás algun hombre, con tal que obtenga finalmente misericordia, y pueda contemplaros en vuestra gloria... ¡Ay! Díme, alma mia, ¿no has merecido tú ser arrojada en el infierno tanto como Cain? Mas esta gracia que Dios te ha concedido de darte espacio de penitencia, ¿no es igual á la que te hubiera hecho si te hubiese sacado del infierno? Pues ¿por qué no te esfuerzas á hacer una verdadera penitencia, y á compensar, con la tolerancia en las adversidades, las injurias hechas á Dios con tus pecados? Los propósitos para obtener este fin son los siguientes:

PRIMER PROPÓSITO.

Practicar con extraordinaria diligencia y fervor los medios satisfactorios que Dios tiene ordenados por los pecados; los principales son: 1.º El santo sacramento de la Penitencia. 2.º El santo sacrificio de la misa. 3.º Las santas indulgencias. 4.º Frecuentes actos de verdadera contricion, y lo mas intensa que sea posible. 5.º Las obras penales y las mortificaciones.

SEGUNDO PROPÓSITO.

Soportar en silencio por amor de Dios todas las molestias que trae consigo el propio estado, y todas las contrariedades que nos vienen de la divina Providencia; en todos los contratiempos que te sobrevengan, sea este el suspiro de tu corazon : ¡Oh Bien misericordiosísimo! lo que yo he merecido es una pena eterna y horrible en el infierno, y lo que aquí padezco es una cruz bastante ligera y breve.

Punto 3.º

El tercer fruto que debe sacar el alma de estas meditaciones es el evitar todos los pecados veniales, especialmente aquellos que abren camino á los pecados graves. No basta, alma mia, tener un firme propósito de sufrir antes la muerte que consentir en ningun pecado grave; es necesario tener igual propósito aun con respecto á los pecados veniales: el que no descubre en sí esta voluntad, no puede estar seguro. No hay cosa que pueda dar tan cierta seguridad de la salvacion eterna, como una continua cautela en evitar aun los pecados veniales mas ligeros, y un fervor grande y universal que se extienda á todas las prácticas de la vida espiritual: fervor en la oracion y trato con Dios; fervor en la mortificacion y abnegacion de sí mismo; fervor en la humildad y tolerancia de los desprecios; fervor en la obediencia y renuncia de la propia voluntad; fervor en la caridad de Dios y del prójimo. El que quiera adquirir este fervor y conservarle, debe necesariamente tener el propósito de querer siempre evitar los siguientes pecados veniales: 1.º Dar entrada en su corazon á cualquiera leve sospecha ó juicio siniestro contra el prójimo. 2.º Introducir discursos sobre los defectos ajenos, ú ofender de cualquier otra manera la caridad, aunque sea ligeramente. 3.º Dejar por pereza los ejercicios espirituales, ó hacerlos con negligencia voluntaria. 4.º Tener alguna aficioncilla menos ordenada á alguna persona. 5.º Tener alguna estimación ó complacencia de sí mismo y de sus cosas. 6.º Recibir los santos Sacramentos con flojedad, con distracciones y otras irreverencias, y sin una séria preparacion. 7.º Impacientarse en las cosas que le son contra-

rias, no recibiéndolas como venidas de la mano de
Dios, poniendo de este modo obstáculo á los designios ó disposiciones de la divina Providencia sobre sí. 8.º Dar ocasion á que, aun remotamente,
pueda ser empañado el candor de la santa pureza.
8.º Ocultar con advertencia las malas inclinaciones, debilidades y mortificaciones á aquellos que
deben saberlas, queriendo hacerse de este modo
un camino para la virtud, no con la direccion de
la obediencia sino guiado de su propio capricho...

Alma mia, si no te resuelves á dejar estos pecados veniales, no sacarás el mas mínimo fruto de
estos ejercicios espirituales ; jamás pondrás el pié
ni aun sobre el mas ínfimo escalon de la perfeccion
del espíritu ; jamás lograrás tener, ni la comunicacion con Dios, ni la paz y quietud interior del
corazon, ni un estado en el cual puedas esperar la
muerte sin ningun temor. Mas si te resuelves á evi-
tarlos, postrada de rodillas con el Crucifijo en la
mano, preséntale tus propósitos en la forma siguiente.

¡Oh Dios mio! ¡oh amor mio crucificado! ¡Jesús mio! por vuestra infinita misericordia me habeis iluminado suficientemente : ahora conozco qué
cosa es poseeros eternamente, y qué significa perderos eternamente... ¡Dichoso yo si llego á poseе-
ros ! ¡Oh infeliz de mí si llego á perderos! Bien conozco que no podré esperar lo primero y que siem-

pre deberé temer lo segundo, mientras no me resigne enteramente en vuestras manos, evitando todos los pecados, aun·los mas ligeros, y comenzando á serviros con diligencia y fervor... Sí, así lo resuelvo, y con el afecto mas íntimo de mi corazon os amo y os abrazo ¡oh Jesús mio! Vos sois, sumo Bien, dignísimo de ser amado sobre todas las cosas, mas que todos los Ángeles y los hombres.

Padre nuestro y *Ave María*.
Conclusion como en la pág. 14.

MEDITACION X.

*De la necesidad que tenemos de apartarnos de los
peligros y ocasiones de pecar.*

Advertencia. Hasta aquí se han tenido las meditaciones de la primera seccion, cuyo objeto es
arrepentirse de veras de todos los pecados cometidos, y confesarse bien de ellos, con el propósito
firme de no volver á cometerlos. Este propósito,
pues, de no volver mas á pecar, es cabalmente el
objeto de las meditaciones de la segunda seccion, y
la primera de ellas es el apartarse de los peligros
y ocasiones de caer, que son los lazos de que se
vale Satanás para coger á los incautos, y nos dice
Dios que el que se aparta de los lazos estará seguro [1].

La oracion preparatoria como en la pág. 13.
Preludio primero, ó sea composicion de lugar.
Imagínate que te ves en este mundo como en medio de un grande campo todo lleno de lazos, de la
manera que lo vió san Antonio, ó tambien, como

[1] Durante los dias de las meditaciones de la segunda
seccion, en el tiempo libre, se leerá á Nieremberg, *Temporal y eterno;* ó á Cataneo, ú otro autor que señale el director.

dice san Bernardo, rodeado de ladrones que te quieran robar los ricos tesoros de gracia y de virtud.

Preludio segundo, ó peticion. Señor mio Jesucristo, dadme alas de paloma para volar y alejarme con presteza de los peligros de pecar, y refugiarme en vuestras santísimas llagas.

Punto 1.°

Debes considerar, alma mia, de cuánta importancia sea el huir las ocasiones de pecar, y lo conocerás por las razones siguientes.—Es máxima asentada entre los filósofos: Quien quita la causa quita el efecto que de ella proviene; así es que apagado el fuego se extingue el calor; secándose la fuente cesa de correr el arroyo; y no quitándose la causa, en vano se procuran impedir los efectos. El médico sábio y experimentado, cuando quiere curar una enfermedad, procura indagar y quitar la causa ó raíz que la produjo; de otra manera seria tiempo perdido: así tambien perderia el tiempo en vano el que intentase enmendarse, si no quitase las ocasiones y peligros de pecar.—Además, en la guerra espiritual contra los vicios, y singularmente contra la impureza, aquel vence mas gloriosamente que huye con mayor diligencia. El mismo Dios dice, que el que ama el peligro perecerá en él; el que toca la pez quedará manchado con ella; y el

10

que toca el fuego experimentará sus incendios. De la misma manera el que voluntariamente se pone en la ocasion próxima de pecar, ya peca, y queda manchado y afeado, pues que ama el peligro, y por lo mismo en él perece. La ocasion hace al ladron, dice el proverbio, y es tan verdadero, como la experiencia lo ha manifestado de muchos que no tenian intencion de pecar, les precipitó la ocasion en que se hallaron, y no supieron huir como huyó el casto José[1], ni gritar como la casta Susana[2].

AFECTOS.

1.º *De arrepentimiento.* ¡Oh Dios mio! ahora conozco que si yo he pecado ha sido porque no he huido como José, ni he gritado como la casta Susana. ¡Ay de mí! que no solo he sido omiso, sino que he sido temerario como Sanson, David y Salomon, que cayeron por haberse puesto en la ocasion de pecar.

2.º *De propósito.* Propongo, Señor, no pecar mas, y por esto me apartaré de los peligros y ocasiones de caer en pecado; al efecto me acordaré de aquella máxima de san Felipe Neri que dice, que en la guerra del sentido, los cobardes, los que huyen, vencen.

[1] Qui relicto in manu ejus pallio, fugit, et egressus est foras. (*Genes.* xxxix, 12).

[2] Exclamavit voce magna Susanna. (*Dan.* xiii, 24).

Punto 2.º

Considera, alma mia, que nuestro capital enemigo Satanás no cesa jamás de armarnos lazos, buscando todas las oportunidades que se le presentan para salir con su intento. Él hace que las personas no se recaten en frecuentar conversaciones con personas de diferente sexo : al principio procura que sean honestas, despues ya va mezclando alguna chanza, luego va adelantando, hasta que por último caen miserablemente en el pecado ; les sucede lo mismo que á la mariposita que da vueltas al rededor de la llama, se le chamuscan las alas, y cae perdida para siempre. ¡Ay cuántas almas antes castas, pero que han andado como mariposas á la llama de aquel peligro y de aquella ocasion, se han chamuscado, quemado y perdido para siempre! ¡Oh cuántos y cuántas han caido miserablemente por haber frecuentado bailes, teatros, amoríos y otras cosas por este estilo! Á muchos les pasa lo mismo que al puchero lleno de agua fria, que arrimado al fuego insensiblemente va tomando calor, hasta que finalmente llega á hervir y rebosar : muchos empiezan amistades, relaciones, asisten á ciertos lugares con toda la frescura del mundo; pero poquito á poco y cási sin saber cómo se hallan cogidos de la pasion, en que hierven y rebosan. Mas así como no hay remedio mas eficaz para que no

10*

rebose el puchero, y aun para hacerle enfriar del todo, que apartarle del fuego, así el remedio mas eficaz es apartarse de los peligros y ocasiones de pecar.

1.° *De temor.* ¡Ay de mí! yo estoy espantado de mí mismo, me admiro cómo no he pecado mas, atendidos los peligros en que me he hallado... Me encuentro como aquel que se durmió, y al despertarse se halla en el borde del precipicio, ó advierte que tiene á su lado una ponzoñosa víbora; ¡ay qué miedo tiene! ¡oh cómo se aparta!

2.° *De propósito.* Me apartaré del pecado y de las ocasiones de pecar como de la vista de la serpiente [1]. No quiero hacer como Eva, que estando ociosa, y conversando con la serpiente, cayó miserablemente en pecado; yo procuraré estar siempre honestamente ocupado, y me apartaré de todas las ocasiones de ofender á mi Dios y Señor.

Punto 3.°

Considera los medios de que te has de valer para no ponerte en peligro de pecar. El primero será pensar que tienes el Ángel custodio á tu lado, que como ayo y guia te aconseja con las palabras del

---

si á facie colubri fuge peccata: et si accesseris ad illam te. Dentes leonis, dentes ejus, interficientes tnum. Quasi romphæa bis acuta omnis iniquitas. etc.).

salmo[1]: Apártate de lo malo, haz el bien, busca la paz, y síguela.

El segundo será, que si alguna cosa con el tiempo viene á ser ocasion de pecar, quítala, arráncala, échala léjos de tí, como te lo enseña y manda tu Maestro y Redentor Jesucristo; aunque sea una cosa tan necesaria como son los ojos en tu cara, arráncala; aunque sea una persona tan útil como te son útiles las manos, los piés, córtala, apártala léjos de tí: mas cuenta te tiene el salvarte sin esta cosa ó persona, que con ellas condenarte.

El tercer medio será el santo temor de Dios. Sí, Dios te ve, Dios te oye, Dios ve todos tus pensamientos é inclinaciones: ese Dios que te ve, te oye, y que todo lo sabe, tiene poder de quitar, no solo la vida del cuerpo, sino que ademas tiene poder para echar cuerpo y alma á los infiernos; por lo tanto á este le debes temer, como se te enseña en el santo Evangelio.

Con el santo temor de Dios no solo te apartarás de los peligros y ocasiones de pecar, sino que además das á entender que eres sábio como dice el Espíritu Santo: el necio es atrevido y confiado, y por eso cae; pero el sábio anda con temor, y así se libra del mal[2]: y á la verdad, el que se pone en

[1] Diverte à malo, et fac bonum; inquire pacem, et persequere eam. (Psalm. XXXIII, 15).

[2] Sapiens timet, et declinat à malo; stultus transilit, et confidit. (Prov. XIV, 16).

peligro revela su necedad ; da á entender que áun no se conoce á sí mismo, pues que si se conociese que es tan quebradizo y mas que el vidrio, que es más fácil de encenderse que la pólvora, no se pondria, como se pone, en los peligros de ofender á Dios. Ni la pólvora se enciende por sí misma, ni el cristal se quiebra en sí mismo ; todo el mal le viene de afuera ; por manera que aunque es grande su fragilidad, si es bien guardado dura siglos [1]; pero el hombre, á mas de los peligros externos tiene los internos, que por lo mismo le obligan mas y mas á apartarse de aquellos. ¡Ay, alma cristiana! Qué ¿no sabes que vives en un cuerpo que él mismo cria la polilla, y en él mismo está la raíz de la perdicion?... ¡Oh, si fueras sábio cómo salvarias tu alma! ¡Oh, si te conocieras, cómo te apartarias de los peligros! Teme á Dios y serás sábio ; teme á Dios y te salvarás.

AFECTOS.

1.º *De súplica.* Señor, dadme á conocer lo que soy yo y lo que sois Vos. *Noverim me, noverim te....* ¡Ah! si yo me conociera, á buen seguro que no me fiara de mí mismo ni me meteria en las ocasiones. El soldado que sabe lo fácilmente que se enciende la pólvora, no va con un cartucho á revolver las brasas, porque conoce y sabe muy bien

[1] Sed bene custodita durat per sæcula. (*S. August.*).

que se encenderia y le lastimaria. Si yo conociese bien lo fácil que soy de encenderme en el fuego de las pasiones, no seria tan loco ni temerario de ponerme en las ocasiones de pecar. ¡Oh, si yo os conociera mas á Vos, Dios mio, os respetaria, os amaria y os temeria con un temor filial, y así nunca mas pecaria.

2.º *De resolucion.* Estoy resuelto á apartarme siempre y prontamente de aquellas personas, lugares y cosas que conozca pueden ser ocasion de pecar. Si algunas ocasïones se me presentan para sorprenderme y hacerme caer os diré, Dios mio, lo del Profeta: *Deus in adjutorium meum intende; Domine, ad adjuvandum me festina.* Y á Vos, Jesús mio, os diré como los Apóstoles: sálvanos, que perecemos; y á Vos, Vírgen santísima, os suplico y os suplicaré que rogueis á Dios por mí ahora, y siempre, y en la hora de mi muerte; y á vosotros, Ángeles y Santos, os recuerdo el encargo que teneis de mi Padre celestial, que me guardeis en todos mis caminos para que no caiga en pecado, y llegue felizmente á mi patria del cielo.

Padre nuestro y *Ave María.*
Conclusion como en la pág. 14.

MEDITACION XI.

Del pecado venial.

Oracion preparatoria como en la pág. 13.

Preludio primero, ó sea composicion de lugar. Imagínate que ves á un alma viva en la vida de la gracia, pero por los pecados veniales se halla como un Job en el muladar, bullendo en gusanos, asquerosa, macilenta, moribunda, y ya casi á punto de caer en pecado mortal y morir con culpa grave, porque dice el mismo Dios que el que desprecia las faltas pequeñas, poquito á poco viene á caer en pecados graves [1].

Preludio segundo, ó sea peticion. Dadme, Señor mio, horror á las faltas leves, para que nunca jamás caiga en ellas; y grande dolor de las cometidas hasta aquí, á fin de que no tenga que ir á pagarlas en el purgatorio.

Punto 1.º

Considera, alma mia, qué cosa es pecado venial y por qué se llama venial. — Es una ofensa, aunque leve, que la criatura hace al Criador. Se llama culpa leve, no en sí y absolutamente, sino res-

[1] Qui spernit modica, paulatim decidet. (*Eccli.* xix, 1).

pecto el pecado mortal, en cuya comparacion el
venial, aunque enorme en la malicia, se dice mal
pequeño; al modo que la tierra, en sí vastísima,
en comparacion del universo entero se llama pequeña; ó como el mar Mediterráneo, que es en sí
muy grande, pero comparado con el mar Océano,
es pequeño.

El pecado venial es una ofensa hecha á Dios, y
esta ofensa contiene en sí tanta malicia que no se
deberia cometer aunque con él se pudiera salvar
la vida de un hombre, ni salvar á todos los habitantes del mundo. Si con una mentira leve, por
ejemplo, se pudiera sacar á todos los condenados
del infierno, y convertirles en santos, y salvarlos
á todos, no se podría decir esa mentira, porque es
una ofensa que se hace á Dios.

San Camilo de Lelis solia decir, que se dejaria
dividir mil veces en piezas muy pequeñas, antes
que cometer una sola culpa venial con advertencia... El pecado venial es mas temible que las penas del infierno; persuadido de esta verdad decia
san Anselmo, que si de una parte viera abierto el
infierno, y de otra se hallara obligado á cometer
advertida y deliberadamente un pecado venial, antes que cometerle eligiera caer en el infierno: lo
mismo debe hacer yo en tales circunstancias, porque el infierno es mal de pena, y el pecado venial
es mal de culpa, y la pena como pena no es ofensa

de Dios; y por consiguiente, por muy atroz que sea la pena, es menor mal que la mínima culpa. De modo que un solo pecado venial es en sí mayor mal que la destruccion del universo entero; que el destierro de todos los Ángeles y Santos del cielo, y que la condenacion de todas las almas en las llamas del infierno: y la razon es porque todos esos males, aunque grandes, tocan á las criaturas finitas y limitadas, pero la culpa, aunque leve, toca y ofende á Dios, que es infinito, y dignísimo de todo honor y gloria, que debe ser amado sobre todas las cosas, y se le desprecia por una bagatela. Dios es amable, es amante, nos ha criado para el cielo, nos conserva y nos dispensa toda especie de beneficios naturales y sobrenaturales, visibles é invisibles, ¡y no le amamos!... ¡le ofendemos! ¡Oh qué ingratitud!!!...

Si es horrorosa la malicia del pecado venial, es mas espantoso su número. ¡Ay! apenas pasa un dia que no cometas muchos pecados veniales, ó por malicia, ó por fragilidad, ó por inadvertencia, con pensamientos vanos, inútiles, aversiones á tus prójimos, ó afectos desordenados; con palabras ociosas, soberbias, libres, ásperas, mentirosas; con acciones, omisiones; con la comida, bebida; en el acostarte, en el levantarte; con actos de pereza; en las plazas, calles, casas; en las iglesias; en el modo de andar, mirar y demás maneras; y aun en las cosas buenas ¡cuántas faltas no cometes, haciéndolas con precipitacion, con tibieza, flojedad, distracciones voluntarias, con infidelidad á las inspiraciones de Dios! Tantas y tantas son las faltas que cometes, que se puede decir que exceden al número de los pelos de tu cabeza.

AFECTOS.

1.º *De admiracion.* ¡Oh Dios mio! yo estoy lleno de admiracion y espanto; sí, Jesús mio, yo estoy espantado al considerar la malicia de los pecados veniales, y la multitud de los que cometí; por manera que puedo decir que de la planta del pié á la coronilla de mi cabeza no tengo mas que llagas de pecados. Tambien estoy espantado, Jesús mio, de vuestra paciencia en sufrir tantas faltas con que os he ofendido. Yo no puedo sufrir una mosca que me moleste, pues la esquivo luego. Yo no puedo aguantar á un perro que me muerda, ¡y Vos me habeis sufrido tanto tiempo que con mis pecados veniales os he molestado y mordido!!!...

2.º *De arrepentimiento.* Perdonadme, Jesús mio: no mas pecar; ahora que conozco la malicia y número de los pecados veniales que he cometido, me arrepiento y os digo con el Profeta: Limpiadme, Señor, de todos mis pecados, graves y leves, sabidos é ignorados, y aun os pido perdon de les que yo no cometí, pero sí que he sido causa que los hayan cometido otros [1].

Punto 2.º

Considera, alma mia, los efectos que causa el pecado venial : hace en el alma lo que la enfermedad en el cuerpo. Dos son los males que la enfermedad causa en el cuerpo ; uno presente, cual es la flaqueza, hastío, palidez, etc. ; y otro en adelante, que es la muerte que amenaza : así el pecado venial, que es una enfermedad del alma, de presente le quita, no la vida y hermosura de la gracia, pero sí aquel especial y vivo esplendor que bastaría para arrebatar los divinos ojos entre tiernas y afectuosas complacencias : es verdad que no le priva de la amistad de Dios, pero sí de muchos y especiales favores. ¡Ay! el pecado venial hace al alma indigna de las liberalidades de Dios, le impide muchas gracias singulares y extraordinarias, le priva en gran parte del fruto de los santos Sacramentos, principalmente de la sagrada Comunion, poniendo estorbos á aquella union mas íntima que el Señor pretende ; y así como en el cuerpo los humores crasos entorpecen el movimiento y los sentidos, esto mismo y mucho mas hacen los pecados veniales en el alma; entorpecen los afec-

[1] Delicta quis intelligit? ab occultis meis munda me, et ab alienis parce servo tuo. (*Psalm.* xviii, 13, 14).

los, hacen desabridos y fastidiosos los ejercicios espirituales, vuelven repugnantes las obras de caridad, entibian el fervor, y la dejan absolutamente miserable.

El alma en pecado venial es como una persona opilada, que come sin gusto, duerme sin reposo, ríe sin alegría, se fatiga en todo, y llena de tédio mas bien se arrastra que anda; así el alma en pecados veniales: ocupan estos tanto el alma con los malos hábitos é inclinaciones, que la dejan como opilada para todas las buenas obras; déjanse muchas, y las pocas que se hacen son sin gusto, con tédio y desgana; se omiten las oraciones y penitencias, ó si se hacen son sin fervor, pocas en número y pequeñas en mérito.

Con los pecados veniales el alma poquito á poco se va debilitando, las gracias se van retirando, y finalmente viene á caer en pecado mortal. Una murmuracion grave en que cae, un odio secreto que se fomenta en el corazon, un ímpetu de venganza que no se reprime, un deseo deshonesto que se consiente, acaban de extinguir y apagar aquella moribunda centella de la gracia de Dios... Las santas Escrituras están llenas de ejemplos de esta verdad: á David, de una mirada curiosa le vino el deseo, y del deseo la ejecucion del adulterio y homicidio: á Judas de un amor desordenado á las riquezas: en un principio era falta leve, pero con el tiempo creció tanto, que llegó á vender á Jesucristo su divino maestro. Los judíos empezaron con una leve emulacion y envidia de los milagros y prodigios que obraba Jesucristo; mas al ver que todo el mundo le seguia, tomó tan grandes dimensiones la envidia en sus corazones, que no pararon hasta que terminaron en crucificarle. ¡Quién no se horrorizará de los efectos del pecado venial!

AFECTOS.

1.° *De admiracion.* ¡Ay Dios mio! Un enfermo tísico da lástima, no sirve para nada : pues si una sola enfermedad deja tan mal parado un cuerpo, ¿cómo estará mi alma con tantas enfermedades cuantos son los pecados veniales que cometí? Porque cada pecado venial es un cáncer que corroe el alma; es una lepra que la llena de inmundicias; es una perlesía que la entorpece para lo bueno; es una hidropesía que la da sed de los bienes del mundo; es gota que no la deja caminar con prontitud; es asma que la dificulta la respiracion hácia el cielo; es una sordera que no la deja oir la voz de Dios; es una ceguera que no la deja ver el camino de la perfeccion....

2.° *De súplica.* ¡Oh Jesús mio, hijo de David, apiadaos de mí como os apiadásteis del ciego del camino de Jericó; haced que vea! Limpiadme, Señor, como limpiásteis al leproso. ¡Oh Jesús y

Redentor mio! ¡Oh verdadero Samaritano! Echad el aceite de vuestra misericordia y el vino de la divina gracia sobre mis heridas y llagas que han abierto los ladrones, que son los pecados veniales, en cuyas manos he caido; mirad, Señor, cómo me han robado las virtudes y méritos, y me han dejado medio muerto en este camino.

Punto 3.º

Para conocer la malicia del pecado venial, es un medio muy oportuno observar las penas con que Dios lo ha castigado, teniendo en cuenta que el que castiga es un Dios sábio, que no obra por ignorancia; es un Dios justo, que no se deja llevar de la pasion; es un Dios misericordioso, que por lo mismo está mas inclinado á perdonar que á castigar; es un Dios bueno, que no castiga sino por fuerza, y además castiga el pecado venial en un alma que está en gracia, que es amiga suya y heredera del cielo, y sin embargo la castiga. ¡Oh cuán grande debe ser la malicia del pecado venial!...

En las santas Escrituras se hallan un sinnúmero de ejemplos. María, hermana de Moisés, porque habia murmurado ligeramente de su hermano, el Señor la castigó repentinamente con la enfermedad asquerosa de la lepra [1]. La mujer de Lot, Dios la castigó y la convirtió en una estatua de sal por ha-

---

[1] Num. xii.

ber pecado venialmente volviendo curiosamente los ojos hácia la ciudad, contra el precepto del Señor [1]. Por una pequeña desconfianza en que incurrieron Moisés y Aaron, no entraron en la tierra de promision [2]. Las muertes de Nadab y Abiú, hijos de Aaron, la de Oza, la de Ananías y Safira, y otras muchas, sucedieron por culpas leves. ¿Quién no temerá? ¿Quién no irá con cuidado en cometer semejantes faltas?... No solo castiga Dios las faltas leves con esas penas, sino que además las castiga con otras todavía mayores en el purgatorio. Por una mentira leve, por una sonrisa menos decente, por una palabra menos honesta, por una murmuracioncilla, etc., etc., padecen allá las almas la pena de daño con que son privadas de ver á Dios, y la pena de sentido en atrocísimas llamas por mas tiempo del que se piensa, y en tribulacion mayor que todas las penas que en este mundo pueden verse ó sentirse.

¿Qué concepto harias, alma mia, de esas culpas leves que tan fácilmente cometes, si actualmente te hallaras en el purgatorio, como por ellas has merecido? ¿Llamarias leves unas faltas que te privan de un bien infinito, cual es la vista de Dios y la posesion de la gloria del cielo? ¿Tendrias por boberías y por cosa de despreciar como escrúpulos,

[1] Genes. XIX.
[2] Num. XX.

unas culpas que te merecen una cárcel la mas terrible, prisiones las mas estrechas, y suplicios' los mas atroces? Si ahora vieras á una persona de las mas principales, que la sacan de su casa ó palacio y la llevan á la cárcel, y que allí, en medio del patio, encienden una hoguera y la meten dentro de aquel grande fuego, y preguntando tú por el delito que ha cometido aquella persona tan principal, te respondiesen que es así castigada porque dijo una mentira, una murmuracioncilla ú otra falta venial, ¿dirias que el pecado venial es nada? Pues sabe, alma mia, que los pecados veniales son castigados con penas de prisiones y tormentos los mas dolorosos en el purgatorio.

AFECTOS.

1.° *De arrepentimiento.* ¡Oh Dios mio, ahora conozco algun tanto la malicia del pecado venial! ¡Ah, si yo lo hubiera entendido antes, no lo hubiera cometido! Como por juguete lo he hecho hasta aquí; pero de aquí en adelante os doy palabra, Dios mio, que no volveré á pecar, ayudado con vuestra divina gracia; perdonadme, Padre mio, por ser Vos quien sois, bondad infinita, y os prometo que haré frutos dignos de penitencia.

2.° *De propósito.* Os doy palabra, Padre mio, que de aquí en adelante me valdré de aquellos medios que conozca mas oportunos para no volver jamás á caer en culpas leves, y así os prometo, Dios mio, que todas las mañanas haré propósito firme de no pecar venialmente en aquel dia, y por la noche me examinaré y me arrepentiré si alguna vez he delinquido. Evitaré las ocasiones de faltar, andaré con mas cautela en las conversaciones, tendré mortificadas mis pasiones y sentidos, singularmente los ojos los tendré siempre modestos y recogidos; poniendo mas cuidado en la guarda de mi lengua, guardaré silencio, y cuando tenga que hablar andaré con mucha cautela para que mis palabras no falten á la verdad, á la caridad, á la humildad ni á la castidad. Pensaré que estoy en vuestra divina presencia, y que en el dia del juicio me habeis de juzgar de todo, hasta de una palabra ociosa [1], y aun de las cosas justas [2].

Padre nuestro y *Ave María.*
Conclusion como en la pág. 14.

[1] Matth. xii, 36.
[2] Ego justitias judicabo. (*Psalm.* lxxiv, 3).

MEDITACION XII.

De la muerte.

Advertencia. No hay cosa que tanto contenga al hombre de pecar, como es el pensar en la muerte. Del pensamiento de la muerte se valió Dios para que nuestros padres Adan y Eva guardaran el precepto que les habia intimado, y á la verdad no quebrantaron el tal precepto, ni pecaron, hasta que Satanás les hizo despreciar ese pensamiento y temor santo de la muerte. *Nequaquam morte moriemini.* No seas tonta, no seas boba, dijo á Eva, no moriréis. ¡Ay! quitada esa barrera cayó miserablemente en el pecado. Pensemos, pues, nosotros continuamente en la muerte, y así nunca jamás pecarémos.

Oracion preparatoria como en la pág. 13.

Composicion de lugar. Imagínate que te hallas y que te ves á tí mismo enfermo en una cama, con el aviso de confesarte y de recibir el santísimo Viático y la santa Uncion : luego te hallas moribundo, que te dicen la recomendacion del alma, que vas perdiendo los sentidos, y que finalmente mueres...

Peticion. ¡Oh Jesús mio, por vuestra santísima muerte os suplico me concedais la gracia de que

11*

nunca me olvide de mi muerte, y que siempre me prepare para bien morir, apartándome y absteniéndome fuerte y constantemente de lo malo, y ejercitándome sin cesar en obras buenas, ya que estas serán las únicas que harán feliz mi muerte.

Punto 1.°

¿Qué es morir?—Separarse el alma del cuerpo. —Morir es una privacion eterna de todas las cosas de la tierra. Es una separacion de la fortuna, y de todos los intereses, fincas y posesiones; es una pérdida total de los títulos, placeres y diversiones. Morir es despedirse y separarse del padre, madre, hijos, hijas, esposo, esposa, hermanos, hermanas, amigos y conocidos, sin esperanza de volverse á ver jamás sobre la tierra hasta el dia del juicio final.

Morir es sacar de casa á ese tu cuerpo y llevarlo al campo santo, y allí dejarlo solo, de dia y noche, rodeado de calaveras y huesos de otros muertos. Morir es dejar á tu cuerpo solo, muerto, cadáver, para que lo coman los gusanos, que esto es lo que quiere decir cadáver, *caro data vermibus;* carne dada en comida á los gusanos. *Cadáver* tambien quiere decir que ya cayó. Sí, aquel hombre, aquella mujer ya cayó, como un árbol que cayó y está abandonado para que haga leña quien quiera. Mirad lo que pasa en aquel cuerpo, antes tan hermoso é idolatrado, ya muerto: ya está sepultado, ya cayó... luego se le acercan los moscones, escarabajos, sapos y sabandijas, y se saborean y complacen en el mal olor que despide y en la podre que empieza á manar; tambien se acercan los ratones, taladran sus vestidos ó mortaja, se enredan entre el cabello, entran en la boca y empiezan á comer la lengua, salen luego, y registran todo el cuerpo entre carne y vestido.

Mientras tanto la putrefaccion se va aumentando; ya se ve pulular una grande muchedumbre de gusanos que van comiendo la carne del vientre, de la cara y de todo el cuerpo : ya se concluyó la comida; ya los gusanos mueren de hambre, dejando allí unos huesos negruzcos y descarnados, que con el tiempo se calcinarán y convertirán en polvo. Acuérdate, hombre, que eres polvo, y en polvo te has de volver en cuanto al cuerpo, pues eres hombre de humo ó tierra.

AFECTOS.

1.° *De desengaño.* ¿No te desengañas, alma mia, á la vista del cuerpo muerto?... Eso mismo pasará á tu cuerpo que tanto regalas, cuidas é idolatras. Sí, tú morirás, y experimentarás lo mismo.

2.° *Propósito.* Para regalar á los sentidos de mi cuerpo he ofendido á Dios muchas veces; pero de aquí en adelante tendré mortificada mi carne, y crucificada con todos sus vicios y concupiscencias, como me aconseja el apóstol san Pablo[1].

Punto 2.º

De la muerte del justo. La muerte alcanza á todos, á justos y á pecadores, pero es muy distinta la suerte de entrambos.

El justo se mira en este valle de lágrimas como un encarcelado en medio de las mas duras prisiones; se considera en este mundo como un esclavo que sufre la esclavitud mas penosa; se tiene como un marinero agitado por la tempestad mas horrible; y como la muerte es el término de sus cadenas, el fin de la esclavitud y el puerto de su salvacion, no cesa de clamar con David: ¡Ay de mí que se dilata mucho mi destierro! No cesa de preguntar con el Apóstol: ¿Cuándo me veré libre de esta carne mortal? Así es que el justo nó se espanta á la vista de la muerte. Es cierto que tiene que dejar las cosas de este mundo, los bienes, las riquezas, las dignidades; pero ¿qué es todo esto en la estimacion de una alma justa? Una flor que amanece fresca y anochece marchita; un vapor que se desvanece en un instante; una sombra que huye con rapidez sin dejar rastro de sí misma. Y el alma que tiene de este mundo estos conocimientos, ¿sentirá

[1] Qui autem sunt Christi, carnem suam crucifixerunt cum vitiis, et concupiscentiis. (*Galat.* v, 24).

mucho dejar todos sus bienes falaces? El justo
aprende que no es criado para el mundo ni el mundo para él; sabe que sus placeres son quiméricos
y engañosos; conoce que los empleos y dignidades
son vanidad y nada mas: con estas luces ¿qué
aprecio hará de estas cosas? Y si no las aprecia,
¿cómo le ha de afligir su privacion? Si las aborrece
y detesta, ¿cómo le ha de causar pena separarse de
ellas? ¿No es una locura inquietarse por unos bienes que se han de acabar? por unos honores que
se han de destruir? por unos placeres que traen
tantas amarguras y disgustos? No, no se inmuta
el justo, como el malvado Baltasar, al oir la sentencia de su muerte; no brama como el soberbio
Nabucodonosor; no se despecha como el impío An-
tíoco, sino al contrario, entonces es cuando dice lo
que el angelical Luis Gonzaga decia á un compañero religioso: «¿No sabeis la buena noticia que me
«han dado, que me tengo de morir dentro de ocho
«dias? Ayudadme por caridad á decir el *Te Deum*
«*laudamus* en accion de gracias por esta merced
«que Dios me hace.» Entonces es cuando el justo
dice con el Salmista: «Á la manera que el ciervo
«desea las fuentes de las aguas, así mi alma te de-
«sea á tí, Dios mio.» Entonces es cuando el justo
se despide con alegría de sus hermanos, de su padre, y hasta de su tierna madre, como el Marque-
sito de Castellon: «Madre mia, no llore como á

«muerto al que ha de vivir delante de Dios. No será «larga esta ausencia : allá nos volverémos á ver y «gozar para nunca mas apartarnos.» Así se despiden, así suspiran, así exclaman los Davides, los Pablos, los Luises, todos los justos al tiempo de morir. Es verdad que tambien los justos sienten en aquella hora los dolores y aflicciones de la enfermedad : pero ¡en qué paz tan dulce están sus almas! Dios las pone bajo su manto sagrado, y á su sombra están sosegadas y tranquilas. ¡Oh muerte preciosa la del justo! ¿Y quién la hace tan preciosa? ¿quién sino una vida santa?

Sí, una vida santa es la que conduce al hombre á una dichosa muerte. Esto es tan natural, como es que un árbol bueno produzca buenos frutos. La muerte es el eco de la vida. ¡Qué placer tan exquisito causa entonces la memoria de las virtudes practicadas, de los Sacramentos bien recibidos, y de las obras de misericordia que se han hecho! ¡qué consuelo tan grande para el alma, haber amado á Dios con ternura y haberle servido con fidelidad! ¡qué dulce alegría para el justo moribundo haberse retirado de los peligros, no haber concurrido á las diversiones pecaminosas, y haberse privado de los deleites ilícitos! ¿Podrá compararse este gozo con alguna cosa del mundo? Un litigante se alegra con la noticia de haber ganado un pleito de importancia ; un desterrado se consuela cuando se acaba su destierro penoso y triste; un príncipe se llena de regocijo con una victoria completa que le asegura una corona; pero ¿qué es todo esto en comparacion del triunfo que se declara en favor del alma santa en la hora de la muerte? Ella gana de su enemigo un pleito de una importancia infinita; para ella se acaba un destierro tristísimo, penosísimo y lleno de peligros; ella consigue una victoria que le acarrea una bienaventuranza pura, perfecta y eterna; una victoria que le asegura la corona inmarcesible, incorruptible y de un precio inmenso. ¡Oh afortunadas mortificaciones! ¡oh dichosas lágrimas! ¡oh felices ayunos, que tanto alegrais al justo al tiempo de morir! Entonces bendice su nacimiento, y á los padres que le dieron el ser; entonces bendice el dia de su justificacion, y á los ministros de que Dios se valió para el efecto; alaba sus dias pasados en el servicio de Dios, y glorifica sus piedades, y engrandece sus misericordias. Lo pasado le consuela sobremanera; lo presente le agrada, porque se acerca el término de sus trabajos; y lo venidero le llena de placer, por la esperanza bien fundada de la eterna felicidad. Así la muerte del justo es como un anticipado gusto de la bienaventuranza.

AFECTOS.

1.º *De alegría.* Ay, Señor, mucho me he

alegrado cuando me han dicho que iria luego á vuestra santa casa de la gloria del cielo. ¡Oh muerte, qué dulce eres para el alma que desea ir con fervor á ver á Jesús!

2.° *De propósito.* Propongo abstenerme de toda falta, ejercitarme en las virtudes, singularmente en el amor de Dios y en los deseos de morir como María santísima, san Pablo y otros Santos.

Punto 3.°

Es cierto que la vista de sus pecados puede causar algun temor al siervo de Dios que tuvo la desgracia de ofenderle; pero las oraciones de la Iglesia le animan, la proteccion de los Ángeles y Santos le conforta, el amparo de María santísima le inspira la mas grande confianza, y la consideracion de un Dios crucificado por su amor infunde en un alma pura y penitente una indecible seguridad, que no son capaces de entibiar ni la tentacion, ni la turbacion en que puede hallarse, ni el horror natural de la muerte. Tambien es verdad que el demonio acomete al moribundo con mas furia que nunca: pero el que ya se preparó para la muerte, el que lloró ya sus pecados, le podrá insultar con las palabras de san Martin: *¿Qué haces ahí, bestia sangrienta?* Yo ya confesé todos mis pecados; ya tengo arreglados todos mis negocios; no hallarás en mí cosa alguna de que me puedas acusar. Tampo-

co hay duda que el juicio que se sigue á la muerte
atemoriza y espanta al pecador; pero el justo suaviza sus temores con la muerte prevenida. No se
hallará uno que mas temiese los juicios del Señor
que san Jerónimo; sin embargo ¡con qué ansias
tan vivas deseaba la muerte! ¡Con qué expresiones
tan tiernas la llamaba! «Ven, la decia, ven, ami-
«ga mia, hermana mia, esposa mia; manifiéstame
«ya al amado de mi alma. ¡Oh muerte! tú estás
«rodeada de tinieblas, pero estas tinieblas me des-
«cubren la luz inaccesible en que habita mi Dios;
«tú eres terrible para los reyes de la tierra, por-
«que los degradas de su esplendor y majestad; tú
«eres espantosa para todos aquellos que ponen sus
«esperanzas en los bienes de este mundo, mas para
«mí eres el objeto mas agradable, porque me pri-
«vas de cuanto aborrezco y me llevas á la posesion
«de lo que amo.» ¿Qué dices, alma mia, al oir
esto? Amiga, hermana, esposa llama san Jerónimo á la muerte. ¿Por qué? Porque le abre la
puerta de una gloria sin fin; porque es el término
de sus trabajos y el principio de su felicidad; porque le traslada á la eterna posesion del celestial Esposo. Sí, esta dichosa esperanza consuela al justo
en el último momento; los Ángeles y Santos rodean
su cama; las puertas del cielo se le abren de par
en par; María santísima le convida con misericordia; Jesucristo le llama con los brazos abiertos, y

toda la beatísima Trinidad le ofrece la mansion de la gloria. Así el justo cierra dulcemente los ojos; entrega el último suspiro con la mayor tranquilidad; los Ángeles y Santos reciben su bendita alma; todos juntos con su piadosísima Reina la presentan á Jesús; el dulcísimo Jesús la da el ósculo de paz, la abraza con ternura, y entre alegres cánticos la introduce en aquella region de los bienaventurados. De este modo se verifica que la muerte de los justos es preciosa á los ojos del Señor. ¿Quieres, alma mia, lograr esta dicha? Pues no se te pide para ello que ayunes toda la vida á pan y agua; tampoco que tomes continuas y sangrientas disciplinas; no se te manda que te encierres para siempre en una cueva, solo se te pide una confesion fructuosa y la reforma de tu vida: solo se te manda observar constantemente la ley suave de Dios y de la Iglesia. Con solo esto morirás sin zozobras ni angustias; no te conturbará la privacion de los bienes, parientes ni amigos; no te atormentará el temor del juicio ni el de la eternidad. Muy al contrario, te consolarás grandemente de ver que dejas unos bienes caducos por otros sólidos, unos compañeros terrenos por otros celestiales, una vida llena de trabajos por otra llena de felicidades. Buen ánimo, alma mia, buen ánimo; un poco de trabajo te trae una vida quieta, una muerte feliz y una eterna gloria.

AFECTOS.

1.º *De resolucion.* Estoy resuelto á poner por obra los medios necesarios para tener la muerte del justo. Yo haré una buena confesion general de todos los pecados que he cometido hasta aquí, y espero que Dios por su bondad y misericordia infinita me los perdonará, y así ya no tendré que temer respecto de lo pasado; y en lo venidero procuraré guardar bien los preceptos de la ley de Dios y de la Iglesia, y cumplir con exactitud las obligaciones de mi estado, absteniéndome de todo pecado, no solo mortal, sino tambien venial. Recibiré con frecuencia y fervor los santos sacramentos de Penitencia y Comunion, y me ejercitaré en obras de caridad y en todo lo que conozca ser del agrado de Dios y bien de mis prójimos y hermanos.

2.º *De súplica.* ¡Oh Vírgen santísima y Madre de Dios, rogad por mí ahora para que viva bien, y rogad en la hora de mi muerte! ¡Oh glorioso san José, rogad por mí, asistidme en la hora de la muerte! ¡Oh príncipe san Miguel! asistidme, defendedme de Satanás en la hora de mi muerte. Amen.

Padre nuestro y *Ave María.*
Conclusion como en la pág. 14.

MEDITACION XIII.

De la muerte del pecador.

Oracion preparatoria como en la pág. 13.

Composicion de lugar. Imagínate que ves á un hombre de mundo, codicioso de riquezas, ambicioso de honores, títulos y distinciones, entregado á comilonas y á toda especie de diversiones, sumido en los deleites brutales, olvidado de Dios, de su ley y de los santos Sacramentos. En la hora menos pensada le da un accidente, y oye una voz que le dice: prepárate, porque mañana morirás. ¡Ay qué sorpresa!... se ve rodeado de demonios... unos le enseñan el dinero que ha de dejar, otros el retrato de la querida que ha de abandonar, otros están esperando que espire para irle á sepultar á los infiernos cual otro Epulon del Evangelio; y tan pronto como espira se le presenta Jesús para juzgarle segun sus obras, y finalmente fulmina la sentencia de condenacion.

Súplica. ¡Oh inmaculada Vírgen María, santa Madre de Dios! rogad por mí ahora, y en la hora de mi muerte alcanzadme la gracia de que escarmiente en cabeza ajena, que no viva como el pecador, para que mi muerte no sea como la suya. Amen.

Punto 1.º

¿Morir en pecado?¿Morir enemigo de Dios?¡Formidable desgracia! ¡Terrible desventura! ¡Hallarse á punto de espirar con una conciencia cargada de culpas! ¡Qué congoja, alma mia! ¡Qué afliccion tan grande y tan tremenda! Lo pasado, lo presente y lo venidero, todo atormenta al pecador en aquel momento decisivo de su eterna suerte. Allí se le presentan muy vivamente todos sus crímenes, y se le presentan con toda su fealdad. ¡Qué horror al verse lleno de vicios! ¡Qué espanto al considerarse sumergido en un abismo insondable de iniquidad! Los sacrilegios le afligen, los odios le despedazan, y los placeres inmundos le causan el mayor desconsuelo, viendo han perdido su alma é inficionado hasta los tuétanos de los huesos. Entonces se acuerda el pecador con indecible amargura de las violaciones de los dias santos, de las confesiones mal hechas y de las indignas comuniones. Se acuerda de las usuras, de los hurtos y rapiñas con que oprimió á sus prójimos. Se acuerda de las murmuraciones, detracciones y calumnias con que quitó la fama á sus semejantes. Se acuerda de las blasfemias, de las venganzas, de las conversaciones impuras, de todos los delitos y escándalos con que perdió á tantas almas. Allí se le presenta la mujer escandalizada, la jóven corrompida y el niño estragado por culpas que no hubiera cometido si él no le hubiera enseñado. Allí se le ponen delante de los ojos las obligaciones que debió cumplir y no cumplió; las limosnas que debió dar y no dió; las obras buenas que debió hacer y no hizo. En una palabra, el pecador en la hora de la muerte ve con toda claridad todo lo bueno que debió ejecutar y no ejecutó, y todo lo malo que ejecutó debiéndolo evitar. ¡Qué dolor, qué angustia será la suya! ¡Qué tormento tan cruel le causará la memoria de lo pasado! ¡Oh dias perdidos! ¡oh gracias malogradas! ¡oh llamamientos despreciados! ¡cuán grande es la afliccion que me causais! Mi vida se pasó, mis diversiones se acabaron, mis gustos se concluyeron, mis bienes otros los gozarán, mis casas otros las habitarán, *y para mí solo queda el sepulcro.* ¿De qué me sirven ahora las tierras que compré, las casas que edifiqué y los empleos que poseí, si todo de un golpe voy á dejarlo con la vida? *Luego yo lo he perdido todo,* atendiendo tanto á las cosas de la tierra, de qué ahora me aparto con amarga muerte. Esta es la consecuencia que sacará el pecador en la hora de la muerte; así le atormentará lo pasado.

AFECTOS.

1. *De desengaño.* ¿De qué le aprovechará al hombre poseer todo el mundo, tener todas las dig-

nidades y honores, y dar al cuerpo todos los gustos, si finalmente pierde su alma[1]? ¡Ay, por un breve gozo un eterno penar! Mientras se tiene vida y salud no se piensa en la muerte ni se quiere pensar en ella, mas con este olvido no se le cierra la puerta; se presenta en la hora menos pensada, pone fin á los dias del pecador, y le abre la eternidad de tormentos.

2.° *De exhortacion.* En todas tus obras acuérdate de tu muerte, del juicio, del infierno y de la gloria, y así nunca pecarás[2], vivirás bien y te salvarás; de otra manera tu muerte será mala, será pésima, te condenarás. Quizá dirás que no crees estas cosas, está bien ; esto mismo remacha el clavo de reprobacion eterna, como dice Jesucristo : que el que no creyere será condenado[3].

Punto 2.°

¿Y lo presente? ¡Ay de mí! Los dolores se aumentan, las fuerzas se acaban, las aflicciones son grandes, y las congojas mortales. Los amigos se despiden, los domésticos se retiran, los parientes

[1] Quid enim prodest homini, si mundum universum lucretur, animæ vero suæ detrimentum patiatur? Aut quam dabit homo commutationem pro anima sua? (*Matth.* xvi, 26).

[2] In omnibus operibus tuis memorare novissima tua. et in æternum non peccabis. (*Eccli.* vii , 40).

[3] Qui vero non crediderit condemnabitur. (*Marc.* xvi, 16).

12

se marchan, los hijos gimen, y el consorte se deshace en lágrimas. El médico no le puede aliviar, sus interesados tampoco, sus tesoros mucho menos. La muerte está á la puerta; despedirla no se puede, abrazarla estremece y espanta. ¿Qué hará el pecador en este estado? Mirará á un lado, y se le presentarán de tropel todos sus pecados diciendo: tú nos hiciste, no nos has llorado, pues contigo hemos de ir á la eternidad para ser tu fiscal sempiterno. Volverá los ojos al otro lado, y su vista turbada y horrorosamente inquieta no hallará sino visiones espantosas y demonios horribles para sepultarlo en los abismos. Levantará la vista hácia lo alto, y se le representará la indignacion del Juez supremo, y la terrible sentencia de condenacion que va á fulminar contra él. Mirará hácia abajo, y se encontrará la horrible sepultura llena de hediondez, de corrupcion y de gusanos, con quienes ha de morar hasta el fin de los siglos. ¡Oh alma mia! ¿Qué hará el pecador en un lance tan apurado? El rico ¿no podrá salir de este trance dando algunos miles? No...—El poderoso ¿no podrá escaparse de esta angustia con alguna intriga? Tampoco.—El príncipe ¿no podrá llamar á su socorro á todo su ejército? De nada le sirve.—El valiente ¿no podrá acogerse á su valor y burlar el golpe de la muerte? No.—No.—No...

AFECTOS.

1.º *De resolucion.* De aquí en adelante no quiero poner la confianza en cosa que no me puede valer en la hora de la muerte, como son riquezas, honores y placeres; solo procuraré lo que en aquella hora me consolará y acompañará, que son las obras buenas, limosnas, mortificaciones, frecuencia de Sacramentos, misas y devociones.

2.º *De enmienda.* Sé que está decretado que no se puede morir mas que una vez [1]; si se pudiese morir dos veces, en la segunda se podrian enmendar los errores de la primera; pues ¿qué remedio en este caso? ¿Qué?—Enmendar ahora lo que no se quisiera haber hecho en la hora de la muerte, y hacer ahora lo que en aquel entonces se quisiera haber hecho. Piénsalo bien... medítalo sériamente y ponlo luego por obra, y díte á tí mismo: Yo he de morir, y he de ser juzgado inmediatamente... ¿Creo yo esta verdad?... No lo puedo dudar; me lo dice la fe, lo confirma la razon, y me lo está evidenciando la experiencia. Dios me ha dado el ser que tengo y la vida que vivo. Dios me está dando el tiempo de esta vida por minutos, por manera que no puedo contar mas que con el mi-

---

[1] Statutum est hominibus semel mori, post hoc judicium. (*Hebr.* IX, 27).

12*

nuto presente, pues que el tiempo pasado ya no lo tengo, el tiempo que ha de venir tampoco lo tengo, ni sé si el Señor me lo concederá, y si no me lo concede no me quedará tiempo y moriré, como todos los que han muerto hasta aquí. Estoy convencido que he de morir; es ciertísimo, he de morir y he de ser juzgado.

Pero ¿cuándo moriré? No sé... no sé en qué año, en qué mes, en qué dia, en qué hora. Solo sé que he de morir, y en la hora que menos pienso, y que en aquella misma hora el Señor me vendrá á juzgar, como me lo dice en su santo Evangelio.

¿Y en dónde moriré? Tampoco lo sé... sé dónde nací, pero no sé en dónde moriré: no sé si será en casa ó en el campo; ni sé si será en la mar ó en tierra; nada de esto sé; solo sé que Dios tiene jurisdiccion y poder en todo lugar, y que la vida que disfruto es suya, y que me la puede retirar en todo lugar, y que me pedirá cuenta de cómo la he empleado.

¿Y cómo moriré? Igualmente lo ignoro; no sé si será de muerte repentina ó pausada, natural ó violenta; no sé si de un rayo, asesino, veneno, caida, apoplejía, pulmonía; no sé; solo sé de cierto que he de morir, y he de ser juzgado, salvo ó condenado por toda la eternidad... ¡Terrible verdad!.. ¡Innegable verdad... ¡Irresistible verdad!...

Punto 3.°

¿Qué ha de hacer el pecador? Acogerse á lo futuro. ¿Á lo futuro? Aquí sí que entran de lleno los dolores. ¡Oh pensamiento de la eternidad! Este sí que es pensamiento terrible para el pecador moribundo. Dejar los bienes, los empleos y las diversiones es una gran pena para un corazon pegado á ellos; dejar los amigos, parientes é hijos es todavía mayor pena para quien tenia puesta su confianza en la carne y sangre; dejar los ricos vestidos, la cama delicada, los gustos y placeres del cuerpo, para entregar este mismo cuerpo á un horroroso sepulcro y ser pasto de animales inmundos, esta es muy dura pena para un hombre que tenia por su Dios á su vientre, y que no pensaba mas que en regalarse. Pero entrar en la eternidad con una conciencia llena de crímenes horrendos, esta es una afliccion que no tiene par. ¡Ah! yo me muero, y me muero sin haber hecho penitencia, sin haber hecho una buena confesion. Mis culpas son innumerables; mi conciencia está sumamente enmarañada; mis costumbres enteramente perdidas, y mis pasiones me han encadenado al servicio del demonio. Este dragon infernal, que en vida me facilitaba tanto mi salvacion, diciéndome que Dios es infinitamente misericordioso, ahora me dice que Dios es infinitamente justo, y de consiguiente que no puede menos de fulminar contra mí la sentencia de condenacion. Yo quiero acudir á la proteccion de los Ángeles y Santos, y el demonio me dice que ya no hay Ángeles ni Santos para quien los ha despreciado, maldecido y blasfemado de palabra y obra. Yo pretendo acogerme al amparo de María santísima, y el espíritu infernal hace resonar en mis oidos que María santísima es Madre de pecadores arrepentidos, que en tiempo oportuno han acudido á su piedad, pero no de los malvados como yo, que con sobrada malicia han aguardado para cuando no tiene remedio. Yo, dando aliento á mi corazon afligido, quiero buscar mi socorro en la sangre de Jesús; pero Lucifer me cierra las puertas, persuadiéndome que no hallaré misericordia en un Señor á quien tanto ofendí, y cuyas llagas renové con tanta impiedad. ¡Oh miserable de mí! Yo creí al demonio y no á los ministros de Dios, y ahora recibo el pago. Los sacerdotes me decian que no esperase á la muerte para reformar mi vida, porque exponia mi salvacion á un evidente riesgo; el demonio me disuadia este pensamiento, diciéndome que con un *pequé* al tiempo de morir se compone todo. Á este atendí y no á aquellos, y ahora en justo castigo me veo en manos del maligno dragon que me despedaza las entrañas con desconfianzas, pesares y remordimientos. ¡Oh, maldito el instante en que yo presté oidos á mi mayor enemigo! ¡Oh, maldita la hora en que yo desprecié los avisos del predicador! ¡Oh, maldito el dia en que yo deseché las inspiraciones y llamamientos divinos! ¡Qué consolado me veria ahora de haber correspondido á las gracias con una verdadera conversion! Pero no quise, y ya para mí no hay Dios, ni María, ni Ángeles, ni Santos, sino demonios, rabias y despechos. Adios hijos, adios bienes, adios patria, adios cielo, adios gloria, adios bendita Sion, yo me condeno, y me condeno para siempre y sin remedio. Venid, demonios, y arrancadme de este mundo; ven, Lucifer, y apodérate de mi desventurada alma; ven, cruel dragon, haz presa de este obstinado pecador; despedázame cuanto antes entre tus uñas; rompe luego mis huesos, y sepúltame en el infierno para arder contigo eternamente. Así entre congojas, agonías y furores acaba el réprobo sus desdichados dias; luego arrojan su cuerpo á la sepultura, muy en breve lo olvidan hasta sus mayores amigos, y sus herederos se divierten con sus riquezas, mientras que él no tiene una gota de agua con que refrigerar su lengua en aquellas abrasadoras llamas. Así concluye, alma mia, toda la gloria de los mundanos; así perece toda su vanidad y soberbia; así se desvanece todo su brillo y resplandor; y así se verifica que su fin es desdichado y su muerte pésima en todo sentido.

AFECTOS.

1.° *De arrepentimiento.* Conozco, Señor, que los pecados son los que hacen la muerte mala; ya los detesto, ya me arrepiento de haber pecado, así os digo: Señor mio Jesucristo, Dios y hombre verdadero, Criador, Padre y Redentor mio; por ser Vos quien sois, bondad infinita, me pesa de haber pecado, y propongo no pecar mas ayudado de vuestra divina gracia, y os prometo confesarme y cumplir con la penitencia que me fuere impuesta. Os ofrezco mi vida, obras y trabajos en satisfaccion de todos mis pecados; y así como os lo suplico, así confio me los perdonaréis, y me daréis gracia para enmendarme y perseverar hasta el fin de mi vida. Amen.

2.° *De invocacion.* ¡Oh María, madre de los pecadores que se quieren enmendar! rogad por mí, que me arrepiento, y no volveré mas á pecar.

Padre nuestro y *Ave María.*
Conclusion como en la pág. 14.

MEDITACION XIV.

Del juicio final.

Oracion preparatoria como en la pág. 13.

Composicion de lugar. Imagínate que ves á Jesucristo sentado en un magnífico trono, para juzgar á todos, y singularmente á tí, y que allí, rodeado de los Apóstoles y Santos, y á la presencia de todas las gentes que ha habido, hay y habrá, te pide cuentas de todo lo bueno y malo que has hecho, de todo cuanto has hecho ú omitido, hasta de una palabra ociosa.

Peticion. Señor, os suplico que me concedais la gracia que necesito para vivir bien y santamente, á fin de que cuando vengais á juzgarme, no me tengais que condenar.

Punto 1.°

Al acercarse el dia del juicio todos los seres se llenarán de confusion. El sol, la luna y las estrellas no darán luz, y el mundo quedará en tinieblas. Los astros no vivificarán las plantas, yerbas y flores, y así se marchitarán y no darán fruto. Las enfermedades y contagios serán multiplicados y malignos, y dejarán á los padres sin sus amados hijos, á los hijos sin sus queridos padres, á las casas sin herederos, y á los pueblos sin habitantes. Las guerras prolongadas y crueles asolarán los reinos mas florecientes; y ensangrentados los hombres unos con otros, acabarán con una anarquía espantosa. El hambre concluirá con familias enteras, y la miseria hará bajar al sepulcro á millares de vivientes. Á esto sucederá el mas cruel tirano que jamás se ha visto en el mundo, aquella bestia sangrienta, el Anticristo, que llevará el engaño y el terror hasta los extremos del orbe. ¡Qué trabajos! ¡qué calamidades! ¡qué aflicciones tan grandes! ¿Quién querrá vivir en aquellos dias tan amargos? Los mortales llorando sin haber quien enjugue sus lágrimas, llenos de pena sin hallar quien los alivie; pero ¿qué digo alivio? se aumentará su dolor á cada moménto. Sí: la ira de Dios, represada por tantos siglos, dará libertad á los elementos, y estos unánimes se levantarán contra el pecador. El aire arrojará centellas y rayos que echarán por tierra los edificios; caerán horribles granizos y piedras que asolarán las campiñas; se oirán espantosos truenos que estremecerán á los hombres. La tierra se sacudirá con terremotos horribles; se abrirán bocas que tragarán pueblos enteros; temblarán y se arruinarán los mas suntuosos palacios y los mas fuertes castillos. El mar romperá sus diques, y levantando sus encrespadas olas hasta las nubes, correrá toda la tierra, estremecerá á los mortales con bramidos espantosos, destruirá las campiñas, y sepultará en sus ondas á las fieras y á los hombres con sus familias y tesoros. Los ricos y pobres, los grandes y pequeños, todos los que puedan libertarse de esta universal inundacion, correrán á guarecerse en las cuevas de los mas altos montes, y desde allí verán venir un diluvio de fuego para reducir á cenizas todo lo que se ha libertado de la furia de los otros elementos. ¡Qué susto! ¡qué congoja! ¡qué llanto se oirá por todas partes! ¿Quién se librará de aquellas inmensas llamas? nadie, ni el rico, ni el pobre, ni el príncipe, ni el vasallo, ni el niño, ni el anciano. Todo se abrasará : los reyes con sus ejércitos, las ciudades con sus fortalezas, los palacios con sus tapicerías, todo será pábulo de aquellos volcanes abrasadores. Aquel nublado de fuego correrá de Oriente á Poniente, subirá á lo mas alto y bajará á lo mas profundo; todo lo andará y reducirá á cenizas, el oro, la plata, las piedras preciosas, los racionales, los brutos, los peces, las aves, los collados, las islas y los montes : así acabará el mundo con todas sus vanidades. ¿Es posible, alma mia, que sea este el fin de todo lo criado? Y ¿qué? ¿Hay todavía hombres que ambicionen los empleos y riquezas? ¿Hay todavía insensatos que, olvidados del último dia de los tiempos, vivan entregados á sus deseos criminales?

AFECTOS.

1.° *De desprecio.* No quiero nada de este mundo; Dios me enseña en esta meditacion que debo mirar todas las cosas del mundo como muebles que han servido y tocado á apestados, y así no los quiero; sean en hora buena todos ellos entregados á las llamas: no los quiero, no sea el caso que ellos me bagan arder à mí en las llamas del infierno.

2.° *De propósito.* Los bienes que no serán quemados en este incendio son las virtudes: pues estas quiero yo reunir y atesorar; estas las procuraré con todo empeño y diligencia. Ayudadme, Jesús y María, para alcanzarlas y practicarlas. Amen.

Punto 2.°

¡Oh, cuánto lo han de llorar cuando el Ángel llame á juicio á todos los muertos! Sí; reducidas á cenizas todas las cosas del mundo, sonará la voz del Ángel y dirá: Levantaos, muertos, y venid á juicio. Esta voz terrible se oirá en los cuatro ángulos del mundo, se oirá en el cielo, en el purgatorio y en el infierno. Nadie podrá resistir al mandato de Dios intimado por su Ángel. Todos resucitarémos con los mismos cuerpos que tuvimos, pero no todos de un mismo modo. Las almas santas bajarán gloriosas de lo alto, y darán á sus cuerpos aquel abrazo dulcísimo que los unirá para siempre: el cuerpo revestido de los cuatro dotes gloriosos, y el alma feliz y dichosa, se bendecirán mútuamente con indecible consuelo. ¡Oh piés benditos, dirá el alma, que caminásteis por las sendas de la virtud! ¡oh manos dichosas, que obrásteis el bien! ¡oh lengua bienaventurada, que dijiste la verdad y cantaste las divinas alabanzas! ¡oh sentidos todos, que os cerrásteis á la iniquidad y abrazásteis la justicia! Ahora recibiréis el premio de la mortificacion y penitencia; ahora gozaréis de todas las delicias y consuelos; ahora, cuerpo mio, disfrutarás de una glória eterna, que ni los ojos vieron, ni los oidos oyeron, ni entendimiento alguno pudo comprender lo que Dios tiene preparado para sus escogidos. Bendita seas, alma mia, dirá el cuerpo, bienaventurada seas, pórque me registe y gobernaste; porque me enseñaste el camino de la santidad; porque me obligaste á guardar los preceptos de Dios y de la Iglesia. Ven, compañera mia, fiel y dichosa; ven, gocemos juntos del premio de las virtudes; unámonos para gozar de Dios eternamente. Así hablarán los justos. Pero ¡cuán al contrario los réprobos! ¡qué diferentes salutaciones se darán los condenados! Se mirarán mútuamente, y viéndose cuerpo y alma súcios, feos y horribles, se maldecirán con gran rabia y furor. ¡Oh cuerpo abominable! dirá la infeliz alma, ¡oh saco de corrupcion! ¿En esa hedionda cárcel he de entrar? ¿en ese cenagal de inmundicia me he de meter? ¡Oh cuerpo maldito! por darte gusto me veo condenada, ¿y quieres que esté en tu compañia? Vuelve, infeliz, al sepulcro para ser pasto de gusanos, y déjame ir sola al infierno. ¡Oh alma traidora! responderá el cuerpo, tú tienes la culpa de mi perdicion. ¿Para qué te crió Dios sino para gobernarme? ¿No debias tú mortificar mis brutales apetitos? ¿No estabas obligada á dirigirme por el camino del cielo? Pues ¿por qué me dejaste correr por la senda de los vicios? ¡Oh maldita, quítate de mi presencia, que mas quiero ver al demonio que á tí! Así se maldecirán estos antiguos compañeros de la maldad; así repugnarán juntarse los que antes se amaban tan desordenadamente; pero tendrán que hacerlo mal que les pese. De este modo se verificará la resurreccion de los muertos; y todos, los justos mas resplandecientes que el sol, los réprobos mas horribles que un mónstruo, todos se reunirán en un punto y esperarán el juicio de Dios.

AFECTOS.

1.° *De admiracion.* ¡Oh resurreccion! Sí, yo he de resucitar: ¿y cómo resucitaré? ¿Seré del número de los justos, ó perteneceré á la clase de los réprobos? Mira tus obras, y estas te lo dirán.

2.° *De propósito.* Señor y Dios mio, detesto y abomino todos mis pecados; procuraré de aquí en adelante hacer todas las obras buenas que pueda, ya que son las que me han de valer en aquel dia terrible; estas son las que me merecerán la resurreccion triunfante y gloriosa, singularmente la comunion frecuente y fervorosa.

Punto 3.°

¡Oh juicio formidable para los unos! ¡oh juicio consolador para los otros! Descenderá de lo alto el soberano Juez con gránde resplandor y majestad. Su vista causará alegría á los escogidos y espanto á los pecadores. Aquellos se colocarán á la diestra, y estos á la siniestra. ¡Qué despecho, alma mia, para los príncipes y señores de la tierra verse confundidos y adocenados con los malhechores y los mas viles esclavos! ¡Qué dulce consuelo para los pobrecitos del mundo encontrarse en compañía de los santos príncipes de la tierra y de los Ángeles del cielo! ¿Cuánto diera entonces la impía y soberbia Jezabel por verse al lado de la humilde y piadosa Esther? ¿Cuánto diera en aquel dia el apóstata Juliano por estar en compañía del católico san Fernando? ¿Qué no hiciera el pérfido Judas por estar á la diestra de su divino Maestro? ¡Oh qué confundidos se hallarán los miserables réprobos! ¡Qué alaridos tan lastimosos darán! ¿Y qué será cuando se vea con toda claridad la conciencia de cada uno? ¿Qué será cuando se descubran delante de todo el mundo las intrigas, los monopolios, los hurtos, las deshonestidades, los homicidios, los crímenes todos de los pecadores? ¡Santos cielos, qué vergüenza tan grande! ¡qué dolor tan extremado! Bramarán de coraje los pecadores, pedirán á los montes que caigan sobre ellos y los sepulten entre sus ruinas, pero nada les aprovechará. Bien á su despecho tendrán que sufrir la rigurosa cuenta que Dios les pedirá. Oid, hombres, atended, pueblos, escuchad, naciones, dirá el Señor. ¿Qué debí yo hacer por los pecadores que no haya hecho? Yo los convidé con la paz, los llamé con misericordia, diferí los rigores de mi justicia; pero estos miserables siempre se mantuvieron obstinados en la culpa. Yo les hablé por mis varones evangélicos, les avisé por los ministros de la penitencia, les amenacé con castigos; pero estos pecadores tanto despreciaron las voces de clemencia como las voces de justicia. Yo los saqué de la nada, les conservé la vida, los redimí á costa de mi sangre; pero estos ingratos abusaron de tantos beneficios, ultrajaron mi santo nombre, y pisaron mi sangre preciosa. Yo callé á todo, lo sufrí todo con mucha paciencia, y esperé por largo tiempo su conversion; pero ¿cuál ha sido el fruto de tanta dilacion? Pecados, injusticias, deshonestidades, odios, sacrilegios, toda especie de iniquidades. ¿Pensábais que siempre habia de callar? Ahora hablaré en mi poder, y os sumiré en los abismos. Id, malditos, al fuego eterno; apartaos de mí para siempre. Luego, volviéndose hácia sus escogidos con un semblante benigno y apacible, les dirá: Vosotros sois mi porcion escogida, mi honor y mi corona; vosotros, que siendo de la misma carne y sangre que los réprobos, no vivísteis como ellos, vosotros, que arreglásteis vuestra vida á mis preceptos y leyes, vosotros gozaréis de mi recompensa eterna. Venid, benditos de mi Padre, á poseer el reino que os está preparado desde el principio del mundo... ¡Qué diferentes sentencias, alma mia! Al oir la primera bramarán enfurecidos los réprobos, blasfemarán de sus padres y de sí mismos, rabiarán contra todo, y entre despechos, rabias y desesperaciones bajarán como rayos al infierno. Al oir la segunda pronunciarán mil bendiciones los justos, bendecirán sus mortificaciones y trabajos, bendecirán su fe, su esperanza, su caridad y demás virtudes, y entre bendiciones y regocijos entrarán en la posesion de la gloria. Desde este momento estos serán felices por toda la eternidad, y aquellos desdichados para siempre: los unos gozarán de bienes inmensos, los otros padecerán males infinitos; los escogidos disfrutarán sin fin de todas las delicias,

13

los réprobos experimentarán sin alivio todos los tormentos.

AFECTOS.

1.º *De confusion.* ¡Qué confusion no sufriria una persona de honor que se le publicaran delante de un grande gentío sus debilidades ocultas! Pues en el dia del juicio se publicarán delante de todo el mundo todas las debilidades en que has caido por pensamiento, palabra y obra, á no ser que te confesares bien de todas ellas: entonces sí que todos tus pecados, confesados bien, quedarán perdonados, encubiertos y borrados.

2.º *De propósito.* Propongo confesarme bien de todos mis pecados, sin callar ninguno por vergüenza, pues si ahora tengo vergüenza y me causa confusion el decir mis pecados al Padre confesor, ¿qué tal será la vergüenza que tendré que sufrir, la confusion por donde tendré que pasar en aquel dia, cuando el Señor publicará todos mis pecados no confesados, ó mal confesados, delante de todo el mundo? No quiero ya mas pecar ni mortal ni venialmente. Quiero ser bueno, y lo seré, Dios mediante; me abstendré de todo pecado, practicaré las virtudes, guardaré la santa ley, seguiré los consejos evangélicos recibiendo con frecuencia los santos Sacramentos, seré devoto de María santísima, y me ejercitaré en todas las catorce obras de misericordia.

Padre nuestro y *Ave María.*
Conclusion como en la pág. 14.

———

13*

MEDITACION XV.

De la gloria del cielo.

Oracion preparatoria como en la pág. 13.

Composicion de lugar. Con la vista de la imaginacion veré una ciudad hermosa, alegre, resplandeciente, corte del supremo Rey, que está sentado en trono de indecible majestad, asistido de Ángeles y Santos: veo en espíritu muchos de mi devocion que me convidan para que yo sea tambien conciudadano suyo y doméstico de Dios. ¡Qué ciudad tan vistosa y apacible! ¡Qué moradores tan amables y bienaventurados!... ¡Qué dichoso seré yo. si últimamente llego á ser su compañero!...

Peticion. Señor y Dios mio, dadme luz para ver y conocer la preciosidad de la gloria, y concededme la gracia de ser en toda mi vida uno de los justos de la tierra, para ser despues uno de los santos del cielo.

Punto 1.º

Si en el mundo hubiese una ciudad cuyas plazas, calles y edificios fuesen de piedras preciosas, de plata y oro purísimo; si esta ciudad estuviese habitada por hombres todos riquísimos, nobilísi-

mos, muy benignos, muy afables y cortesanos; si
además esta ciudad fuese gobernada por un rey
pacífico, virtuoso, amigo de hacer bien, y que de
hecho hacia felices á todos cuantos querian ir á
vivir en su compañía, ¿qué prisa no se darian los
hombres por marchar á tan dichosa poblacion?
¿no correrian de las partes mas remotas del mundo
para alistarse bajo sus banderas? Sabiendo de
cierto que podia llegar á ser rico, ilustre y dichoso, ¿se detendria alguno por no padecer un poco
de trabajo en el camino? Pues, corazon mio, con
un poco que trabajes durante esta vida puedes
llegar á ser ciudadano de la ciudad de Dios y de
la gloria celestial; puedes habitar en aquella paz
interminable y centro de todos los bienes; puedes morar con un Rey infinitamente benigno, apacible y rico, poderoso, que puede, quiere y tiene
con que hacer felices á cuantos quieran vivir en su
compañía. ¡Ah! ¿qué no habrá criado Dios en el
cielo para sus escogidos? Si en la tierra ha hecho
cosas tan primorosas, ¿qué no tendrá reservado en
la Jerusalen celestial para sus hijos predilectos? Si
yo dijese que aquella ciudad eterna es de plata finísima y de oro purísimo, nada diria; si dijese que
aquella Sion bendita está fabricada de diamantes,
rubíes y esmeraldas, nada diria; si dijese que en
aquella patria bienaventurada corren rios de leche
y miel, que hay flores y jardines amenísimos, que

se encuentran frutos de toda especie, sazonados y riquísimos, nada diria. ¡Oh paraíso! tú eres la obra maestra de la magnificencia de un Dios omnipotente; tú eres el precio de la sangre de un Salvador infinitamente benigno y dadivoso; tú eres el punto céntrico de todos los bienes con exclusion de todos los males. ¡Oh paraíso! en tí se halla un torrente de delicias en que se engolfa el bienaventurado; en tí se encuentra la luz, la claridad, el resplandor mas brillante, que hace huir de tu recinto la oscuridad y las tinieblas. ¡Oh dulce patria mia! mi corazon se deleita de un modo maravilloso contemplándote, mis entrañas perciben inexplicable gozo meditando tus atrios sagrados. ¡Oh tabernáculos divinos! ¿cuándo entraré en vuestra posesion? ¡Oh cielo! ¿cuándo saldré de este valle de lágrimas para gozar de tus delicias?

Mis oidos, mis ojos, todos mis sentidos y potencias se van hácia tí, con la seguridad de hallar en tu posesion el cumplimiento de todos mis deseos. ¿Me engañaré? No. La fe y la razon me aseguran que Dios ha criado al hombre para ser feliz perfectamente: no hallándose, pues, en la tierra esta felicidad perfecta, la fe y tambien la razon me enseñan que el cielo es el sitio destinado por Dios para llenar todos los vacíos del corazon humano.

AFECTOS.

1.º *De esperanza.* ¡Oh cielo! ¡oh patria mia! ¿cuándo te poseeré? Ahí tengo á mi padre, que es Dios; á mi madre, que [es María santísima; á mis hermanos, que son los Santos. Yo espero subir luego; sí, Señor, sí, sacadme luego de este mundo; dad fin á mi destierro; abridme las puertas del cielo.

2.º *De peticion.* ¡Oh María madre mia! así como un niño pequeño siempre llora por su madre, yo lloraré hasta que os vea, hasta que os vea en la gloria: llevadme luego, Madre mia, bien sabeis que yo sin Vos no puedo vivir, y muero porque no muero: quiero morir para poder subir al cielo y estar con Vos por toda la eternidad.

Punto 2.º

Sí, en la bienaventuranza halla el hombre el cumplimiento de todos sus deseos. Revestido el cuerpo de los cuatro dotes gloriosos, resplandecerá mas que el sol y las estrellas, gozará de la agilidad y penetrabilidad de un Ángel, y será impasible, incorruptible, y eternamente dichoso. Sus ojos se recrearán con la vista de aquellos cielos hermosísimos; sus oidos se alegrarán con los melodiosos conciertos de los espíritus celestiales; su olfato percibirá la exquisita fragancia de aquel lugar di-

chosísimo. ¡Oh lugar de infinitas delicias! El bienaventurado gustará en tí el sabor mas dulce, y
disfrutará de la conversacion mas agradable. ¡Ah!
si conversar en la tierra con una persona prudente, sábia, afable y cariñosa sirve de tanto consuelo, ¿qué será conversar en el cielo con los Ángeles
y Santos, todos prudentísimos, sapientísimos, vir-
tuosos, afables y cariñosos en superlativo grado?
¿Qué dulzura sentirá el alma hablando, viendo y
oyendo á unas criaturas adornadas de tanta hermosura, ciencia y virtud? ¿Qué placer será oir,
hablar y ver á los coros de Vírgenes bellísimas,
de Confesores y Mártires hermosísimos, de Apóstoles, Profetas y Patriarcas brillantísimos? ¿Qué el
mirar, oir y conversar con los Ángeles, Querubines
y Serafines, abrasados en amor de Dios? Mi alma
desfallece al contemplar las delicias de la gloria;
mi corazon quiere salirse del pecho para ir á gozar
de tanta dicha. Allí todos son príncipes coronados
y riquísimos; allí todas las virtudes son heróicas,
toda santidad verdadera, toda caridad abundante,
todo amor sincero; allí reina la paz, la armonía y
la justicia en los premios; allí se halla la abundancia, la magnificencia y la grandeza; allí nada hay
manchado, el pecado no tiene entrada ni la muerte jurisdiccion. Allí... pero ¿á dónde voy? ¿aun
hay mas que decir? ¿Cómo si hay?

María santísima es el embeleso de los bienaventurados, Jesucristo es la alegría de los escogidos, el Dios inmenso y soberano en donde descansan los Ángeles y Santos. Pero ¡qué! ¿María santísima es parte de la herencia de los justos? Sí. Pues ¿qué gloria resultará de ver su rostro bellísimo, sus graciosísimos ojos y su amabilísima persona? ¿qué delicia será contemplar á la Reina del cielo y tierra colmada de todas las gracias y adornada de todas las perfecciones? ¿qué alegría tendrá el justo de la compañía de su Madre, de participar de sus dones, y de experimentar sus cariños? Aunque en el cielo no hubiera mas gloria que gozar y ver á María santísima, los Anacoretas darian por bien empleadas sus penitencias, los Mártires sus tormentos, los Confesores y Vírgenes quedarian satisfechos de todas sus privaciones y trabajos. Y ¿qué diré de la felicidad que experimentarán los Santos con la vista y posesion de Jesucristo? Este dulcísimo Salvador se presenta en el cielo con todo el resplandor de su gloria. Su humanidad santísima se dejará ver con toda la perfeccion que la dió la mano del Omnipotente. Se ve su sagrada cabeza coronada de resplandecientes estrellas; la madeja de sus dórados cabellos se parece á la púrpura de un gran rey; sus ojos brillan mas que mil soles; su rostro, hermosísimo sobre los hijos de los hombres, resplandece con la claridad de Dios; de sus piés y manos brotan rios caudalosos de gracias.

y su pecho amoroso es un mar inmenso de riquezas y bendiciones. ¡Oh humanidad santísima de Jesús! ¿cuándo te veré á la diestra del Padre? ¡Oh Dios infinito! ¿cuándo gozaré de vuestra presencia? ¿cuándo ós verán mis ojos cara á cara? ¿cuándo, libre ya mi alma de las cadenas que la aprisionan sobre la tierra, obrará con toda su actividad en el cielo?

AFECTOS.

1.º *De propósito.* Propongo no pecar mas, ni aun venialmente, porque sé que cosa manchada allí no puede entrar. Haré penitencia de mis pecados, aunque perdonados por la confesión, á fin de que no me haya de detener en el purgatorio.

2.º *De resolucion.* Todas mis obras las haré en gracia, á fin de que sean meritorias para el cielo: sí, todas las dirigiré á la mayor gloria de Dios.

Sufriré con gran paciencia todo lo que en este mundo me pueda dar pena, pensando la grande gloria que me espera. Recordaré que los grandes premios no se alcanzan sino con grandes trabajos.

Pelearé continuamente contra los enemigos del alma, el mundo, el demonio y la carne, teniendo siempre presente que no será coronado sino aquel que legítimamente habrá peleado.

Punto 3.°

El bienaventurado ve á Dios sin enigmas, y le ama sin límites; ve al Criador del universo, y le quiere sin medida; ve al Ser infinito, y se engolfa en su amor inmenso. Allí tiene un claro conocimiento de los misterios de la Trinidad, Encarnacion, Eucaristía, y demás; allí comprende el buen uso que han hecho los justos de las gracias, y el desprecio que han hecho de ellas los réprobos; en la misma Divinidad, como en un espejo clarísimo, ve el bienaventurado cuanto ha sucedido en el mundo; conoce la fuerza de los elementos, el giro de los astros y la influencia de los planetas; entiende todas las ciencias y artes; en una palabra, su entendimiento ve todas las cosas con una vista clara y sencilla, y no desea saber mas. ¿Y su voluntad? Su voluntad rodeada de un bien inmenso, no apetece ni puede apetecer otra cosa por toda la eternidad; ama cuanto puede amar, tiene cuanto puede tener, goza cuanto puede gozar, que es el mismo Dios. De Dios vive enamorada, en Dios se halla sumergida, y en Dios está engolfada. Sí, en Dios encuentra todas las cosas el alma bienaventurada; encuentra tesoros y riquezas inmensas; encuentra dulzuras y deleites inexplicables. Dios es para ella un padre amabilísimo, un esposo dulcísimo, un amigo fidelísimo que jamás perderá. Esto es lo que hace completa la bienaventuranza del justo; el vivir en el cielo sin temor de perderle por toda la eternidad. ¡Oh cielo! ¡oh patria celestial! ¡oh mansion de los bienaventurados! ¿cómo no te busco con todas veras? ¿cómo no corro exhalado hácia tí? La reina de Sabá, oyendo tantas maravillas como se contaban de Salomon, voló á verle, y viendo sus magníficos palacios, sus primorosos jardines, sus tesoros inmensos, su grande sabiduría, y el buen órden que reinaba en su servicio, exclamó arrebatada y como fuera de sí : Bendito sea el Señor tu Dios , á quien tú agradaste; benditos los que tienen la dicha de oir tus palabras; y benditos cuantos te sirven y están en tu compañía. Pues, alma mia, ¿cuánta mayor será la dicha de los que están en compañía del Criador gozando de sus delicias inmensas, oyendo su sabiduría infinita, y viendo sus hermosísimos palacios? ¿Qué dicha resultará de mirarle rodeado de candidísimas vírgenes, de refulgentísimos mártires, de brillantísimos patriarcas, y de príncipes coronados? ¿Qué gloria de ver á la Reina de todos ellos reclinada sobre su amado Hijo? ¡Ah! yo no tengo de vivir sobre la tierra mas que cuatro dias de destierro y llanto : despues de ellos tengo la esperanza de unirme para siempre con el bien que adora mi corazon. Esta esperanza suaviza todas mis penas, templa todas mis aflicciones, me hace dulces todos los trabajos. El mundano no tiene mas premio de sus fatigas que un poco de tierra; el cielo es siempre el premio del cristiano virtuoso: este trabaja por unos bienes sólidos y eternos, y aquel por unos bienes miserables y caducos, que por necesidad se han de perder. ¡Qué diferencia de esperanza á esperanza, y de premio á premio! Ea pues, alma mia, corramos en prosecucion de premio tan grande; el trabajo es corto, y la dicha eterna. Un poco de paciencia, que luego, luego se convertirán en llantos las alegrías del pecador, y los llantos del justo en alegrías. Un poco de paciencia, alma mia, que bien presto llegará una gloria infinita y eterna que ninguno te podrá quitar. Entonces bendecirás tus trabajos y lágrimas, y te darás un parabien sempiterno. Entonces bendecirás al Señor y á cuantos asisten en su presencia, con mas razon que la reina de Sabá á Salomon y sus criados. Buen ánimo, corazon mio, que luego descansarás con la posesion del bien que deseas y por el que suspiras.

AFECTOS.

1.° *De peticion.* Jesús, Salvador mio, salvadme; conducidme, Josué divino, á la tierra de promision celestial. Sacadme luego de este destierro del mundo.

¡Oh Padre eterno, por los méritos de Jesucristo, Hijo vuestro y hermano mio, dadme la gloria del cielo!

¡Oh Espíritu Santo, santificadme y llevadme luego á la gloria!

¡Oh Vírgen santísima, rogad á Dios por mí, ahora y en la hora de mi muerte, y que sea pronto, para poder subir luego al cielo!

¡Oh Ángeles y Santos, rogad á Dios por mí, para que suba luego al cielo, y cante con vosotros las eternas misericordias del Señor.

2.° *Resolucion.* En las repugnancias y dificultades diré: *O quam parum! O quam multum!* ¡Oh qué poco es lo que has de hacer y sufrir! ¡Oh cuán grande es la paga que te espera [1]!

Oiré la voz de María santísima que me está diciendo las mismas palabras que decia aquella madre de los Macabeos á su hijo: *Te pido, hijo, que mires al cielo* [2].

Diré lo de san Ignacio: *¡Ay qué asco me da la tierra cuando miro al cielo* [3]!

Padre nuestro y *Ave María.*
Conclusion como en la pág. 14.

---

[1] Non sunt condignæ passiones hujus temporis ad futuram gloriam, quæ revelabitur in nobis. (*Rom.* VIII, 18).

[2] Peto, nate, ut aspicias ad cœlum. (*II Mach.* VII, 28).

[3] Heu quam sordet terra, dum cœlum aspicio. (*S. Ignat.*).

MEDITACION XVI.

Del reino de Jesucristo.

Advertencia. En la primera seccion hemos meditado lo que nos aparta de nuestro fin, que son los pecados, y por esto nos hemos arrepentido de ellos y los hemos confesado.

En la segunda seccion nos hemos solidado y confirmado mas y mas en este arrepentimiento, y con el firme propósito de no volver mas á pecar.

En la tercera seccion, que es la presente, limpios ya de todo pecado, y con el propósito firme de no pecar mas, hemos de ver cómo adelantamos en el camino de la virtud y perfeccion, y amarémos á Dios con todo nuestro corazon y con todas nuestras fuerzas, para alcanzar así nuestro último fin.

Cabalmente, por el pecado de nuestros padres y por los nuestros, hemos quedado cási ciegos, y así hemos de acudir á Jesucristo para que nos dé vista, como á aquel ciego del camino de Jericó. Le hemos de suplicar que nos alumbre con su divina gracia, ya que él es la verdadera luz que alumbra á todo hombre que viene á este mundo [1]; y finalmente, á él hemos de seguir é imitar, ya que para

---

[1] Lux vera quæ illuminat omnem hominem venientem in hunc mundum. (*Joan.* i, 9).

esto nos lo ha dado el Padre eterno, y el mismo Jesucristo nos dice : Yo soy el camino, la verdad y vida, y nadie viene al Padre sino por mí[1]. Por esto las meditaciones de esta tercera seccion serán de la vida de Nuestro Señor Jesucristo, imitando sus ejemplos y practicando sus virtudes. Y para que estas meditaciones surtan mas felices resultados, se guardará un riguroso silencio; solamente se hablará con Jesús en el paso que se considere, ó con María santísima ú otras personas del misterio[2].

La oracion preparatoria como en la pág. 13.

Composicion de lugar. Será aquí ver con la vista imaginativa sinagogas, villas y castillos por donde Cristo nuestro Señor predicaba.

Peticion. Os suplico, Señor mio, la gracia que necesito para no ser sordo á vuestro santo llamamiento, y hacer que con presteza y diligencia siga vuestra santísima voluntad.

Son palabras del Santo. «El primer punto es «poner delante de mí un rey humano elegido de «mano de Dios nuestro Señor, á quien hacen re-

[1] Ego sum via, veritas, et vita. Nemo venit ad Patrem, nisi per me. (*Joan.* xiv , 6).

[2] Durante las meditaciones de la tercera seccion, en el tiempo libre se leerá el santo Evangelio, ó el Kempis, ó la vida de los Santos mas conformes al estado de cada uno, ó Granada, ó el que señalare el director.

«verencia y obedecen todos los príncipes y todos
«los hombres cristianos.

«El segundo, mirar como este rey habla á to-
«dos los suyos, diciendo : Mi voluntad es de con-
«quistar toda la tierra de infieles ; por tanto, quien
«quisiere venir conmigo ha de ser contento de co-
«mer como yo, y así de beber y vestir, etc.; así-
«mismo ha de trabajar como yo en el dia, y vigi-
«lar en la noche, etc.; porque así despues tenga
«parte conmigo en la victoria, como la ha tenido
«en los trabajos.

«El tercero, considerar qué deben responder los
«buenos súbditos á rey tan liberal y tan humano,
«y por consiguiente, si alguno no aceptase la pe-
«ticion de tal rey, cuánto seria digno de ser vitu-
«perado por todo el mundo, y tenido por perverso
«caballero.

«La segunda parte de este ejercicio consiste en
«aplicar el sobredicho ejemplo del rey temporal á
«Cristo nuestro Señor, conforme á los tres puntos
«dichos.

«Y cuanto al primer punto, si tal vocacion con-
«sideramos del rey temporal á sus súbditos, ¿cuán-
«to es cosa mas digna de consideracion ver á Cris-
«to nuestro Señor, Rey eterno, y delante de él
«todo el universo mundo, al cual, y á cada uno en
«particular, llama y dice : Mi voluntad es de con-
«quistar todo el mundo y todos los enemigos, y así

14

«entrar en la gloria de mi Padre? Por tanto, quien «quisiere venir conmigo ha de trabajar conmigo, «porque siguiéndome en la pena, tambien me siga «en la gloria.

«El segundo, considerar que todos los que tu- «vieren juicio y razon ofrecerán todas sus personas «al trabajo.

«El tercero, los que mas se querrán afectar y «señalar en todo servicio de su Rey eterno y Se- «ñor universal, no solamente ofrecerán sus perso- «nas al trabajo, mas aun, haciendo contra su pro- «pia sensualidad y contra su amor carnal y mun- «dano, harán oblaciones de mayor estima y ma- «yor momento diciendo : Eterno Señor de todas «las cosas, yo hago mi oblacion con vuestro favor «y ayuda, delante vuestra infinita bondad, y de- «lante vuestra Madre gloriosa, y de todos los San- «tos y Santas de la corte celestial, que yo quiero «y deseo, y es mi determinacion deliberada (solo «que sea vuestro mayor servicio y alabanza) de «imitaros en pasar todas injurias, y todo vitupe- «rio, y toda pobreza, así actual como espiritual, «queriéndome vuestra santísima Majestad elegir y «recibir en tal vida y estado. »

Punto 1.°

Explicacion.   El seguimiento de Jesucristo es co- sa justa y muy debida.   Dos son los motivos que de-

muestran claramente cuán debido es que le sigamos : procura tú; alma mia, ponderarlos bien.

El primer motivo es el fin por el cual ha venido Jesucristo al mundo. ¡Ah! qué desgracia hubiera sido si Jesucristo no hubiese venido al mundo! Nuestros primeros padres estaban caidos, y se habian despojado, no menos á sí mismos que á nosotros, del derecho de la gloria : de tantos millares de millones de hombres que habian nacido desde el principio del mundo, y que nacerán hasta el fin de él, ninguno hubiera podido entrar en el cielo ni gozar de Dios por toda la eternidad. ¿Puede imaginarse estado mas deplorable que este para el género humano? Igualmente, así como de tantos millares de millones de hombres ninguno hubiera podido entrar en el cielo ni gozar de Dios, así tampoco hubiera habido ninguno que pudiera alabarle eternamente. ¡Oh cuánta diminucion de la gloria extrínseca de Dios! Pero habiendo venido Jesucristo al mundo, todos nosotros podemos entrar en el paraíso ; ya no nos están cerradas sus puertas, con tal que queramos seguirle. En el cielo se hallan coros enteros de Santos, los cuales alabarán y bendecirán el santo nombre de Dios por toda una eternidad. Díme, ¿qué fin mas noble y mas sublime podria darse jamás, que la gloria eterna de Dios y la eterna bienaventuranza del hombre?

El segundo motivo son las condiciones con que

14*

nos convida á su seguimiento. Los reyes de la tierra se sientan en su trono, y cuando deben dar principio á una empresa de gran trabajo, ó exponerse á algun empeño arriesgado, no van ellos en persona, sino envian en su lugar á sus vasallos. Todo lo contrario hace Jesucristo : «No exijo, dice, que «los que me siguen hayan de vestirse y alojar- «se mas pobremente que yo, ni que tengan que «guardar en la comida y bebida mayor pobreza que «la mia ; no quiero que se fatiguen mas, ni que «sean los primeros al trabajo, porque yo iré de- «lante de ellos : verdaderamente que la única cosa «que yo quiero es que me sigan. » Ciertamente que son estas condiciones maravillosas : Jesús es inocente, yo lleno de pecados ; Jesús es Señor supremo, yo un puñado de tierra ; á Jesús le pertenece el cielo, á mí el infierno : con todo eso no exige de mí que me fatigue ó trabaje mas que él, sino solo que le siga.

AFECTOS.

1.° *Accion de gracias.* ¡Oh Jesús mio! si Vos no hubiérais tenido otro fin en convidarnos á vuestro seguimiento sino únicamente la gloria de vuestro Padre celestial, ya estaria yo obligado á obedeceros. Él es el sumo Bien y mi supremo Dueño y Señor, de quien totalmente dependo, por cuya razon siempre hubiera estado obligado á derramar aun la sangre por su gloria; mas Vos no habeis atendido solo á la gloria y honra de vuestro eterno Padre, sino que tambien habeis mirado á mi salvacion y eterna felicidad de mi alma: Vos me convidais á vuestro seguimiento para hacerme participante, juntamente con Vos, de una misma gloria, de una misma felicidad, de unos mismos placeres y deleites, y de la misma bienaventuranza. ¡Ah! ¿qué alabanzas, bendiciones y acciones de gracias no os debo tributar?

2.º *Propósito*. Pues ya que de este seguimiento depende ¡oh Jesús mio! la gloria de vuestro santísimo nombre y la salvacion de mi alma, resuelvo seguiros bajo todos los pactos y con la mayor perfeccion que me sea posible, resista cuanto quiera la naturaleza, y sea sumamente difícil en vencerme: yo soy una criatura rea de tantos pecados, una criatura á quien habeis sacado de la nada, una criatura que ha merecido el infierno, ¿cómo podré excusarme de hacer y padecer lo que habeis hecho y padecido Vos, que sois la inocencia y santidad por esencia, supremo Señor del cielo y de la tierra, mi Dios, mi Criador, mi Redentor? No, Jesús mio, esto no lo haré jamás: vuestra vida ha de ser en adelante la norma de la mia; yo os seguiré observando vuestras huellas, y al paso que Vos camineis, caminaré yo con vuestro auxilio.

Punto 2.º

El seguir á Jesucristo es cosa fácil y ligera. Dos cosas son las que facilitan el seguimiento de Jesucristo : las irémos ponderando con atencion. La primera es la paz interior, alegría y satisfaccion con que Jesucristo, aun en este mundo, premia á los que le siguen. La cruz de Jesucristo en este mundo no fue siempre de un puro padecer, tuvo tambien sus delicias ; en su nacimiento los hombres le obligaron á estar en un establo, mas descendieron los Ángeles del cielo para anunciar su gloria al mundo ; en el desierto fue tentado por el demonio, pero los Ángeles le regalaron ; en el tiempo de su predicacion fue blasfemado y ultrajado, pero se transfiguró en el monte Tabor, y apareció en su gloria (sin hacer mencion de aquel torrente de placeres que en todos los momentos de su vida se derivaba de la vista intuitiva de la Divinidad, si la vida de Jesucristo no fue una pura cruz, tampoco lo será la tuya, ya que él pone esta expresa condicion : *no quiero que padezcan mas que yo*). Sí, sí, alma mia, cuanto mayor sea la perfeccion con que sigas á Jesucristo, tanto mayores serán los consuelos de que el Padre celestial te colmará : escucha sus propias palabras, que no pueden faltar : *Mi yugo es suave, y mi carga ligera.* El estar próximo á Jesús hace hallar la dulzura, aun en medio de las adversidades; el estar distante de Jesús, siempre es amargo, aun en medio de los placeres. Ello es cierto que si cayese nada mas que una gota de consuelo del cielo, esta iria á caer en el corazon del que sigue fielmente á Jesucristo.

La segunda es una gloria y bienaventuranza infinita, con la que Jesucristo premia en el otro mundo á los que le han seguido. ¡Ah, de aquí á pocos años me hallaré en el paraíso! ¡Cuánto consuela este pensamiento, y cuánto debe aligerar nuestras tribulaciones!

Imagínate, alma mia, que se te aparece el divino Redentor con una pesada cruz sobre los hombros, y que te mira atentamente con los ojos benignos y amorosos; que al mismo tiempo se abre el cielo, y se deja ver un trono superior á muchos millones de escogidos, y de tan extraordinaria belleza, que no se haya visto jamás semejante, y que volviéndose á tí Jesucristo te dice: ¿Ves? este trono es tuyo, y lo poseerás eternamente si me sigues por algunos poquísimos años... ¡Ay, alma mia! ¿no te resolverias á seguir á Jesús llena de alegría? Y esta promesa de Jesús ¿no te daria un singular aliento en todas tus fatigas y tribulaciones? Pues ¿por qué no podrá obrar la fe lo que haria semejante vision? Esta fe enseña, que si sigues á Jesucristo te espera un reino celestial, un reino eterno, un reino infinitamente delicioso.

AFECTOS.

1.° *Esperanza.* Lo creo, Jesús mio, y me veo precisado á confesar que vuestro yugo es dulce y vuestra carga ligera : estas palabras las pronunció vuestra boca, la cual no puede engañar. Lo que me puede hacer costoso vuestro seguimiento es únicamente mi amor propio y mi cobardía. Si yo por brevísimo tiempo emprendiese el vencerme á mí mismo y seguir vuestras huellas, bien pronto me haria conocer la experiencia cuán verdaderas son vuestras promesas... Á la verdad, ¡cuán miserable no parecia la vida que observaban aquellas personas de todos estados, sexo y condicion, que en tiempos pasados vivian sepultadas en los desiertos ó en oscuras grutas sobre las montañas! Y sin embargo, estas eran aquellas en cuyos corazones el cielo derramaba torrentes de placeres... ¡Cuán melancólica no parecia la vida de aquellas personas que acabaron sus dias en las persecuciones, en la opresion, entre los oprobios y contumelias y en las cruces y tribulaciones! Y sin embargo, ellas eran con quienes comunicaba con la mas íntima familiaridad el divino Redentor, y á quienes enriquecia con sus copiosas gracias. ¿Seré yo el solo y único á quien abandone en medio de mis penas Jesús, si le sigo, sin hacerme participante de algun consuelo? ¿Seré yo el solo á quien no conceda él jamás ningun alivio? ¿Á mí solamente no me dejará ni siquiera probar sus dulzuras? ¡Ah, no! no lo haréis así, Jesús mio, yo lo espero, y me lo prometo de vuestra misericordia; y esta es la que me hará suave vuestro seguimiento: en esta confianza me vuelvo á Vos de corazon, y propongo... seguiros en todo y por todo.

Punto 3.°

El seguir á Jesucristo es necesario. Yo me persuado, alma mia, que tienes una séria voluntad de ser perfecta; esto supuesto, es absolutamente necesario que sigas á Jesucristo en todas las cosas cuanto te sea posible. Si quieres ser perfecto (dijo el divino Salvador á aquel jóven), *ven y sígueme.* —¿Reconoces tú esta verdad? ¡Ah! que no es falta de conocimiento, pero me arredra el camino demasiado áspero por donde veo caminar á Jesucristo; mas cabalmente es necesario que así sea, porque mira, primero Jesucristo es sabiduría y verdad infinita; él ha bajado del cielo á la tierra con este objeto único, de mostrarte, alma mia, el camino que conduce á la santidad; ¿no es verdad? Ahora atiende: si hubiese otro camino mas llano y mas seguro del que nos ha mostrado, seria preciso decir, ó que él no es sabiduría infinita, habiendo ignorado este camino, ó que no es verdad infinita, no habiéndonosle enseñado; mas ¿quién podria pensar así sin blasfemar? Segundo : Jesu-cristo es amor y bondad infinita ; nos ama, y no se complace en hacernos padecer y atormentarnos sin motivo. ¿Qué se sigue de aquí? Se sigue que si hubiera sabido que un camino ameno y delicioso nos hubiera conducido á la santidad y á nuestro úl-timo fin lo mismo que otro áspero y penoso, el amor que nos tiene no le hubiera permitido determinar-se á llevarnos precisamente por el segundo... ¡Ay! qué bien veia este Dios amante que por el camino ameno de los placeres no debe esperarse otra cosa que la condenacion eterna, y por esto nos propuso el camino áspero con preferencia al delicioso, y él mismo quiso caminar por él, y ahora nos convida á que por él tambien le sigamos. Párate aquí un mo-mento, alma mia, y discurre así contigo misma... En este mundo dos son los términos á que podemos llegar : el uno infinitamente miserable, que es el in-fierno ; el otro infinitamente ameno, que es el cielo : á estos términos conducen dos caminos no mas : el camino ancho y gustoso por donde va tan gran nú-mero de hombres, conduce al infierno ; el camino angosto y áspero por donde camiña Jesucristo con su pequeño séquito de los escogidos, conduce al cielo... ¡Oh verdad importantísima! Solo el camino por donde fué Jesucristo conduce al cielo ; es una verdad pronunciada por el mismo Jesucristo: *Nin-guno llega al Padre sino por mí*. Que es lo mismo que si dijera: ninguno llega al Padre, ninguno llega al cielo sino el que ha andado el camino que yo anduve. ¿Qué deberé hacer? ¿Cuál de los dos elegiré?

AFECTOS.

1.° *Arrepentimiento.* ¡Oh Jesús mio! yo no hallo verdaderamente cosa con que pueda consolarme si reflexiono en mi vida pasada. Os he adorado hasta ahora como á mi Dios y Redentor, pero no os he seguido como á mi capitan y conductor; las virtudes que Vos llamais dulce yugo y carga ligera, yo las he mirado siempre como un peso muy grave y no acomodado á mis fuerzas: no he reflexionado que esto en alguna manera era blasfemar de vuestra sabiduría, como si ella no hubiera sabido medir mis fuerzas; ó de vuestra bondad, cómo si hubiera querido cargarlas demasiado... ¡Oh mi Dios y Redentor, mi maestro y capitan! confieso mi error y mi malicia, y me duelo de todo corazon. ¡Oh cuán feliz seria ahora si hubiera vivido siempre conforme á vuestro espíritu, y hubiera caminado siempre por donde Vos caminásteis!

2.° *Consagracion.* Mas ¿hasta cuándo persistiré en este error? Vos sois el camino, la verdad y la vida. ¡Oh Jesús mio! á Vos me dedico todo en este momento de todo mi corazon y sin reserva;

quiero seguir vuestras huellas, y andar por el mismo camino que Vos llevais... Id enhorabuena delante de mí, Jesús mio, y sed mi capitan... conducidme por las ignominias ó por los oprobios, exponedme á las persecuciones y calumnias, yo os seguiré... afligidme con dolores y adversidades, yo os seguiré... ponedme en el estado de una humilde subordinacion y de la total renuncia de la propia voluntad, os seguiré... Donde Vos esteis, ó Jesús, vida mia, quiero estar yo tambien; lo que Vos padeceis, tambien lo quiero yo padecer; una sola cosa os ruego, y no me la habeis de negar, vuestra ayuda, vuestra asistencia, vuestra gracia eficaz, ó Jesús mio.

Padre nuestro y *Ave María.*
Conclusion como en la pág. 14.

MEDITACION XVII.

De la Encarnacion y Nacimiento de Jesucristo, y admirable humildad que practicó en estos misterios.

Oracion preparatoria como en la pág. 13.

Composicion de lugar. Con la vista de la imaginacion estarás mirando la casa de Nazaret y todo lo que en ella puede haber; luego mira el camino que va de Nazaret á Belen, si es ancho ó estrecho, si hay subidas y bajadas, con todas las demás circunstancias; finalmente entra en la cueva de Belen, cómo está, qué personas y cosas ves en ella.

Peticion. Dadme gracia, Jesús mio, para conocer la humildad profundísima que me enseñais, y el amor tan grande que me manifestais. Deseo ser humilde y fervoroso en vuestro santo servicio.

Texto del santo Evangelio segun san Lucas. «Envió Dios al ángel Gabriel á Nazaret, ciudad de «Galilea... y le dijo: Dios te salve, María, llena «eres de gracia; el Señor es contigo; bendita eres «entre todas las mujeres... Dijo María: Hé aquí «la esclava del Señor, hágase en mí segun tu pa- «labra... José, como era de la casa y familia de « David, vino desde Nazaret á la ciudad de David

«llamada Betlehem... para empadronarse con Ma-
«ría su esposa, la cual estaba en cinta. Y sucedió
«que hallándose allí, le llegó la hora del parto. Y
«parió á su hijo primogénito, y envolvióle en pa-
«ñales, y recostóle en un pesebre, porque no hubo
«lugar para ellos en el meson...»

Punto 1.°

Explicacion. Jesucristo en su Encarnacion y
Natividad se ha anonadado hasta el exceso. ¡Oh
cuántos y cuán admirables anonadamientos hay
que considerar en este misterio! Ponderarémos tan
solo algunos de ellos... El primer anonadamiento
es la asuncion de la naturaleza humana... si tu-
vieses la vista iluminada jamás podrias admirar
suficientemente este anonadamiento: lo explicaré-
mos con un símil. Figúrate, alma mia, á un rey
de una vastísima monarquía, de gran poder y riqueza, adornado de sabiduría, y de todos aquellos
talentos y prendas que son convenientes á un príncipe. La nobleza, el ejército y el pueblo le aman
como á padre; nada de cuanto pueda imaginarse
le falta para ser feliz; este gran monarca depone
secretamente la púrpura, abandona sus dominios,
se cubre con un vestido grosero y roto, y yéndose
á un país extraño se pone al servicio de un labrador, y continúa así viviendo desconocido en este
oficio vil hasta la muerte. ¿Qué hombre podria

admirar debidamente esta aniquilacion?... ¡Oh alma mia! aviva tu fe, y díme: ¿quién es aquel querido infante que ves en el establo de Belen? Él es el Hijo unigénito del eterno Padre, el Señor de los ejércitos, el altísimo Dios. Este Señor de infinita grandeza y felicidad que gozaba en el cielo, donde era adorado y alabado de todas las jerarquías angélicas, ha escogido la tierra para morada suya: se ha hecho hombre, y bajo la despreciable forma humana, se ha quedado aquí desconocido hasta la muerte: ¿puede jamás idearse por el humano entendimiento una aniquilacion mayor que esta? El segundo anonadamiento es la asuncion de la naturaleza humana en el estado de niño: ¿puede haber cosa de mas compasion que este estado? Un niño no puede tenerse en pié, mucho menos andar, y siempre tiene necesidad de que le lleven en brazos ajenos: no puede alimentarse ni proveer á ninguna de sus necesidades, necesitando siempre de otras manos: no puede hablar, y si alguna cosa le molesta, no puede manifestarla de otro modo que con el llanto; pasarémos en silencio otras tantas miserias á que están sujetos, y que de todos son sabidas... Nosotros las hemos podido soportar con facilidad, como privados entonces del uso de la razon; pero Jesucristo con la plenitud de su sabiduría sintió toda la grandeza del peso de este anonadamiento... Hubiera podido

venir al mundo hombre ya formado, pero por ano-
nadarse á sí mismo mas perfectamente, no quiso
venir sino en el estado de niño. El tercer anonadamiento es la asuncion de la naturaleza humana,
ocultando todas las perfecciones divinas y humanas
de que estaba dotado. Aquí no te pido otra cosa,
alma mia, sino que dés una mirada á este pequeño Niño en el pesebre... Mira, aquí yace aquel
Dios omnipotente, que crió de la nada el cielo y la
tierra, y con todo no puede dar un paso ni tenerse
en pié... Aquí yace aquel Dios de fortaleza infinita, que pudiendo con un solo dedo mover toda la
inmensa máquina del mundo, se ha reducido á un
estado de tanta debilidad, que tiene necesidad de
ser llevado en los brazos de su Madre... Aquí yace
la sabiduría del Padre, hecha tierno niño sin habla... Aquí yace aquel Dios de infinita riqueza, á
quien los príncipes mas temibles se ven precisados
á pedir socorro; y no tiene otro albergue que un
inmundo establo... ¡Oh qué humillacion! ¡Oh qué
anonadamiento de mi Redentor!

AFECTOS.

1.º *Confesion de sí mismo.* ¡Oh Jesús, oh
humildísimo Jesús! ¡cuán diversos son los deseos
de mi corazon de los del vuestro! Vos, por afecto
de humildad, os abatís descendiendo del cielo á la
tierra, y yo por soberbia me ensalzo, levantándo-

me de la tierra al cielo… Vos os humillais hasta el estado de un pobrecito niño; yo me ensoberbezco ansiando siempre los puestos mas honrosos en la estimacion de los hombres… Vos ocultais todas vuestras infinitas excelencias para evitar las alabanzas y honores; yo pongo á la vista todo el bien que me parece tengo, por procurarme la estimacion y el aplauso: en suma, todos vuestros pensamientos se dirigen á la humillacion y anonadamiento de Vos mismo, y todos los mios se inclinan á mi engrandecimiento… ¡Ay que me veo obligado á confesar, ó Jesús mio, que aun no tengo nada de vuestro espíritu; y que mis pensamientos están tan distantes de los vuestros cuanto lo está el cielo de la tierra!

2.° *Arrepentimiento.* Bien conozco ¡oh Jesús mio! cuánto me he engañado; este no es el camino por donde Vos habeis ido… pero desde este momento me arrepiento de todos los deseos y complacencias en que he consentido; de todas las palabras de vanagloria que he proferido; de todas las obras que he hecho por vanidad… Á Vos solo es debido todo honor y gloria, y á Vos solo quiero tributarla, porque sois el orígen y la fuente de todo bien… de aquí adelante no miraré otra cosa sino vuestro anonadamiento y humillacion, para amarla y abrazarla con todo el corazon segun la norma de vuestra doctrina y de vuestro ejemplo.

15

Punto 2.°

Jesucristo en su Encarnacion, en su Natividad y en toda su vida aceptó voluntariamente ser anonadado por otros. Considera por tanto, primeramente cómo fue recibido Jesucristo del mundo en su Natividad... ¿Puede hacerse jamás mayor afrenta á un hombre que el ser desechado de sus mismos conciudadanos, y que no se encuentre ni uno solo en su propia patria que le conceda un albergue, ni aun por una sola noche? Pues esto cabalmente sucedió á Jesucristo en Belen: para todos los demás, viejos y jóvenes, hombres y mujeres, nobles y plebeyos, se encontró alojamiento; solo Jesús con su Madre se vió desechado de todos, y se halló precisado á ver la primera luz del dia en un establo... pero ¿cómo soportó Jesucristo esta extrañeza? con tal alegría, que él mismo dispuso sucediese así; porque de otro modo si no lo hubiera querido, hubiera podido enviar delante ejércitos de Ángeles para anunciar su venida; hubiera podido á su ingreso hacer temblar la tierra, y hacer de este modo que se moviesen los ciudadanos á venerar y adorar con respeto á su majestad... Nada de esto hizo, precisamente para tener ocasion de sufrir afrentas...

2.°   ¿Cómo fue tratado Jesucristo por el mundo despues de su nacimiento? Aun mucho peor que en su Natividad. Aparece una nueva estrella en el cielo; los Reyes de Oriente van á la Judea, y anuncian el nacimiento del Salvador del mundo: ahora sí que acudirá toda Jerusalen para adorar al niño Jesús. ¡Oh, y qué ingratitud la de este pueblo! De tantos millares de hombres no hubo siquiera uno que diese un solo paso para ir á ver y adorar á Jesús... antes deliberan entre sí para ver el modo de deshacerse bien pronto de él. Fue decretada su muerte y se fijó el dia para la impía ejecucion, y Jesucristo, para evitarla, se vió obligado á huir de su patria.

3.° ¿En qué concepto tuvo el mundo á Jesucristo cuando adulto? nada menos desfavorable del que de él formó en su nacimiento... Residia Jesús en Nazaret en compañía de su amada Madre, y su ocupacion en su casa y fuera de ella era aplicarse al trabajo y á la fatiga para ganar con el sudor de su frente, juntamente con su nutricio, el pan cotidiano: ¿quién jamás hubiera pensado que bajo las apariencias de un humilde artesano se pudiese ocultar un Dios hecho hombre? Su eterno Padre quiso tener escondido este misterio, y no dejó traslucir que aquel fuese su amado Hijo. María y José lo tuvieron tambien en secreto; y el mismo Jesús ocultó siempre á la vista de los hombres los tesoros de su divinidad y humanidad... y así sucedió que todos creyesen era un jóven hijo

15*

de un carpintero, que se llamaba Jesús, y que
estaba sujeto fielmente á su madre, y al que le hacia las veces de padre en el oficio de artesano... Hé
aquí, alma mia, toda la alabanza que este Dios hu-
manado obtuvo del mundo por el espacio de treinta
años enteros... es decir, que aquel Señor que crió
el cielo y la tierra era un carpintero aplicado...

AFECTOS.

1.° *Desprecio de sí mismo.* ¡Ah, qué cosa
tan odiosa será delante de Vos, ó Dios mio, el honor y estimacion de los hombres! ¡y de cuánta
estima y valor será en vuestra presencia el desprecio! ¿Os faltaba acaso el medio de procuraros los
honores si los hubiérais querido? solo en una hora
hubiérais podido llenar el mundo de milagros, y
atraeros así todas las admiraciones de los hombres;
mas con todo eso no quisísteis hacerlos, y ocultás-
teis todos los tesoros de vuestras perfecciones bajo
la humilde condicion de artesano, para huir de este
modo toda estimacion y honor. ¡Oh verdad amar-
guísima para mí! Vos huís los honores, y yo huyo
los desprecios; Vos amais el vivir desconocido, y
yo procuro el darme á conocer; Vos os alegrais en
las afrentas, y yo en los honores... ¡Oh Jesús mio!
¡ay pobre de mí! ¡en qué pésimo estado me hallo!
Si vuestro espíritu es el camino de la santidad, mi
espíritu es el de la perdicion; si vuestra humildad

es la llave del cielo, mi soberbia es la del infierno.

2.° *Deseo de la humildad.* Lo que manifiesta mas claramente á mi vista mi soberbia, es que yo me veo honrado mucho mas de lo que Vos lo fuísteis, y aun así no estoy contento: se venera en mí el estado en que me hallo, y por él se me trata con respeto y reverencia; mas ¿quién os trataria con veneracion cuando no mostrábais otra cosa que la condicion de un pobre artesano?... ¡Ay de mí! yo quiero ser estimado mas que lo fue mi Redentor... Bien lo conozco ¡oh Jesús mio! y así no sé qué hacer: muy radicado está en mí este deseo, que os es tan odioso, de los honores, y este horror que tengo á los desprecios, que os es tan abominable: todo ha de ceder á este mónstruo, vuestro honor, el beneplácito de vuestro eterno Padre, el progreso en la virtud, la santidad de mi alma: esta es una llaga que solo Vos la podeis curar, ó Jesús mio.

Punto 3.°

Reflexiones sobre la humildad de Jesucristo. Aquí tienes, alma mia, uno de los puntos mas importantes de la vida espiritual; pide á Dios la luz, y pondéralo bien.

1.ª *Reflexion.* No puede hallarse cosa alguna en un alma que sea tan grata á Dios, como el desprecio y el anonadamiento... Figurémonos que

hubiésemos estado en el mundo antes de la natividad de Jesucristo, y que el eterno Padre, para
hacernos conocer bien nuestra soberbia, nos hubiera preguntado de qué manera debia enviar al
mundo á su Hijo. ¿Qué respuesta le hubiéramos
dado? Hubiéramos dicho sin dudar: conviene que
su padre putativo sea un gran monarca, su madre
una gran reina, y su habitacion un magnífico palacio; que se envien escuadrones de Ángeles para
anunciar su venida, y que á estos se les intime que
vayan pronto á tributar al Dios recien nacido sus
mas humildes adoraciones; conviene además que
se siente sobre un trono muy sublime,. y ostente su
majestad y sabiduría, y domine en el mundo con
suprema autoridad: así hubiéramos nosotros pensado... Mas ¿qué hace el eterno Padre? La Madre
de mi dilectísimo y unigénito Hijo, dice, ha de
ser una pobre doncellita; su habitacion un establo;
su cama un poco de paja; no debe reinar, sino
obedecer; ha de estar oculto, emplearse en un
oficio humilde, vivir y morir entre las ignominias
y desprecios... ¡Ay, que somos muy ciegos, alma
mia! lo que entre nosotros se tiene en la mayor.
estimacion y aprecio es el honor, la alabanza y
gloria mundana; y el Padre celestial no estima sino
á los que se desprecian y abaten delante de los
hombres... Vuelve los ojos á Jesús: ¿qué encuentras en él sino humillaciones, oprobios y malos

tratamientos? Y este fue puntualmente aquel sacrificio tan excelso en que tanto se complació el eterno Padre, y por el cual se obró la salvacion del mundo.

2.ª *Reflexion.* No hay cosa que sea mas odiosa á Dios que el afecto á la gloria mundana... Cuanto menos se asemeja un alma á Jesucristo, tanto es mas odiosa á su Padre celestial: pues ahora ¿qué semejanza puede tener jamás con Jesucristo un alma que es aficionada á las alabanzas, á los honores y á la gloria mundana? Los pensamientos de Jesús eran todos de humillaciones y anonadamiento de sí mismo; los deseos de Jesús no se dirigian á otra cosa que á los desprecios; la alegría y satisfaccion de Jesús, toda está fundada en los malos tratamientos; la vida de Jesús comenzó y acabó entre las afrentas... aquí yo callo, mas tú, alma mia, ponte en paralelo con Jesús, y ve si te asemejas á él.

AFECTOS.

1.º *Acusacion de sí mismo, y arrepentimiento.* Yo quisiera llorar mas bien que proferir alguna palabra ¡oh Jesús mio! Cási estoy para decir que mi corazon tiene tanta semejanza con el vuestro, como el espíritu de un condenado con el de un bienaventurado: vuestro corazon alimenta una suma abominacion á toda alabanza, honor y gloria humaña, y tiene encendidísimos deseos de los desprecios y oprobios, á fin de dar gloria á vuestro Padre; y el mio, al paso que experimenta aborrecimiento á estos, tiene amor á todo lo contrario. Pero lo que aumenta mas mi miseria, es que convierto en veneno la misma medicina. Los medios mas eficaces para extirpar mi soberbia, serian las afrentas, menosprecios é irrisiones; pero ¡ay infeliz de mí! yo amo mi enfermedad, y aborrezco el remedio de ella; defiendo mi soberbia, y echo léjos de mí la humildad: ¿habrá para mí todavía algun remedio, ó mi Jesús humildísimo? ¡Ah! á vuestra misericordia debo el conocer á lo menos ahora mi deplorable estado y el detestarle... Sí, ó Jesús mio, yo detesto y maldigo todos los pensamientos y deseos vanos, todas las complacencias que he tenido en las alabanzas y honores, y todas las obras que he hecho por vanagloria. Sí, todo esto lo detesto y maldigo, y quiero que sea maldito por siempre... Vos sois la fuente y el orígen de todo bien; á Vos solo se deben las alabanzas, honores y bendiciones; yo, que soy pecador, no merezco otra cosa que la confusion y el desprecio de todos.

2.º *Propósito y súplica.* ¡Oh Jesús mio! si yo tiempos atrás os he suplicado con fervor que me concedieseis alguna gracia, ahora singularmente os ruego la de una sincera y profunda humildad; os pido una gran cosa, porque la humildad es el carácter de vuestro espíritu y el de los que verdaderamente os siguen; la llave para entrar en una familiaridad con Vos, y la puerta del paraíso. Un alma soberbia jamás puede tener una estrecha amistad con Vos, porque es un objeto de horror á vuestros ojos: para obtener esta virtud, cualquier precio, por costoso que sea, me debe parecer poco: dos cosas propongo, Jesús mio: primera, no admitir jamás deliberadamente ninguna complacencia ni pensamiento vano, no decir jamás palabra en mi alabanza, y no hacer cosa alguna por vanagloria; segunda, aceptar gustosamente y en silencio los desprecios de cualquier parte que me vengan... Mas ¡oh Jesús mio! cuanto es fácil el prometer, otro tanto es difícil el observar constantemente los propósitos... Vos solo, Jesús mio, podeis ayudarme; Vos solo sois mi esperanza, mi auxilio, mi fortaleza; con Vos me abrazo estrechamente, ó mi humillado, despreciado y anonadado Amor.

Padre nuestro y *Ave María.*
Conclusion como en la pág. 14.

MEDITACION XVIII.

De la vida oculta de Jesucristo, y de su admirable obediencia.

Oracion preparatoria como en la pág. 13.

Composicion de lugar. Imagínate que ves á Jesús en una carpintería trabajando, y obedeciendo á su Madre la Vírgen santísima y á san José.

Peticion. ¡Oh Jesús! conozco que todos los males que hay en el indivíduo y en la sociedad provienen de la inobediencia, y por el contrario todos los bienes vienen con la obediencia: por esto Vos la habeis enseñado é inculcado con tanto encarecimiento, y la habeis practicado con tanto heroismo hasta la muerte, y muerte de cruz: dadme gracia, Señor, para que os imite, y sea obediente hasta la muerte.

Punto 1.º

Alma mia, Jesucristo se sujetó antes que tú á todas las dificultades que trae consigo la perfecta obediencia, y todas las venció por amor de su eterno Padre y por tu amor.

El sujetarse á vivir hasta la muerte segun el juicio y voluntad ajena, es una cosa que está su-

jeta á muchas y grandísimas dificultades: mas,
¿qué harias tú, alma mia? todas estas dificultades
son efecto de la divina Providencia, y todas las
encontró Jesucristo antes que tú, y por tí. Consi-
derémoslo. La primera dificultad que trae consigo
la obediencia son las cargas y oficios que nos son
asignados por ella misma, segun la obligacion y
estado en que te hallas. Nos imaginamos, tal vez,
que nos ha tocado un estado, un oficio demasiado
vil para nosotros; nos persuadimos que los que nos
han sido preferidos tienen ciertamente menos ta-
lento que nosotros; nos lisonjeamos de tener tantas
prendas que basten para desempeñar cualquier
empleo. Mas ¿qué escucho, alma mia? Cómo, ¿este
oficio es demasiado vil para tí? Una mirada á Jesús: ¿quién es él? Es el Rey de los reyes, el Dios
de los ejércitos, el Monarca supremo del universo.
¿Qué talentos tiene? Estaba dotado de tanta sabiduría, que podia sin dificultad comunicar el conocimiento de su divinidad á todos los hombres;
tanto poder, que podia llenar todo el mundo de
milagros; tanta elocuencia, que podia mover todos
los corazones á amarle; tanta virtud y eficacia,
que podia convertir sin trabajo á todo el mundo.
Sin embargo, ¿cuál es el oficio de este gran Señor? ¡Oh milagro sobre todos los milagros! Por
espacio de cerca de treinta años se ocupó en un
taller en la clase de oficial de un artesano, y en

este vil empleo obedeció en todo á su padre putativo... Aquí, pues, á este taller vuelve tu vista,
observa bien á este divino operario, y despues qué-
jate enhorabuena de tu oficio, si es que no te lo
impide el rubor.

La segunda dificultad·aneja á la obediencia,
nace de los superiores que nos gobiernan. Es muy
cierto que en el espacio de toda la vida que se ha
de pasar, ya en el hogar doméstico, ya en la ocupacion del oficio, ya en la sociedad, le habrán de
tocar á las veces superiores cuyo gobierno haya de
serle bastante gravoso: á uno le falta la discrecion
necesaria para conocer la índole de los súbditos, y
para saberla manejar debidamente; á otro la caridad para compadecerlos y tener el debido cuidado
de ellos; este no tiene bastante mansedumbre para
poder con la afabilidad de sus modales ganarse el
corazon de ellos, y hacerles mas suave el yugo de
la obediencia; y aquel no tendrá una condescen-
dencia que sea imparcial para con todos y con cada
uno. El que quiera ejercitar la verdadera obediencia debe elevar su corazon sobre todas estas debilidades. Jesucristo se ha puesto por modelo de
ella... míralo en pié allá en el tribunal de Pilato.
Este profiere contra él la sentencia, y lo condena
á muerte: ¿qué le hubiera costado á Jesucristo
librarse de ella? Hubiera podido convencer al mundo todo hasta la evidencia de la injusticia de esta

sentencia; podia precipitar á Pilato desde el tribunal al infierno; podia, como lo hizo en otras ocasiones, hacerse invisible, y así escaparse de sus manos... Mas Jesús no se vale de ninguno de estos medios. Acepta la sentencia de muerte de boca de Pilato como de la boca de su eterno Padre; obedece prontamente, y obedece hasta la muerte, y muerte de cruz... Ahora pues, ¿quién habrá que pueda quejarse de los superiores, despues que Jesucristo prestó una obediencia tan heróica á los injustísimos jueces de la tierra?

La tercera dificultad aneja á la obediencia, proviene de la naturaleza y esencia de la misma obediencia... En el hogar doméstico, y aun en la sociedad, se mandarán muchas cosas que no concuerden con nuestra opinion, y que no nos parezcan ni útiles, ni necesarias, ni discretas; se mandarán cosas á las cuales sintamos una natural aversion; se mandarán otras muchas enteramente contrarias á nuestra voluntad, y que sean difíciles por sí mismas, mayormente si se hubiesen de continuar por largo tiempo ó hasta la muerte... Mas díme, alma mia, ¿cómo lo ha hecho Jesucristo antes que tú, y por tu amor? ¿Crees tú que fuese cosa fácil el pasar treinta años en un taller, y obedecer á cualquiera insinuacion de un artesano? ¿Crees que no le seria muy penoso peregrinar tres años, pasando de un lugar á otro entre continuos vituperios y otros muchos malos tratamientos y persecuciones, y buscándole continuamente para darle muerte? ¿Seria cosa agradable para Jesucristo oir la sentencia de muerte, y morir ignominiosamente en el patíbulo de la cruz? En todas estas cosas él obedeció, y obedeció sin contradiccion, sin demora, sin indignacion, y con una perfectísima subordinacion... ¡Ah! ¿cuál es nuestra obediencia en comparacion de la de Jesucristo?

AFECTOS.

1.º *Humillacion.* De cualquier lado que yo mire á mi alma, no puedo hallar ni la mas mínima semejanza con Vos, que sois el ejemplar de la santidad... Yo deberia despojarme totalmente de mi propia voluntad: en mis superiores deberia miraros con fe viva, ¡oh Conductor mio! estar pendiente en todo de sus insinuaciones, y no solo no recibir de mala gana sus órdenes, sino mas bien ejecutarlas hasta con alegría. De este modo deberia obedecer, pues así lo requiere el estado de hijo de familia en que me hallo, ó el estado social de cuyo cuerpo soy miembro, y así lo exigen los luminosos ejemplos que me habeis dado. Mas ¿me he portado yo así? Vos sabeis, ó Jesús mio, cuántos pecados he cometido sobre este particular, yo no sabria contarlos; cuántos con la obstinacion de mi entendimiento; cuántos con la rebeldía de mi voluntad;

cuántos con lamentos, murmuraciones y otras tales faltas de respeto; y cuántos cumpliendo con ella lo peor que he podido. ¿No bastarian estos pecados solamente, aunque no tuviese otros que llevar ante vuestro tribunal?

2.º *Arrepentimiento.* Ahora conozco mi infidelidad, ó Jesús mio, y me arrepiento de ella con todo mi corazon. ¡Oh, cuánto pesan á vuestros ojos estos pecados, que tan ligeros me han parecido á mí hasta ahora! En la autoridad de mis padres y superiores habia de considerar la autoridad, no del hombre sino la vuestra; de aquí es que no es ya al hombre á quien he ofendido con mi desobediencia, sino á vuestra suprema Majestad. Cuántas veces he preferido mi juicio al de mis padres y superiores, otras tantas he despreciado vuestra infinita sabiduría; cuantas veces, interior ó exteriormente, he censurado las órdenes de mis padres y superiores, otras tantas he vilipendiado las disposiciones de vuestra infinita bondad y amor... Quien á vosotros oye, á mí me oye; quien os desprecia, á mí me desprecia: estas son vuestras mismas palabras, ó Jesús mio, y por ellas mismas comprendo el mal que he hecho. ¡Oh cuán ciego he sido! ¡Oh cuán poco he conocido estos pecados! Ahora los conozco, y me arrepiento de ellos, Jesús mio, con todo mi corazon.

Punto 2.º

Dios quiere la obediencia. Esta virtud la exigió de nuestros padres en el paraíso; esta virtud de la obediencia la manda á todos los hijos que la tengan á sus padres, que están en lugar de Dios; la intima á los soldados que la tengan á sus jefes; á todos los súbditos, á sus señores; y á todos los fieles, que la tengan á la Iglesia. Cuando la obediencia se practica perfectamente, todo anda bien ordenado, todo es paz y felicidad; mas si esta falta, todo es desórden, confusion, anarquía y perdicion.

Jesucristo con sus palabras y ejemplo ha querido enseñar esta virtud de la obediencia. ¡Oh qué ventajas tan admirables tiene un alma que en todo y por todo se lleva por la obediencia! menos en lo que es contrario á la ley de Dios, que entonces es pecado, y el que manda el pecado no representa á Dios, sino á Satanás. Tú has visto, alma mia, la obediencia de Jesucristo; considera ahora las ventajas que trae consigo esta virtud.

Primera ventaja. Un alma obediente está cierta de hacer en todo momento la voluntad de Dios. Figurémonos que por especial disposicion de Dios, el Ángel custodio que asiste á los demás invisiblemente te acompaña siempre visiblemente de dia y de noche, y que te sugiere en todas las circunstancias lo que Dios quiere de tí y lo que le desagrada. ¿Puede darse felicidad mayor que esta? Ó alma mia, ¿tienes tú viva la fe? Pues sábete que con la obediencia ciega estás siempre y en todo momento segura de hacer la voluntad de Dios, con tanta certeza como si te lo asegurara un Ángel que en forma visible te acompañase... Estás tan seguro de hacer la divina voluntad, cuanto lo estuvo Jesucristo en Nazaret... Puedes estar tan persuadido de esto, como lo estuvieron los Apóstoles, que recibieron las órdenes de la misma boca de Jesucristo.

Segunda ventaja. Un alma obediente eleva sus obras á un valor inmenso delante de Dios. No hay cosa tan excelente en el mundo que en el valor pueda correr parejas con la obediencia : toda obra, por mínima que sea, hecha por obediencia, viene á ser grandísima delante de Dios; cuando por el contrario, las obras mas grandes hechas contra la obediencia, pierden todo su valor delante de Dios. El comer y beber moderadamente por obediencia es una obra tan preciosa á la vista de Dios, que por ella se adquiere un mérito del todo inestimable. Un ayuno á pan y agua hecho contra la voluntad de quien nos gobierna, aunque se continúe por un año entero, no merece el divino agrado, antes bien Dios le mira con menosprecio. Poca cosa es lavar un plato, barrer una pieza: grandísima el peregrinar por todo el mundo predicando el Evangelio:

16

con todo eso, aquello hecho por obediencia lo estima Dios muchísimo, y esto otro contra la obediencia él lo cuenta por nada. La única regla para medir la excelencia de una obra es la voluntad de Dios: siempre que Dios lo quiera, aunque no sea otra cosa que entretejer un canastillo como los ermitaños antiguos, es una obra tan grande, que ningun hombre en la tierra, ni ningun Ángel en el cielo pueden hacer una mayor. Vuelve de nuevo, alma mia, al taller de san José, mira á Jesucristo, y has de saber que el humilde oficio que ejerce es tan noble que no se puede decir mas; ¿y por qué? porque esta es la voluntad de su eterno Padre.

Tercera ventaja. Un alma obediente obtiene infaliblemente, y en breve tiempo, la perfecta santidad, por dos razones: la primera es la misma esencia de la santidad y perfeccion. Porque si el ser santo no quiere decir otra cosa que cumplir la voluntad de Dios y vivir de la manera que Dios quiere, un alma obediente que no hace sino lo que quiere Dios, que ella duerma ó que trabaje, que medite ó que haga cualquiera otra cosa, empleando de esta suerte todos los momentos del dia y de la noche en cumplir el divino beneplácito, preciso es que llegue á una perfecta santidad, y que llegue en brevísimo tiempo. La segunda razon es el haberlo ordenado así el Señor. Porque Dios ama á un alma obediente, la lleva en el seno de su providencia como lleva una madre á su tierno hijo, la rige, la guia, y se toma el cuidado de todo lo que le pertenece; y así bien puede conjurarse contra ella todo el infierno y todo el mundo; pueden tambien los mismos superiores valerse de industrias para oprimirla, todos sus esfuerzos serán absolutamente en vano, porque ella goza de la proteccion de un Dios de sabiduría, de poder, de caridad infinita, el cual la conducirá infaliblemente en esta vida á aquel grado de santidad á que quiere que llegue, y en la otra la elevará á aquel trono de gloria que desde la eternidad la ha destinado.

AFECTOS.

1.° *Fe.* Así es, los superiores no gobiernan sino en nombre de Jesucristo. Las órdenes que ellos me dan las debo aceptar con gusto, no porque ellas sean la voluntad de estos, sino porque son la voluntad de Jesucristo. Las palabras de este Señor son bien claras, y quien no prestase á ellas toda fe, trataria á Jesucristo de mentiroso. Quien á vosotros oye, á mí me oye; quien os desprecia, á mí me desprecia. Á este dicho vuestro someto, Dios mio, mi razon; creo que la voluntad de mis superiores es vuestra voluntad; creo que lo que ellos ordenan lo ordenais Vos. Yo creo que no puedo apartarme de sus disposiciones sin apartarme

16*

de vuestra providencia; así lo creo, Jesús mio, y
lo creo sobre vuestra palabra.

2.° *Esperanza y confianza.* Tan viva como
es mi fe es grande mi confianza, ó Jesús mio; yo
os he prometido obediencia, y os he resignado
perpétua y enteramente mi voluntad y libertad;
Vos, como lo espero, habeis aceptado este sacrificio, y me habeis prometido quererme regir y
guiar por medio de la voz de mis superiores : me
abandono, pues, en el seno de vuestra providencia y vivo seguro. Vos sois sabiduría infinita, y
sabeis cuáles son las disposiciones de los superiores, que son las mas convenientes para mí. Vos
sois bondad infinita, y tendréis cuidado de que
mis superiores dispongan siempre aquello que me
sea mas provechoso... Vos sois fidelidad infinita,
y me habeis prometido hacerlo. Espero, pues, y
confio en Vos, Jesús mio. Vos dispondréis las cosas
de tal manera que los superiores hagan siempre
aquello que sea mas expediente á mi último fin, y
que á merced de vuestras disposiciones yo llegue
á aquel grado de gloria que me habeis preparado
desde ab eterno en el paraíso.

3.ª Será el acto de entrega que hacia san Ignacio. Recibid, Señor, la oferta que os hago de
todo mi ser. Aceptad mi memoria, entendimiento
y voluntad. Todo cuanto tengo y poseo de Vos lo
he recibido, y todo á Vos lo restituyo, y todo lo

someto á vuestra voluntad, para que lo goberneis y dispongais como mejor os plazca. Solo os pido que me concedais el divino amor con vuestra santísima gracia, que con esto ya me tendré por bastante rico y no os pediré otra cosa. Amen.

Padre nuestro y *Ave María.*
Conclusion como en la pág. 14.

MEDITACION XIX.

De la vida pública de Jesucristo, y de su admirable caridad y mansedumbre para con el prójimo.

La oracion preparatoria como en la pág. 13.

Composicion de lugar. Imagínate que ves á Jesucristo acompañado de sus Apóstoles, recorriendo la Palestina, enseñando la celestial doctrina, y animándonos á todos al ejercicio de las virtudes.

Peticion. Dadme, Jesús mio, luz para entender vuestra celestial enseñanza, y gracia para imitar vuestros ejemplos.

Punto 1.º

Jesucristo ha soportado antes que nosotros todas aquellas molestias que nos hacen tan gravosa y amarga la práctica de la caridad y mansedumbre con el prójimo. Alma mia, emprendemos el considerar una virtud que, así como es la mas esencial á la santidad; así es tambien la que está mas sujeta á las molestias y dificultades: aplícate á considerar los ejemplos que de ella nos dió Jesucristo, y resuélvete á sufrir lo que él sufrió antes que tú, y por tu amor.

La primera molestia es tener que tratar con gente con quien se pierde el trabajo y toda la obra. ¡Ay alma mia! ¡cuánto no se fatigó Jesús para convertir á los hebreos! Corrió por tres años de una ciudad á otra, de una á otra aldea, les predicó, les colmó de beneficios, les convenció con milagros, y como Padre amoroso les convidó á todos al seno de su misericordia. ¿Y con qué fruto? Unos hacian befa de él, llamándole hijo de un carpintero; otros ridiculizaban su celestial doctrina; los fariseos le escarnecian como hombre de mala vida y transgresor de la ley; los sumos sacerdotes le condenaban públicamente de falsa doctrina, y estaban del todo atentos á prevenir á la plebe para que no se dejase seducir de sus palabras, y llegaron hasta no querer comunicar con los que le seguian: y de aquí vino que de tantos como le oian, apenas se convirtió un pequeño número, quedando los demás obstinados, y haciendo infructuoso su trabajo. Pues ahora ¿no debió ser cosa bien dura para el corazon de Jesucristo amar á tal suerte de gentes? Ni aun el padre mas tierno y mas amoroso puede mirar con buenos ojos á un hijo suyo, el cual despreciando todas sus amonestaciones le ofrece continuamente materia de nuevos disgustos.

La segunda molestia es tener que tratar con gentes que por odio y envidia interpretan todas las cosas á mala parte. Esta molestia la encontró Jesucristo todo el tiempo de su predicacion. Curaba frecuentemente en los dias del sábado algun enfermo por compasion de sus males, y los malignos lo calificaban de enemigo de Dios porque no santificaba el sábado; se sentaba á la mesa con los públicos pecadores para atraerlos con su dulzura y caridad á la penitencia, y ellos lo criticaban como un comilon, que no buscaba sino cómo matar el hambre á expensas de otros; obraba milagros para conducir á los hombres al conocimiento de su divinidad, y ellos los atribuian, no á su virtud, sino á la del demonio, que los obraba por él; en suma, no hacia cosa alguna que no la interpretasen siniestramente.

La tercera molestia es tener que tratar con gente que no conoce ningun beneficio, y que vuelve mal por bien... Fué Jesús á Nazaret, predicó en la sinagoga, y mostró á sus conciudadanos la mas fina y sincera caridad: ¿qué gratitud sacó de todo esto? justamente aquella que se podia esperar de quien vuelve mal por bien. Le condujeron á la cumbre de una roca para precipitarle desde allí. Predicó tambien en Jerusalen; dijo que él era el Hijo de Dios y el Mesías prometido y por tanto tiempo esperado de ellos; mas por recompensa de la verdad que les predicaba le tuvieron por un blasfemo, y cogieron piedras para apedrearlo en el acto...

la cuarta molestia es vivir rodeado de gente simulada y fingida. Sabía Jesús lo que Judas abrigaba en su corazon, y todo el mal afecto que le tenia; que él era el que le habia de vender algun dia por unos pocos siclos de plata, y entregarlo á la muerte.

La quinta molestia es tener que tratar con gente de quien se sabe que uno es odiado sumamente. Los sumos sacerdotes y los escribas hacia mucho tiempo que habian condenado á Jesús á muerte en un concilio secreto; se habia declarado públicamente, que excluirian de la sinagoga á todos los que se adhiriesen á su doctrina; se habia decretado que se prendiese á este seductor, y se pusiese en sus manos; y habian maquinado contra él otras semejantes maldades. Ve pues ahora, alma mia, cuántas y cuáles molestias debió vencer la caridad de Jesús para poder amar á esta clase de gentes, la cual, en vez de un amor de padre, merecia un odio sempiterno. Pero entre tanto ¿cómo se condujo Jesús? lo oirás dentro de poco; por ahora te diré solo esto, que con todas estas molestias los amó, y con la mayor ternura.

AFECTOS.

1.º *Confusion de sí mismo.* ¡Oh Jesús mio, cuán ardiente y sólido es vuestro amor, y cuán débil y frio es el mio! Vos teníais que tratar con gen te que os ultrajaba, y vomitaba en vuestro rostro injurias y villanías; que bajo el velo de amistad buscaban cómo entregaros en manos de vuestros enemigos; que, en efecto, habian determinado resueltamente no sosegar hasta que os hubiesen puesto en la cruz: ¡indignidades intolerables! Mas todo esto no pudo extinguir vuestro amor: Vos amásteis hasta la cruz, hasta la muerte... ¡Infeliz de mí! ¡cuán poco hay en mí de la mansedumbre y caridad de Jesucristo! Un semblante brusco, una palabrita despreciativa, una negativa, una ofensa ligera basta para extinguir mi amor, y cambiar mi mansedumbre en ira é indignacion... Hé aquí hasta dónde yo he llegado, ó Jesús mio: despues de tantas gracias como me habeis dispensado, y de tantos medios como me habeis suministrado, este es el progreso que yo he hecho. ¡Cómo compareceré yo algun dia ante vuestra divina presencia con tanta escasez de virtudes!

2.º *Propósito.* Mas ¿y será siempre así, ó Jesús mio? ¿quedará siempre este corazon mio tan duro y frio? ¿me dejaré siempre llevar de la delicadeza? ¿no llegará un tiempo en el que tenga el consuelo de poseer un verdadero amor y una verdadera mansedumbre? ¡Oh qué desgracia seria esta para mí, si no llegase ese tiempo! Vos me habeis llamado, Jesús mio, á vuestra escuela, y me decís como maestro que aprenda de Vos, que sois man-

so y humilde de corazon. ¿Cómo compareceré á
exámenes hallándome tan pobre de esta virtud?
¿y qué cuenta os daré de tantas gracias como he
recibido y he empleado tan mal? ¡Ah, Jesús mio!
yo me vuelvo á Vos de todo corazon...

Punto 2.º

Las admirables propiedades del amor con que
Jesús amó á los hombres.

Esfuérzate ahora, alma mia, á penetrar bien el
interior del Corazon de Jesús, y aprende á amar.

Primera propiedad. La caridad y mansedumbre del Corazon de Jesús fue siempre afectuosa y
ardiente. Tenia Jesús una omnipotencia infinita,
veia diariamente millares de personas que le abor-
recian, y que le tenian por un seductor, blasfemo
y hechicero; veia otros muchos que lo despedaza-
ban con calumnias, oprobios y vituperios, y lo es-
carnecia; y veian otros millares que ansiosamente
buscaban crucificarle. Todo esto le era bien mani-
fiesto, pues nada podia serle oculto; pero sin embargo no se airó jamás, ni se contuvo en amar á
todos con sumo ardor. ¿En qué disposicion se hallaria tu corazon si hubiese cien personas que te
tuviesen por malvado, te infamasen en todas partes con calumnias é imposturas, y aun procurasen
darte muerte?

Segunda propiedad. La caridad y mansedumbre de Jesucristo se manifestó siempre afable, dulce é industriosa, así en las palabras como en sus modales y acciones, á pesar de todos los ultrajes.

Acuérdate nuevamente de Judas, alma mia. Jesús conocia bien el ánimo de este, y sabia que al fin le haria traicion... Sin embargo, no fue esto bastante para menoscábar su caridad para con él. Por tres años enteros le tuvo siempre á su lado, le trató con la misma amabilidad que á los otros Apóstoles, le comunicó como á los demás el don de hacer milagros, y tambien, así como á los otros, le lavó los piés, de manera que ni aun en la última cena pudieron los otros Apóstoles venir en conocimiento de su criminal designio; antes bien, aun cuando él le entregó en manos de sus enemigos, le llamó su amigo y le dió un beso. ¿Hubiera podido tratar mas cordialmente á su predilecto apóstol Juan?

Tercera propiedad. La caridad y mansedumbre de Jesucristo fue siempre liberal y benéfica, volviendo bien por mal á quien mas le maltrataba. Crecia cada dia mas en los ingratos judíos el furor y la rabia contra Jesús, y en Jesús cada vez se descubria mas liberal la magnificencia para con ellos. Cada dia dirigia ardientes suspiros á su eterno Padre por la salvacion de ellos; multiplicaba cada dia mas los milagros para que reconociesen su divinidad; cada dia los colmaba de nuevos beneficios para ablandar su corazon empedernido; y no contento con esto, mostrábaseles benéfico en el mismo momento en que mas furiosamente le ofendian. ¿Cuán malvado hombre no fue Malco? Él era uno de los que fueron á prenderle en el huerto, y en el punto mismo que ejecuta este atentado, Jesús extiende su mano divina, y restituyéndole la oreja le cura perfectamente.

AFECTOS.

1.º *Arrepentimiento.* Ahora conozco lo que es amar, ó Jesús mio : amar á aquellos de quien somos amados, á aquellos que nos son muy afectos y que nos hacen bien, esto es amar al modo que los judíos y los paganos : amar á aquellos que no nos aman, que murmuran de nosotros y nos ofenden, esto es amar como Vos amásteis. Pues bien, ¿cómo he amado yo hasta ahora? ¡Ay cuánta corrupcion abriga mi corazon, y cuán imperfecto es mi amor! Por lo comun he amado yo como amaban los judíos; rara vez he amado como amaba Jesús... He errado, pues, y he errado en aquella virtud que forma la esencia del Cristianismo, la sustancia del verdadero discípulo de Jesucristo, y la medula de la santidad y perfeccion... Reconozco mi engaño, y me arrepiento; detesto con todo mi corazon, ó Jesús mio, todo lo que he hecho contra esta virtud que os es tan agradable, y por los méritos de vuestra preciosísima sangre os pido humildemente perdon.

2.° *Acto de amor*. De aquí en adelante mi mayor empeño y mi mas solícito cuidado será el amar á Dios de todo corazon y sobre todas las cosas, y al prójimo como á mí mismo por amor de Dios. Estos son los dos preceptos principales que Vos habeis enseñado con las palabras y mostrado con los ejemplos : me someto á los dos humildemente, y en este mismo instante quiero ejercitarlos... Os amo, pues, y os abrazo, ó Jesús mio, con todo el corazon sobre todas las criaturas del cielo y de la tierra; os amo con tanto amor y fervor, que estaria pronto á dar en este punto mi vida, y á derramar mi sangre por Vos... y así como os amo por Vos mismo, así tambien amo á todos los hombres sin excepcion por amor vuestro. Vos habeis muerto por todos, y me mandais amar á todos; los amo, pues, y los amo como á mí mismo. Ruégoos, ó Jesús mio, que tengais piedad de todos, concediendo á cada uno tantos bienes temporales y eternos como deseo para mí mismo.

3.° *Propósito*. Este es un afecto santo, es verdad, pero que al fin no sale de los límites del corazon; es necesario que él se manifieste, ya que el amor debe obrar y no puede estar ocioso; de otro modo no seria amor. ¿Cómo, pues, me portaré con mi prójimo? Le haré lo que deseo que se haga conmigo. Yo deseo que todos tengan buena opinion de mí; pues tampoco admitiré yo nunca en mi entendimiento sospecha ó juicio que pueda redundar en desestima ó desprecio del prójimo... Yo deseo que todos sean para conmigo cordiales y agradables; tambien lo seré yo con todos, y procuraré no decir ni hacer cosa que pueda causar á mi prójimo tristeza ó amargura... Yo deseo que todos toleren con paciencia mis defectos y debilidades, y que ninguno hable mal de mí; así lo haré yo tambien, toleraré gustosamente las faltas ajenas, y no hablaré nunca de los defectos de los demás... Yo deseo que los otros me presten oficios de caridad; y así lo haré yo con ellos. ¡Oh Jesús, que sois el verdadero amor por esencia! concededme tanta gracia, que de aquí adelante yo ame como Vos me habeis amado...

Padre nuestro y *Ave María.*
Conclusion como en la pág. 14

MEDITACION XX.

De la conclusion de las meditaciones de la tercera seccion, y práctica de las virtudes en ellas contenidas.

Oracion preparatoria como en la pág. 13.

Composicion de lugar. Imagínate que ves á Jesús crucificado en el Calvario, modelo de todas las virtudes, y que oyes la voz del Padre celestial que te dice : Mira, y haz segun el ejemplar que en el monte Calvario se te ha propuesto[1].

Peticion. ¡Oh Jesús mio! con vuestra gracia todo lo podré, pero sin ella nada ; y así os suplico que me ayudeis de manera que os pueda seguir é imitar.

Punto único.

Habiendo considerado ya, alma mia, las excelsas virtudes y los ejemplos de Jesucristo, veamos ahora de qué manera debemos y podemos imitarle.

1.° Tanto es lo que se sabe de la virtud y perfeccion, cuanto es lo que se tiene del espíritu de

[1] Inspice, et fac secundum exemplar quod tibi in monte monstratum est. (*Exod.* xxv, 40).

Jesucristo. Si deseas saber, alma mia, qué progreso has hecho en la perfeccion, podrás fácilmente conjeturarlo por lo mucho ó poco que tengas del espíritu de Jesucristo... Si hay en tí poco de este espíritu, poco de perfeccion tendrás; si mucho, mucho habrá tambien en tí de la verdadera santidad; si todo lo que se halla en tí es conforme al espíritu de Jesucristo, habrás conseguido ya la verdadera y perfecta santidad... Es la suma santidad, y el ejemplar de toda ella: cuanto mayor sea tu semejanza con este ejemplar, tanto serás mas santo y perfecto.

2.º Tanto se posee del espíritu de Jesucristo, cuanto se tiene de su humildad, obediencia, mansedumbre y caridad. Es indudable que no hubo virtud alguna que no resplandeciese en Jesucristo con suma perfeccion; pero tambien es muy cierto que de ninguna dió ejemplos mas luminosos que de estas cuatro virtudes. Y dos de estas nos las insinuó con tanto ardor y empeño, como si en ellas se contuviese toda la sustancia de su espíritu y lo mas sublime de su santidad. Aprended de mí, dijo, que soy manso y humilde de corazon.

3.º De aquí se descubre la razon por que son tan pocos los que llegan á la santidad. La mayor parte de los hombres de bien se contenta con aquellas prácticas que no incomodan gran cosa á la naturaleza corrompida. Ellos se aplican á la meditacion y oracion; desempeñan con buena intencion

17

los empleos que se les han confiado, y cumplen las obligaciones de su estado; se ejercitan en obras de penitencia, y se someten á otros rigores que les prescribe su director; pero renunciar á su propia voluntad, estar dispuestos con toda indiferencia á las insinuaciones de los superiores, desarraigar todo retoño de vanagloria, aceptar de buena gana los desprecios, reprimir vigorosamente la ira, tratar amistosamente y con sinceridad de afecto á los que les son contrarios, volverles bien por mal, y subyugar en todo el amor propio, estas son aquellas prácticas que pocos tienen espíritu para emprenderlas, y solo lo hacen aquellos que tienen un corazon heróico. Y porque de esta manera nunca queda el corazon libre de sus desordenadas inclinaciones, ni adornado de aquellas virtudes que son tan aceptas á Dios, de aquí se sigue que tampoco Dios se comunica mucho á estos tales, y los deja vivir y morir en su medianía.

Por tanto, si tú, alma mia, deseas con todas veras llegar á la perfeccion y union con Dios, sin descansar hasta haberla conseguido, es absolutamente necesario seguir las huellas que ha dejado impresas Jesucristo, é imitar sus virtudes. Yo expondré aquí brevemente la práctica ó modo de hacerlo.

DE LA OBEDIENCIA.

1.º Ponerse en la presencia de Dios en una total indiferencia para todas las disposiciones de los superiores, y no desear, ni buscar, ni rehusar cosa alguna.

2.º Mirar continuamente á Dios en los superiores en todas circunstancias, creyendo firmemente que su voluntad es la de Dios.

3.º Recibir todas sus órdenes con reverencia, y cumplirlas con diligencia.

DE LA HUMILDAD.

1.º Deponer delante de Dios todo deseo de honor y de gloria mundana, de modo que no se admita interiormente vana estimacion y complacencia de sí mismo, y en lo exterior no se profiera palabra, ni se haga cosa alguna por impulso de vanagloria.

2.º Poner en manos de Dios su honor y reputacion, de manera que esté el ánimo dispuesto á ser despreciado en cada cuarto de hora si Dios se agrada de ello.

3.º Recibir de buena gana todos los desprecios y humillaciones, de cualquiera parte que vengan, y tolerarlas gustosamente con verdadero desprecio de sí mismo.

17*

DE LA MANSEDUMBRE Y CARIDAD.

1.º Tener un corazon tan amoroso para con todos, que no se admita jamás, advertida y deliberadamente, ninguna sospecha, juicio, desprecio, ira ó enfado contra el prójimo.

2.º En lo exterior tratar con todos y en todas circunstancias amistosamente, y con sinceridad de afecto.

3.º Tolerar en silencio cualquiera ofensa que nos haga el prójimo, y si se puede, volverle bien por mal.

Estos son los puntos, alma mia, que encierran en sí todo el espíritu de Jesucristo, y la verdadera imitacion de sus virtudes. ¿Estás tú ahora dispuesta á seguir este ejemplar, y hacerte viva imágen de Jesucristo? Si así es, póstrate á sus piés consagrándote á él de esta manera. ¿Con qué este es, Jesús mio, vuestro espíritu : aborrecer el honor y amar el desprecio ; renunciar la propia voluntad, y obedecer la ajena ; tratar amorosamente con todos, y soportar en silencio todas las debilidades y ofensas; amar á todos de todo corazon, y volver bien por mal? Sí, seguramente, este es vuestro espíritu, Jesús mio; así habeis obrado Vos, y así debo yo obrar tambien si quiero vivir segun vuestro espíritu. Y no solo es este vuestro espíritu, sino que tambien es el único camino que conduce á vuestro amor y á la union con Vos. Vos sois la santidad misma , y no hallais vuestras delicias en morar en un corazon que no esté limpio de toda mala inclinacion, y adornado de vuestras virtudes. ¡Oh qué amor tan ardiente, qué familiaridad tan íntima, qué union tan estrecha tendria yo á estas horas con Vos, Jesús mio, si hubiera querido morir á mí mismo, y vivir segun vuestro espíritu! ¡Infeliz de mí! de cuántos inmensos bienes me he privado yo á mí mismo!

¡Mas gracias sean dadas á Vos, y alabanzas y bendiciones infinitas, ó Jesús mio, mi sumo bien! aun no está todo perdido. Ahora conozco, gracias á vuestra piedad y misericordia, vuestro espíritu, y el camino que me conduce á Vos... aun es tiempo de purificar mi corazon de toda la inmundicia de mis perversos afectos; aun puedo llegar á tener una intrínseca familiaridad con Vos, y experimentar otros efectos del santo amor; aun puedo llegar á tener una íntima union con Vos. ¡Oh Jesús mio! ¡Oh dulce esperanza! puedo llegar todavía á la íntima union con Vos. ¡Oh Jesús mio! yo, que os he ofendido tantas veces; yo que por tantos años he cerrado los oidos á vuestras amorosísimas invitaciones! ¡Oh bondad! ¡Oh misericordia! Sea pues así; á Vos vengo, ó Jesús mio; quiero practicar estas virtudes. Así sea.

Padre nuestro y *Ave María.*
Conclusion como en la pág. 14.

MEDITACION XXI [1].

De las dos banderas, una de Cristo Señor nuestro, sumo capitan, y otra de Lucifer, mortal enemigo de nuestra naturaleza humana.

Oracion preparatoria como en la pág. 13.

Preludio primero. Considerar como Cristo Señor nuestro nos llama y quiere á todos bajo su bandera, y Lucifer, al contrario, debajo de la suya.

Preludio segundo. Ver con la imaginacion un campo espacioso en toda aquella region de Jerusalen, donde el capitan general de los buenos es Cristo nuestro Señor; y otro campo en la region de Babilonia, donde el caudillo de los enemigos es Lucifer.

Peticion. Ó Señor y Dios mio, os pido conocimiento de los engaños del mal caudillo, y fortaleza para librarme de ellos; y al propio tiempo os suplico me deis á conocer la recta y santa vida que

---

[1] Esta meditacion es la primera de las de la cuarta seccion. Durante los dias de estas meditaciones, en el tiempo libre, se podrán leer los mismos libros que se han señalado en la seccion anterior, ó el que diga el director segun el espíritu del ejercitado.

con su doctrina y ejemplo nos enseña nuestro sumo y verdadero capitan.

Son palabras del Santo. «El primer punto es «imaginar así como si se asentase el caudillo de to-«dos los enemigos en aquel gran campo de Babi-«lonia, como en una gran cátedra de fuego y hu-«mo en figura horrible y espantosa.

«El segundo, considerar como hace llamamien-«to de innumerables demonios, y como los esparce «á los unos en tal ciudad y á los otros en otra, y «así por todo el mundo, no dejando provincias, «lugares, estados ni personas algunas en parti-«cular.

«El tercero, considerar el sermon que les hace «y como les amonesta para echar redes y cadenas: «que primero hayan de tentar de codicia de rique-«zas (como suele *ut in pluribus*), para que mas fá-«cilmente vengan á vano honor del mundo, y des-«pues á crecida soberbía, y de estos tres escalones «induce á todos los otros vicios.

«Así, por el contrario, se ha de imaginar del «sumo y verdadero capitan, que es Cristo nuestro «Señor.

«El primer punto es considerar como Cristo nues-«tro Señor se pone en un gran campo de aquella «region de Jerusalen, en lugar humilde, hermoso «y gracioso.

«El segundo, considerar como el Señor de todo

«el mundo escoge tantas personas, apóstoles, dis-
«cípulos, etc., y los envia por todo el mundo, es-
«parciendo su sagrada doctrina por todos estados
«y condiciones de personas.

«El tercero, considerar el sermon que Cristo
«nuestro Señor hace á todos sus siervos y amigos
«que á tal jornada envia, encomendándoles que á
«todos quieran ayudar en traerlos primero á suma
«pobreza espiritual, y si su divina Majestad fuere
«servido y los quisiere elegir, no menos á la pobre-
«za actual; segundo, á deseo de oprobios y menos-
«precios, porque de estas dos cosas se sigue la hu-
«mildad; de manera que sean tres escalones: el
«primero, pobreza contra riqueza; el segundo,
«oprobio ó menosprecio contra el honor mundano;
«el tercero, humildad contra la soberbia: y de estos
«tres escalones induzcan á todas las otras virtudes.»

Explicacion. Esta meditacion tiene por objeto
el seguimiento de Jesucristo, haciendo y sufriendo
por su amor. No pudiéndose seguir á Jesucristo,
vivir segun su espíritu y practicar sus virtudes sin
encontrar muchísimas dificultades, oposiciones y
contrariedades, que no se pueden superar sino por
un corazon verdaderamente generoso y magnánimo, de aquí es que san Ignacio nos propone ahora
por ejemplar á Jesucristo, á fin de que no rehuse-
mos padecer por Dios lo que Dios ha padecido por
nosotros.

Por tanto, la presente meditacion se dirige á hacernos resolver eficazmente y á toda costa á seguir mas de cerca á Jesucristo, y vivir segun su espíritu. El Santo nos propone en estos dos capitanes, Jesucristo y Lucifer, como ambos emprenden atraer á los hombres cada uno bajo su bandera para seguirle.

Punto 1.º

Si debemos seguir á Jesucristo ó á Lucifer, lo inferirémos por el fin que se proponen estos dos capitanes... ¿Cuál es, pues, el fin de cada uno?

El fin de Jesucristo es persuadir á todos los hombres su seguimiento, á fin de que lleguen de esta manera á poder alabar despues y bendecir eternamente á su Padre celestial, y adquirir la bienaventuranza eterna en el cielo. Á todo esto le estimula el doble amor en que arde su corazon. El primero y tiernísimo amor es el que tiene al Padre, y de él proviene el deseo que tiene de que sea amado, honrado y alabado con todo nuestro corazon como es amado de él mismo. El segundo amor tiernísimo es el que tiene á los hombres, y de aquí se deriva el deseo que tiene de que nosotros procuremos nuestra salvacion, para poder gozar juntamente con él aquella eterna bienaventuranza con que él mismo es bienaventurado. El fin de Lucifer es alistar á todos los hombres bajo su bandera, á fin de que abandonando á Dios le deshonren, y se precipiten ellos mismos en la condenacion... Á esto le estimula un doble odio en que se abrasa... El primero es un odio implacable contra Dios, porque habiendo sido él por justísimo juicio divino arrojado del paraíso, desde entonces concibió contra Dios un odio sumo é incomparable, del que estando agitado incesantemente, no puede tolerar que sea alabado, honrado y amado de ningun hombre... El segundo es un odio rabiosísimo contra los hombres, por el motivo de que sabiendo que Dios destinó para ellos aquella gloria y bienaventuranza infinita de que él con toda su comitiva fue excluido para siempre, se deshace de rabia, y se esfuerza para hacerles perder esta felicidad, y precipitarles consigo en la condenacion...

Ahora, alma mia, ¿qué haces? ¿cuál de estos dos capitanes quieres seguir, á Jesucristo ó á Lucifer? Estando el jóven Tobías para emprender un viaje á país muy distante, el arcángel san Rafael se le puso delante en forma de un jóven, y se le ofreció para compañero y guia. Ahora, figurémonos que á Tobías se le hubieran presentado dos jóvenes, y que bajo el aspecto del primero se hubiera ocultado el arcángel san Rafael, y bajo el del segundo tambien se ocultase Lucifer, y que ambos á dos se le hubiesen ofrecido por guia. Si Tobías, volviendo la espalda al Arcángel, hubiera escogido por su guia á Lucifer, ¿no se hubiera precipitado por sí mismo en el mayor infortunio que puede imaginarse? ¡Oh alma mia! tú estás actualmente de viaje para la eternidad, y se te ofrecen por guia Jesucristo y Lucifer... ¿De quién quieres fiarte? ¿á quién quieres seguir? Escoge...

AFECTOS.

¡Ah! ¡cuán importante es esta eleccion! Yo estoy de viaje para la eternidad; el camino me es desconocido, y además está lleno de peligros y de asechanzas: dos guias se me ofrecen, Jesucristo y Lucifer... Jesús, el Hijo unigénito del eterno Padre; Jesús, santidad por esencia; Jesús, que me ama íntimamente; Jesús, que con todo su corazon busca mi felicidad. ¡Oh, y cuán seguro es seguir tal guia! La segunda es Lucifer: Lucifer, el mayor enemigo de Dios; Lucifer, espíritu condenado; Lucifer, que me aborrece en extremo; Lucifer, que no busca sino mi eterna ruina... ¿Qué hago? ¡Ah! que me avergüenzo de hacer semejante pregunta... Y ¿qué? ¿habré yo perdido el juicio para abandonar á Jesús y seguir á Lucifer? ¿me aborreceré de tal manera que quiera abandonar á Jesús y seguir á Lucifer? ¿Me aborreceré tanto que quiera abandonar el camino del cielo y seguir el que conduce al infierno? ¡Ah! no: nunca lo haré; Vos, ó Jesús mio, sois el camino, la verdad y la vida; el camino que guia seguramente al Padre ; la verdad que me hace descubrir todas las asechanzas y engaños; la vida donde se encuentra la bienaventuranza eterna... Alistadme bajo vuestra bandera, ó Jesús mio; yo os seguiré, y os seguiré hasta la muerte.

Punto 2.°

Por el término á donde nos conducen Jesús y Lucifer, se ha de conocer á cuál de los dos se debe seguir. La diferencia es poco menos que infinita : primero, entre las invitaciones de Jesucristo y de Lucifer ; segundo, entre el término á que conduce Jesús, y aquel á que conduce Lucifer. Ponderemos ambos á dos atentamente.

Las invitaciones que nos hace Jesucristo militando bajo su bandera, tienen por objeto unas prácticas que todas son difíciles y amargas á la naturaleza. Las principales son estas : pobreza voluntaria, obediencia ciega, abnegacion continua de la propia voluntad, humildad y sufrimiento en los desprecios y en las ofensas, silencio en las opresiones y persecuciones, bendecir á Dios en los dolores y en las amarguras. Hé aquí cuál es el espíritu de Jesucristo. Á esto convida Jesús á cada uno de los que quieren seguirle ; y á esto tambien te has de acomodar tú, alma mia, si quieres militar bajo su bandera.

No hay duda en que parece amarga una vida que

se debe acomodar á estas prácticas; mas ¡oh cuán dulce y deseable es despues el término á que conduce! ¿Y cuál es este? Brevemente te lo diré; mas tú, alma mia, medítalo de continuo mientras te dure la vida. El término á que conduce Jesucristo es el librarse de un mal infinito, esto es, del infierno; adquirir un bien infinito, esto es, el cielo; y ambos para siempre... ¡eternamente!...

Las invitaciones con que Lucifer nos llama á seguir su bandera, todas se refieren á cosas que agradan á la naturaleza.

Él promete á sus seguidores bienes temporales, riquezas, honores, gloria de mundo, la estimacion de los hombres, las comodidades, los placeres de los sentidos, y una vida amena, que deja libre el freno á todos los deseos de la carne. Hé aquí cual es el espíritu de Lucifer; á esto convida él á todos aquellos que quieran seguirle. Mas ¿cuál es el término á que despues conduce este astuto y maldito espíritu con tales invitaciones? ¡Ay alma mia! no te dejes seducir: el término es la pérdida de un bien infinito, esto es, del cielo; la adquisicion de un mal infinito, esto es, del infierno; y ambos para siempre... Párate aquí un poco, alma mia, levanta la vista á lo alto, imaginándote vivamente que se abre el cielo; mira allí á Jesucristo sentado á la diestra de su eterno Padre, y á su lado una multitud de escogidos en una inmensa gloria y esplendor... Mas ¿quiénes son esos que están tan cercanos á Jesucristo? Estos son los Apóstoles, los cuales se vieron obligados á huir de una á otra ciudad, fueron arrastrados de cárcel en cárcel, y perseguidos en todas partes... Son monjes, ermitaños, hombres apostólicos, los cuales entre mil persecuciones, oprobios y desprecios, promovieron la gloria de Dios; son vírgenes, las cuales por amor de Jesucristo toleraron en silencio y con paciencia tentaciones, injurias, y otras adversidades de esta especie... Todos estos, por haber estado en esta vida siempre inmediatos á Jesús en el padecer, ahora se hallan inmediatos á Jesús en el gozar... Ahora continuando, alma mia, tu consideracion, da otra mirada hácia abajo imaginándote vivamente que se abre delante de tí la tierra; vé allí á Lucifer en medio de un profundo estanque de fuego, rodeado de una multitud de condenados que padecian tormentos y penas inexplicables... ¿Quiénes son esos que están tan cercanos á Lucifer? ¡Oh alma mia, cuán diversas son las cosas de este mundo de las del otro!... Estos son poderosísimos señores y señoras que en su vida fueron poco menos que adorados: la abundancia de las riquezas y de los bienes temporales los precipitó en este fuego... Son señores y señoras que gozaron en este mundo del esplendor y de las grandezas: su elevacion los condenó á estas llamas... Son hombres y mujeres que, no habiendo querido contradecir en cosa alguna á los deseos de la carne, á las comodidades y á los placeres, vinieron á parar á este estado. En la tierra estuvieron ellos próximos á Lucifer en el gozar, y ahora tambien están próximos á él en el infierno...

AFECTOS.

¡Oh Jesús mio, cuanto mas os miro y contemplo, tanto mas claramente vengo á entender que hasta ahora no he tenido ningun conocimiento de la verdad en mi entendimiento, ni ningun amor á la virtud en mi voluntad! Vos no apreciais otra cosa en este mundo sino la pobreza y la penuria, los desprecios y las injurias, los dolores y las fatigas... Vos mirais todo esto como medios los mas adecuados para la santidad, y como las señales mas ciertas y las prendas mas seguras de una eminente gloria en el cielo : por el contrario, los bienes temporales, las riquezas, los honores y la gloria del mundo, los placeres y las comodidades del cuerpo, todo esto lo despreciais y lo mirais como los alicientes mas poderosos para hacernos hundir en el infierno. Así juzgais Vos, ó Jesús mio, y esta es vuestra doctrina, este vuestro espíritu, y este el dictámen de vuestro corazon... Mas ¿cuáles son los dictámenes y sentimientos del mio? ¡Oh, cuánta razon tengo de sonrojarme y confundirme! No me atrevo á levantar los ojos para miraros en la cruz. Lo que Vos estimais, yo lo desprecio; lo que Vos ansiais, yo lo huyo; lo que Vos amais yo lo aborrezco; lo que Vos abrazais, yo lo rechazo : vuestras invitaciones se me hacen siempre desabridas... ¿Podria mi corazon asemejarse ménos al vuestro, si hubiera hecho un propósito formal y expreso de querer servir, no á Vos sino á Lucifer? ¿Qué haré yo, pues, ó Jesús mio? ¡Ah! preciso es que me acerque á Vos, que os mire como ejemplar de la verdadera santidad, que yo ame lo que Vos habeis amado, y que aborrezca lo que habeis aborrecido... Así sea... me postro, etc.

Punto 3.°

Si se debe seguir á Jesucristo ó á Lucifer, se ha de resolver por el último fin para que Dios nos ha criado y llamado á la fe.

Vuelve un poco atrás con tu pensamiento, alma mia, y trae á la memoria tu último fin. Tú eres cristiano, discípulo de Cristo, quien te enseña que seas perfecto como es perfecto tu Padre celestial : tú debes servir y amar á Dios en este mundo con perfeccion, para gozarle eternamente en el otro con una gloria eminente. Mas ¿cómo seria esto posible sin imitar exactamente á Jesucristo? Para hacer palpable esta imposibilidad, pondera atentamente las siguientes verdades.

Primera verdad. La perfeccion es un excelente

yparticularísimo don de Dios. Dios es poder infinito, sabiduría infinita, y orígen inexhausto de todo bien; mas por mucho que él tenga todas estas perfecciones, no puede darme còsa mas sublime y mas preciosa que el amor perfecto y la union con Él mismo. Este es el don de todos los dones, el compendio de todas las misericordias, y la joya mas preciosa de todos sus tesoros... Una alma que ya ha llegado á la perfeccion se encuentra en un estado tan eminente, que no solo todos los monarcas del mundo nada suponen á su lado, sino que muchos millares de millones de hombres de todos los tiempos le deben dejar la preferencia por toda la eternidad.

Segunda verdad. Ninguno puede obtener la gracia sino por aquellos medios que Dios ha ordenado. Elevar el alma á la perfeccion es una pura misericordia de Dios. No está mas obligado á concederte una tal gracia, que lo está un monarca á elegir á una pobre hija de un labrador para esposa suya, y hacerla sentar á su lado en su trono; por tanto, le será bien lícito el prescribirte algunas condiciones que debas seguir, y ciertos medios que debas practicar si quieres obtener semejante gracia.

Tercera verdad. Estos medios consisten únicamente en el total y perfecto seguimiento de Jesucristo... Yo soy la puerta, dice este amabilísimo Redentor; yo soy la puerta, si alguno entraré por

18

mí se salvará, y podrá entrar y salir á su gusto, y encontrará pasto. Este es mi Hijo amado, dice el eterno Padre, en quien yo me he complacido; escuchadle. Atiéndelo bien, alma mia: la única puerta de la santidad es Jesús; el único ejemplar de la santidad enviado por el eterno Padre es Jesús... Entrando por esta puerta hallarás la perfeccion, el puro amor y la íntima union con Dios: mas acuérdate que no hay mas que una sola puerta, fuera de la cual no queda ningun esperanza de entrar.

AFECTOS.

1.° *Fe.* Bien conozco, Jesús mio, cuán diversos son vuestros juicios de los mios; mas porque Vos sois verdad eterna yo creo que las verdaderas riquezas consisten en la pobreza; la verdadera gloria en el desprecio; la verdadera paz en las persecuciones; la verdadera libertad en la sujecion; el verdadero camino para la santidad en vuestra imitacion; y vuestra imitacion en una mortificacion universal, y en el amor á las adversidades. Esto lo creo yo, ó Jesús mio, porque Vos lo habeis hecho así; y por tanto, obrando, amando y padeciendo yo como Vos, tendré vuestro espíritu; y podré esperar que llegará aun durante mi vida aquella hora bienaventurada en que me admitiréis á una familiar comunicacion con Vos, ó Jesús mio... Cualquier otro camino que se siga no es mas que una apariencia, impostura, hipocresía y vanidad, que no puede sostenerse en vuestro divino acatamiento.

2.° *Deseo de unirse á Dios.* Sí, Jesús mio, Vos sois el único y soberano bien mio, en quien consiste toda mi felicidad ; yo suspiro por Vos, y os deseo con todas las fuerzas de mi corazon... Quiero amaros absolutamente en esta vida, y amaros perfectamente : quiero gozaros absolutamente en la futura, y gozaros en aquella gloria que me habeis destinado desde la eternidad... Veo que es áspero el camino: la total abnegacion de la propia voluntad, un perpétuo silencio en los desprecios, un trato cariñoso con las personas que me son contrarias, todas estas son prácticas que exigen una gran fortaleza de ánimo ; mas como quiera que sea, clame la naturaleza y quéjese cuanto quiera, yo lo he resuelto : sí, Jesús mio, quiero seguiros... ¿Y cómo podria rehusarlo? ¿Me podria ser demasiado gravoso el obedecer por amor de Jesús á un hombre, despues que Jesús ha obedecido por mi amor á un juez el mas injusto? ¿Me será insufrible un desprecio por amor de Jesús, despues que Jesús por mi amor se ha dejado enclavar en una cruz en medio de dos asesinos? ¿Me será demasiado duro el amar á personas que me tengan aversion por amor de Jesús, despues que Jesús crucificado por mi amor ha amado á los que le crucificaron? ¿Y cómo podrá jamás el hombre rehusar el padecer por Dios

18*

lo que Dios ha padecido por el hombre [1]? ¡Oh Jesús mio, os amo, y me abrazo con Vos; en este mismo momento quiero seguir vuestras huellas, quiero hacer lo que Vos habeis hecho, quiero padecer como Vos habeis padecido... ¡Ah! dignaos concederme vuestro espíritu, espíritu de subordinacion, espíritu de mansedumbre, espíritu de amor.

Padre nuestro y *Ave María.*
Conclusion como en la pág. 14.

[1] Mihi absit gloriari nisi in cruce Domini nostri Jesu Christi; per quem mundus crucifixus est, et ego mundo. (*Galat.* vi, 14).

MEDITACION XXII.

De tres clases de hombres.

Oracion preparatoria como en la pág. 13.

Composicion de lugar. Imagínate que ves á Jesucristo sentado y coronado de espinas como rey de burla, y que te dice : aprende de mí, que soy manso y humilde de corazon, y así hallarás descanso para tu alma. Sí, descanso hallarás en este mundo y despues en el otro.

Peticion. ¡Oh Jesús mio y maestro mio, instruidme, enseñadme é iluminadme; dadme además docilidad para que salga bien aprovechado de vuestra escuela.

Punto 1.º

La primera clase comprende á los que quieren aspirar á la perfeccion y seguir á Jesucristo, mas solo de palabra y no de corazon. Si quieres conocer á esta clase dé hombres, ven conmigo á la habitacion de un enfermo. Vé aquí á uno ya medio consumido del ardor de la calentura : el mal se aumenta por momentos, y está próximo á morir.

En estas circunstancias se acerca un médico, y despues de haberlo examinado todo dice así : La enfermedad es muy peligrosa, pero si el enfermo quiere hacer uso de los remedios que le prescribiré, aun podrá recobrar la salud. Mas esto es cabalmente lo que no agrada al enfermo ; yo bien deseo de todo corazon, dice él, recobrar la salud, pero no me obligueis á tomar medicamentos, porque estos, ni puedo ni quiero tomarlos de ningun modo. Díme ahora, ¿tiene este enfermo una verdadera voluntad de sanar? De este enfermo del cuerpo pasemos ahora á la habitacion del enfermo del alma: mírale como yace abandonado en el seno de una habitual tibieza ; se le dice que su mal aun tiene remedio, que no se necesita otra cosa sino que se resuelva á hacer con fervor sus oraciones, á obrar con espíritu de amor y con pura intencion de agradar á Dios, á caminar en su presencia, á unirse á él frecuentemente por medio de santos afectos, á mortificarse animosamente, y á ofrecer á Dios cada dia este sacrificio que le es tan acepto ; y que haciendo esto, aun está abierto para él el camino que conduce á la santidad. ¡Mas sí! esto es puntualmente lo que él no quiere. Deseo, dice, de todo corazon adquirir la perfeccion; pero poner en obra esos medios para llegar á ella, es para mí cosa demasiado dura y difícil : díme ahora, ¿tiene esta alma una séria voluntad de adquirir la perfecccion? Pero ¡ay de ella! ¡oh cuántos males le amenazan! porque :

1.° *Una voluntad tan tibia, hace que Dios la deje caer en pecados graves.* Así se ha explicado el mismo Señor con dos parábolas. La primera es la del terreno estéril. Un terreno, dice, que es regado con frecuentes lluvias y no da ningun fruto, está próximo á ser maldito. La segunda la toma del agua tibia, que no se puede retener en el estómago sin que cause náusea. Quisiera, dice, que fueses frio ó caliente, mas porque eres tibio empezaré á vomitarte. Alma mia, ¿quién es el que ha hablado así? ¿de quién ha hablado?

2.° *Una alma que tiene una voluntad tan tibia, permite Dios que venga finalmente á arruinarse.* Tambien declara el Señor esta verdad con dos parábolas. La primera es tomada de un árbol plantado en un campo, en el que no habiendo encontrado mas que hojas, le maldijo con estas significantes palabras: Ya no llevarás jamás ningun fruto. La segunda es sacada de un árbol de un jardin, que no habiendo dado ningun fruto fue condenado á la segur, ordenándose al hortelano que le cortase. Corta este árbol; ¿para qué ha de ocupar la tierra inútilmente? Repito mi pregunta, ¿quién ha dicho esto, alma mia? ¿de quién lo ha dicho?

AFECTOS.

1.° *Temor.* ¡Qué temor y espanto me sorprende, Dios mio, cuando considero estas verdades que han salido de vuestra boca! Yo puede aun condenarme. ¡Yo, que fuí llamado de Dios á la fe y á la perfeccion! ¡Yo, á quien Dios distinguió con tantas gracias!... ¡Yo, que fuí escogido por Dios para una gloria eminente en el cielo! Sí, yo puedo condenarme, y solo por mi tibieza... ¡Oh tibieza! ¡Oh detestable tibieza! cuán grande mal es preciso decir que eres, cuando puedes causar tanta náusea en el corazon del misericordiosísimo Dios, que le obligue á lanzarme de su boca.

2.° *Arrepentimiento.* Tened aun un poco de paciencia conmigo, ó mi Jesús: yo detesto y abomino de todo mi corazon todas mis negligencias, y el abuso que he hecho de todas las gracias y medios que graciosamente me habeis suministrado. Hasta ahora he pasado la vida sin tener ninguna solicitud, ni por la gloria de vuestro santísimo nombre, ni por la salvacion de mi alma. Vos, por un rasgo de vuestra misericordia, me habeis iluminado en este dia para conocer mi malicia, la detesto de nuevo, la abomino, y resuelvo sériamente querer de aquí adelante ser bueno y perfecto como Vos me lo estais pidiendo.

Punto 2.°

La segunda clase la forman aquellos que tienen una voluntad verdadera de aspirar á la perfeccion, pero que no es universal ni magnánima... Volvamos á los enfermos. Vé allí, alma mia, otro enfermo muy diferente del primero : él desea recobrar la salud, y para obtenerla está tambien pronto á servirse de los remedios; pero no queriendo que se use con él ni el hierro, ni el fuego, ni otras semejantes medicinas desagradables, no quiere por consiguiente tampoco servirse de todas las que son necesarias : ¿qué deberá decirse de este enfermo? Es verdad que él tiene una buena voluntad, pero no fuerte, no universal, no magnánima. Semejante á la disposicion de este enfermo es tambien la disposicion en que se hallan muchas personas espirituales. Ellas desean adquirir la perfeccion, y para obtenerla están tambien prontas á valerse de algunos medios, pero no de todos. Tolerar por muchos años desolaciones interiores y graves tentaciones, sufrir humillaciones y desprecios sin haber dado ninguna ocasion, y otras cosas repugnantes á la naturaleza corrompida, parece á estas tales almas un peso demasiado grande para sus espaldas. ¿Qué se dirá de estas almas? Se dirá que tienen buena voluntad, pero semejante á la del enfermo que no quiere sujetarse á todo género de curacion que le sea necesaria. Pero de una voluntad tan á medias, ¿qué se seguirá? Nótalo bien, alma mia, y grábalo profundamente en tu corazon... Sabe, pues, que

1.° *Una alma en esta disposicion tendrá siempre una vida desconsolada.* Faltando la santa indiferencia de la voluntad y la entera resignacion en el divino querer sin reserva ninguna, no morirán jamás en ella las malas inclinaciones : la soberbia y vanagloria, el capricho y la adhesion á la propia voluntad y propio juicio, el desenfreno de la lengua, la ira, la melancolía y el trato áspero con el prójimo estarán despues de muchos y muchos años de lectura espiritual, oracion mental, frecuencia de Sacramentos y obras de misericordia, estarán tan vivas como cuando empezó la carrera de la virtud. Antes bien irán creciendo con los años, y se desarrollarán á semejanza de un árbol erguido, que cada año adquiere siempre mas altura y robustez. Á semejante alma se le hará cada dia mas gravoso el peso de la obediencia á sus superiores, y cada vez mas intolerables los desprecios ; su conversacion será cada vez mas libre y desabrida, y su trato con el prójimo mas descortés y fastidioso. ¿Qué paz y qué consuelo podrá abrigarse jamás en un corazon tan mal dispuesto? Una inclinacion no mortificada es para una alma lo que un áspid vivo en el cuerpo de un hombre, el cual descansa mientras el áspid está dormido y no le muerde ni le envenena, pero al instante que el áspid se despierta, muerde y atormenta al infeliz. No de otro modo una tal alma gozará paz y quietud mientras las pasiones no se resientan ; pero si estas se despiertan, ó con una ofensa que se le haga, ó con un desprecio que reciba, ó con una cosa poco agradable que se le mande, ¡oh qué tumulto y qué tormento tendrá ella que sufrir! Y sin embargo, somos tan ciegos que no vemos el orígen de nuestra miseria, y pudiéndolo fácilmente descubrir en nuestro corazon, nos volvemos á cualquiera otra parte para encontrarle.

2.° *Una alma semejante pasará su vida sin hacer ningun progreso en la perfeccion.* Dios mismo es el que así se ha explicado, y no hay que esperar que retracte su palabra... «Quien no renuncia «todas las cosas no puede ser mi discípulo.» Y quiere decir: el que no renuncia todas las criaturas que aprisionan al corazon, y no se abandona totalmente á mis disposiciones sin ninguna reserva, no podrá jamás llegar á mi amor, ni á hacerse una misma cosa conmigo. ¿Y por qué? Escucha las razones de esto, alma mia.

1.° *Dios es soberanía infinita.* Está en su arbitrio el conceder aquellas gracias particulares que son necesarias para adquirir la perfeccion. Ahora, pues, él ha establecido no concederlas á una alma que no se entrega toda á su Majestad sin reserva. ¿Podrá acaso censurársele esta conducta?

2.° *Dios es alteza infinita,* y le pertenece de derecho que se le dé todo el corazon con todos sus afectos. Jamás será posible que él ceda de este derecho, ni que admita á su union una alma que no se le dé sin reserva.

AFECTOS.

1.° *Confesion.* Este enfermo es una viva imágen de mi alma, ó Jesús mio. Él quiere recobrar la salud, mas sin trabajo, sin padecimientos, y sin tomar remedios desagradables. Tal es puntualmente la disposicion de mi alma. Quisiera tener una humildad perfecta, pero sin desprecios; una obediencia perfecta, pero sin ordenaciones penosas; una caridad y mansedumbre perfecta, pero sin soportar malos tratamientos; en suma, quisiera ser santo, pero sin padecer... ¿No es esto oponerse directamente á la voluntad del Padre celestial, á la doctrina y al ejemplo de Jesucristo, á las disposiciones é inspiraciones internas del Espíritu Santo? ¡Oh, y qué insensato soy! Antes de mí no ha habido uno, ni le habrá tampoco despues, que haya llegado á ser santo sin padecer y sin seguir las huellas de Jesucristo. Es necesario absolutamente padecer, morir á mí mismo, y aniquilarme, si quiero adquirir la perfeccion. Sí, esta es vuestra doctrina, ó mi Jesús, este es el camino que lleva á la santidad; quiero, pues, padecer con Vos, y padecer hasta tanto que desaparezcan de mi corazon todos los desórdenes, y se vean mortificadas todas sus perversas inclinaciones.

2.° *Propósito.* ¿Y por qué no? ¿Seré yo tan estúpido que quiera descargarme de una cruz menor para cargarme otra mayor sin ningun provecho? ¡Ah, Dios mio, iluminadme, y hacedme conocer y ver lo que hasta ahora no he visto ni conocido! Una pequeña soberbia causa en el corazon mayor inquietud y turbacion que la que dan los actos de la mas profunda humildad... Una pequeña cólera excita en el corazon un tumulto mucho mayor que el que levantan los actos de la mas heróica mansedumbre... Una ligera repugnancia de voluntad atormenta mas el corazon que lo que le aprieta la mas exacta obediencia... Ea, pues, ya que necesariamente se ha de padecer, ó por la virtud ó por el vicio, y no hay escape para evitar el trabajo, quiero padecer por la virtud, quiero padecer por el cielo, quiero padecer por Vos, ó Jesús mio...

Punto 3.°

La tercera clase se compone de aquellos que tienen una voluntad séria y magnánima de aspirar á la perfeccion, quiero decir que están prontos y dispuestos, no solo á ejecutar cuanto Dios quiere, sino tambien á padecer todo lo que dispone para adquirir la perfeccion. Las ventajas que el alma debe prometerse en este estado son las siguientes:

1.° *Semejante alma llega infaliblemente á la perfeccion.* La medida con que Dios se comunica al hombre es puntualmente la misma con que el hombre se da á Dios. Luego entregándose el alma, en este estado de que tratamos, enteramente y sin reserva á Dios, de modo que esté pronta á hacer y padecer todo lo que le agrade, tambien Dios por su parte se comunica totalmente y sin reserva al alma, y la eleva en muy breve tiempo á esta perfeccion...

2.° *El alma así dispuesta llega ciertamente á la union con Dios.* La union y la íntima familiaridad con Dios es el premio que está prometido á la caridad perfecta. Si alguno me ama, dice el divino Redentor, mi Padre le amará, yo y mi Padre le visitarémos, y harémos en él nuestra mansion... Mas ¿quién es aquel que tiene la caridad perfecta, á la que está vinculada la promesa de una gracia tan eminente? Es sin duda aquel que se entrega á Dios enteramente.

3.° *Una alma semejante obtiene de Dios infaliblemente otras muchas gracias muy sublimes.* Si Dios es infinitamente liberal, no dejará de derramar sobreabundantemente sus gracias, y las derramará precisamente sobre mi corazon, que se entrega enteramente á él. Estas gracias consisten en una dulcísima quietud, paz y gozo del corazon, en

una tiernísima devocion y afecto para con Dios, y
en otros dones que son propios del Espíritu Santo:
este es aquel dichosísimo ciento por uno que ha
prometido Jesucristo á los que por su amor se nie-
gan á sí mismos y se despojan de todo.

AFECTOS.

1.º *Temor*. ¡Oh Dios mio, cuán liberal y misericordioso sois para conmigo! Un puro efecto de
vuestra gracia es que conozca yo ahora el camino
que conduce á la santidad ; que yo sepa ciertamente que puedo llegar á ella con tal que me abandone todo en vuestras manos. ¡Oh qué bondad! ¡Oh
qué misericordia! ¡Oh qué gracia! Mas estas mismas gracias me hacen temblar, ó Dios mio. Á quien
se ha dado mucho, son palabras vuestras, tambien
se le pedirá mucho ; y mucho deberá tambien res-
tituir aquel á quien mucho se le prestó. ¡Oh qué
desgracia seria la mia, si cabalmente esta sobre-
abundancia de gràcia que me debia llevar á un
grado muy elevado de gloria en el cielo, me pre-
cipitase en lo profundo del infierno! Ello es cierto,
que para muchas almas no hay un estado medio,
sino que ó serán sublimadas á un altísimo puesto
en el paraíso, ó caerán con mas profunda ruina en
el abismo eterno. ¿Podria yo ser una de estas? No
lo sé. ¡Oh pensamiento espantosísimo! ¡No lo sé!...
2.º *Propósito*. Atenderé, pues, con tiempo á

mis intereses, y empezaré á caminar por aquella carrera que Vos, ó Jesús mio, me habeis hecho conocer en este dia. Sí, en este instante yo me abandono totalmente á vuestras disposiciones; una sola gracia os pido, y es que me hagais digna de vuestro amor, y que me dejeis llegar á la íntima union con Vos, y todo lo demás lo remito á vuestra santísima voluntad... Cuanto me suceda de adverso lo miraré como disposicion de vuestra paternal providencia, y lo abrazaré con perfecta sumision como medio de mi santificacion... Jesús mio, conservad en mí esta voluntad.

Padre nuestro y *Ave María.*
Conclusion como en la pág. 14.

MEDITACION XXIII.

Del tercer grado de humildad, ó sea del amor á los desprecios.

La oracion preparatoria como en la pág. 13.

Composicion de lugar. Imagínate, alma mia, que ves á Jesús azotado, coronado de espinas, pospuesto á Barrabás, y que sacado por Pilato á un balcon, todo el pueblo grita : Quítalo, quítalo; crucifícale, crucifícale.

Peticion. ¡Oh Jesús mio! dadme gracia para amar los desprecios y humillaciones. Cuando me vea humillado haced que calle, y solo diga : Bien me está, Señor, que me hayais humillado, para que así aprenda vuestros justísimos preceptos.[1]

Punto I.°

La equidad y justicia exigen de nosotros el amor á los desprecios. Somos tan ciegos, y está tan profundamente arraigada en nuestro corazon la estimacion propia, qué creemos tener una vida infelicísima cuando no se hace caso de nosotros, y cuando somos de algun modo despreciados ; y sin em-

---

[1] Bonum mihi, quia humillasti, ut discam justificationes tuas. (*Psalm.* cxviii, 71).

19

bargo es cierto que no nos conviene otra cosa mas que los desprecios, y que todos los hombres juntos no podrian llegar á despreciarnos jamás cuanto me- recemos. Escucha con atencion, alma mia, algunas verdades que son palpables...

1.° *Dios puede y debe castigar necesariamente el pecado.* Así nos lo enseña la fe. Dios es justicia infinita. Pues bien, así como no seria bondad infi- nita si no premiase el bien, así tampoco seria jus- ticia infinita si no castigase el mal. ¿Lo crees tú, alma mia? Pasemos adelante.

2.° *Dios puede castigar el pecado como le agra- de.* Así como Dios es justicia infinita, así tambien es soberanía infinita; puede castigar el pecado con dolores en el cuerpo, con angustias y aflicciones en el alma; pero el desprecio parece que es el castigo mas própio del pecado, porque siendo este un des- precio que se hace á Dios, merece justamente que con el desprecio sea castigado, y que sea despre- ciado el hombre que tuvo el atrevimiento de des- preciar á Dios...

3.° *Dios puede servirse de cualquiera para cas- tigar el pecado.* En David castigó Dios el pecado por medio de su propio hijo... En el desobediente Profeta le castigó por medio de una fiera que le des- pedazó en su viaje... En el impío Heliodoro por me- dio de un Ángel que le azotó de muerte. En Jesu- cristo, su Hijo unigénito, castigó nuestros pecados por medio de un apóstol que le vendió. Puede, pues, Dios castigarme tambien y enviarme desprecios por aquel medio que mas le agrade.

4.º *Por mucho que Dios castigue el pecado en esta vida, lo castiga siempre menos de lo que merece.* Si Dios me prolongase la vida hasta el dia del juicio, y yo la pasase entre perpétuas incomodidades, malos tratamientos y afrentas, con todas estas cosas jamás podria yo resarcir el desprecio que he hecho á su divina Majestad con solo un pecado venial. Recoge ahora tus pensamientos, alma mia, y respóndeme... ¿Has cometido alguna vez algun pecado? ¡Ay, que no uno, sino ciento y mil! ¿Puede, pues, Dios castigarte, y castigarte con desprecios si él quiere? Esto es innegable... Por muchos que sean los desprecios con que Dios permita que tú seas afrentado, nunca serán ni en tanto número ni de aquella calidad como tú has merecido por un solo pecado venial... Así es verdaderamente... ¿Qué se sigue de aquí? Se sigue que no puedes tener razon de lamentarte por cualquier desprecio que se te haga, porque no se te hace ningun agravio; se sigue de aquí que entre los desprecios, cualesquiera que ellos sean, debes alabar á Dios y bendecirle, siendo ellos siempre menores de lo que tú has merecido : se sigue que es cosa justa y debida que por toda tu vida seas siempre despreciado y afrentado.

19*

AFECTOS.

1.º *Confesion y humillacion de sí misma.* Justo es, ó Dios mio, y lo confieso, es justísimo que yo viva entre desprecios, y que los mire no de otra modo sino como unos efectos de vuestra misericordia para conmigo. ¡Ay! ¿qué son todos los desprecios de los hombres en comparacion de los que yo he merecido? Si Vos, ó Jesús mio, me hubiéseis tratado segun el rigor de vuestra justicia, ¿dónde estaria yo al presente? ¡Ah! Vos lo sabeis, ciencia infinita; yo estaria en el infierno... y seria vilipendiado de todos los escogidos por toda la eternidad; seria despreciado por toda la eternidad de todos los Ángeles del cielo y de todos los hombres de la tierra. De estos eternos desprecios me habeis preservado Vos, ó Jesús mio, por pura misericordia vuestra, y en lugar de ellos os contentais con que yo sufra solamente aquellos desprecios que se me hagan en esta vida. ¿No es justo que yo los mire como efectos de vuestra misericordia, y que los tolere con una paz imperturbable?

2.º *Propósito.* Así lo haré, ó Jesús mio, con vuestro divino auxilio, y no permitiré que se aparte de mí este pensamiento. He pecado, y he merecido ser escarnecido y despreciado por toda la eternidad del cielo y de la tierra, de los Ángeles y de los hombres, de los escogidos y de los condenados. Siempre tendré esto impreso en la memoria en todas las ocasiones, y en medio de los desprecios y de las ignominias quiero alabar y bendecir vuestra infinita bondad y misericordia.

Punto 2.º

Nuestro interés exige que amemos los desprecios. Es muy cierto que no se encuentra en los desprecios cosa alguna que no parezca amarga y desagradable; pero considera, alma mia, que nosotros amamos muchas cosas, las cuales son amargas é ingratas á la naturaleza, porque sabemos que nos son ventajosas. Á un enfermo que está atormentado de acerbos dolores, no se le puede hacer cosa mas grata que disponerle un remedio, por muy desagradable que sea, el cual de cierto le quite del todo, ó al menos le alivie su mal. ¿Y por qué no podrémos nosotros amar los desprecios, reflexionando en las grandes y singularísimas ventajas que traen consigo? Mas, ¿cuáles son estas? Yo te insinuaré las principales.

Primera ventaja. Los desprecios destruyen en nosotros la soberbia. El peor mal, y el mayor obstáculo que puede encontrar un alma en el camino de la perfeccion, es la soberbia y la vanagloria. Mientras se anida en el corazon una mínima estimacion de sí mismo, una pequeña complacencia, una ambioncilla de las alabanzas humanas, no sucederá jamás que entre Dios á habitar en él con satisfaccion. Un corazon semejante le mira él con horror, huye de él, y le deja vacío de sus celestiales ilustraciones, de santos afectos, de mociones piadosas, de las gracias mas escogidas, y de las disposiciones mas especiales de su providencia. ¿Podria imaginarse un mal mayor para un alma que anhela á la perfeccion? Pero ¿no habrá rememedio á tanto mal? Sí le hay, alma mia, y tenlo por una verdad incontrastable. El remedio mas cierto, mas eficaz, mas expedito, son los desprecios: para apagar un gran incendio, no hay cosa mas oportuna que una impetuosa lluvia que despidan las nubes; y para desarraigar la soberbia, no hay cosa mas poderosa que los desprecios y vilipendios. ¡Oh cuán pocos son los que sin este medio llegan á la verdadera humildad! ¿No deberias pues tú, alma mia, suspirar y desear con todo ardor los desprecios? ¿No deberias en medio de ellos, transportada de gozo, alabar, bendecir y dar gracias á tu Dios? Se le dan gracias á un cirujano porque, sacándonos una muela con un dolor momentáneo, nos libra de un dolor continuo; ¿y no se las darás á tu Dios, que sujetándote á un mal menor, como son los desprecios, te libra de un mal muchísimo peor, que es la soberbia?

Segunda ventaja. Los desprecios producen en nosotros la humildad. La mejor disposicion para la perfeccion es la humildad. Apenas la descubre Dios en un corazon, cuando al instante entra en él, y lo llena con la abundancia de sus gracias. El corazon humilde es semejante á un valle, porque así como las aguas que descienden de los montes se reunen todas en el valle, y le hacen jugoso y feraz, así la divina gracia, abandonando al corazon hinchado y soberbio, figurado en los montes, se recoge en el corazon humilde, y queda este sumamente enriquecido. ¿Podria jamás imaginarse un tesoro mas abundante que este? Mas ¿cuál es el medio para adquirir una virtud tan acepta á Dios? Vuelve la vista á Jesús, alma mia, y de él aprenderás el modo de adquirirla. Este amado Redentor se ha hecho nuestro ejemplar en todas las virtudes, y nos ha mostrado tambien los medios mas eficaces para conseguirlas. Pero ¿qué medio nos ha dado Jesús para obtener la humildad? No otro que guardar un perpétuo silencio en los desprecios y vilipendios. Si tú, alma mia, aprendieses á callar en los desprecios y á amarlos, él sin duda te concederia el espíritu de humildad, que es su espíritu, y entrarias á poseerle cuando comenzases á practicarla.

AFECTOS.

¡Ah, Jesús mio, mi Redentor y mi todo! demasiado conozco ahora lo que os desagrada en mi corazon, y lo que os detiene para fijar en él vuestra morada... Aquel deseo de ser honrado y estimado de los hombres; aquel andar como á caza de las alabanzas y de los honores; aquella ambicion de ser preferido á todos en todas las cosas, esto es, ó Dios mio, lo que os hace odiosa la estancia en mi corazon. ¡Maldita ambicion, de cuántas gracias me has despojado! ¡de cuántas luces celestiales me has privado! ¡de cuántos consuelos divinos me has defraudado! ¡cuánto me has alejado de Dios! ¡y cuántos otros males no me puedes aun acarrear! Me fatigaré en vano y no tendré entrada con Vos, ó Jesús, si no extirpo de mi corazon esta perversa inclinacion, que ha echado en él tan profundas raíces. Un Dios tan humilde y una criatura tan soberbia, no pueden tener una amistad familiar y recíproca. Ó Vos, ó Jesús mio, habíais de mudar vuestro corazon amando en adelante la altivez y la soberbia, ó yo deberé cambiar el mio amando desde ahora la humillacion y los desprecios. Perdonad, ó Jesús mio, mi simplicidad; bien conozco que el mio es el que se debe cambiar; lo haré, sí, mi amado Jesús; mas si Vos no me fortificais con vuestra gracia, serán vanos todos mis propósitos: yo mismo no me atrevo á salir fiador de mis promesas; esta maldita ambicion se ha profundizado tanto en mi corazon, que no hallo en mí fuerza bastante para arrancarla: la he detestado ya mil veces, mas no por esto ha dejado de brotar con mas vigor que antes; y no debo echar la culpa de esto á nadie mas que á mí mismo, porque mis propósitos no son mas que palabras vanas, con las que me engaño á mí mismo, y me hago mas criminal delante de Vos. Si propusiese de veras esto, debería dar las gracias con las manos juntas á quien me despreciase, y abrazar alegremente todas las ocasiones que me proporcionasen de humillarme... Mas la verdad es, ó Jesús mio, que esta es una raíz que nadie puede desarraigar sino vuestra omnipotente mano. Volved, pues, vuestros ojos hácia mí, ó piadosísimo Jesús, extirpad en mí todo deseo de vanagloria, y haced que en mi corazon no reine mas que vuestro espíritu únicamente, y el amor á los desprecios.

Punto 3.°

El desprecio merece que le amemos por su propia excelencia y preeminencia... Si tú supieses, alma mia, de cuánto valor es á los ojos de Dios el menosprecio, ¡oh cuán de buena gana y con cuánto placer irias á buscarle, por mas repugnante que fuese á la flaca naturaleza! Por tanto, pondera atentamente las excelencias que encierra en sí un desprecio sufrido con paciencia.

Primera excelencia. Tolerar el desprecio en

silencio, es el mas digno sacrificio que podemos ofrecer á Dios de nosotros mismos en esta vida.

El deseo de querer hacer figura, y adquirir reputacion y estima de los hombres, es una pasion tan comun y universal, que tal vez no hay hombre que esté libre de ella. Hay algunos que no tienen dificultad en privarse de las comodidades, y en extenuar el cuerpo con ayunos y otras austeridades; hay otros que, amantes de la soledad, emplean muchas horas en oraciones; y tambien los hay que, por muy afligidos que se vean con dolores y enfermedades, sin embargo manifiestan una paciencia invicta, parecen insaciables de padecimientos: pero no obstante, todos estos que parecen tan aventajados en las virtudes, bien á menudo no saben soportar en silencio un desprecio, una calumnia, y ni siquiera una palabra despreciativa. Aquí la virtud desfallece, y se estrella la santidad de ordinario: tan arraigado está en el corazon humano este maligno apetito, y tan difícil es el arrancarlo. Y así, siendo necesario para vencerle un esfuerzo y una violencia extraordinaria, ¿quién no ve cuán excelente sacrificio ofrecerá á Dios el que hace esto y queda victorioso?

Segunda excelencia. El tolerar en silencio el desprecio, es la medula y la parte esencial del seguimiento de Jesucristo... Si miras atentamente, alma mia, las acciones de Jesucristo, no hallarás que haya dado jamás un paso sin tolerar desprecios. No siempre predicó, ni se ocupó en orar; no sufrió siempre dolores y aflicciones, mas siempre y de continuo tuvo que tolerar desprecios. Fue despreciado en su nacimiento en el establo de Belen; despreciado en su infancia en la huida á Egipto; despreciado en su adolescencia en el taller de Nazaret; despreciado en la edad varonil en la predicacion y en la muerte de cruz. Fue despreciado en la doctrina, despreciado en la virtud, despreciado en los milagros, despreciado en la humanidad, despreciado en la divinidad. Despues de esto, ¿no se deberá decir que el sufrimiento en el desprecio es la esencia del espíritu de Jesucristo, y que no se puede adquirir su espíritu sin amar el desprecio?

Tercera excelencia. El sufrir en silencio el desprecio es la llave del corazon de Jesús, y el medio para unirse con él. Perderás el trabajo, alma mia, si buscas á Jesús sin buscar los desprecios. El orar, suspirar, ayunar, velar, y otros ejercicios devotos, no son suficientes; te es necesario morir, y morir á fuerza de desprecios; te es necesario vestirte de Jesucristo, amando como él los desprecios, si deseas tener entrada en su divinísimo corazon. Á las almas que lo hacen así, es á quienes ama Jesús; á estas ilumina para conocer los secretos de su grandeza y majestad; á estas las consuela y las da á gustar las dulzuras de su amor; con estas trata familiarmente, y las admite á su union. Estas son aquellas almas afortunadas, en las cuales cumplirá aun en esta vida la promesa que hizo con estas palabras : Hé aquí que yo estoy á la puerta llamando ; si hay quien oiga mis voces y me abra la puerta, yo entraré, y cenaré con él, y él conmigo... Dime ahora, alma mia, ¿no somos enteramente ciegos, y no deberíamos llorar con lágrimas amargas nuestra necedad, cuando nos entristecemos en los desprecios? ¿no deberíamos suspirar con los mas ardientes deseos por un bien que tanto ha amado Jesús? ¿no deberíamos tambien estimarlo nosotros sobre todas las cosas? ¿no deberíamos abrazarlo con grande alegría? ¡Ah! ¡que nos aborrecemos á nosotros mismos, privándonos de un bien tan inestimable, que no tiene igual en la tierra! ¡Ah! nosotros somos aquel enfermo que quisiera curar, pero que no quiere servirse del remedio.

AFECTOS.

Oblacion. ¡Ah! sí, lo conozco bastante, ó mi amado Jesús! mientras que el amor de la gloria mundana tenga cabida en mi corazon, ni Vos vendréis jamás á mí, ni yo podré jamás acercarme á Vos con intimidad. Preciso es desterrar el deseo del honor, y hacer todo esfuerzo para que entre á ocupar su lugar el amor al desprecio ; así lo propongo, amantísimo Jesús mio, y desde este punto os lo ofrezco en sacrificio; dignaos oir mis súplicas, y dadme fuerzas para cumplir las siguientes resoluciones:

1.° *Detesto y abomino de todo corazon, y depongo á vuestros piés todo deseo de honor.* No quiero que haya hombre en el mundo que vuelva hácia mí su pensamiento, que me estime, me ame, y me honre ni por un momento; y si contra mi voluntad acaeciese esto, es mi intencion detestar toda complacencia que de aquí se levantare, como cosa odiosa á vuestros ojos.

2.° *Amo y abrazo de todo mi corazon el desprecio.* Cualquier cosa que por vuestra misericordia me sucediere, la soportaré en silencio por vuestro amor; os alabaré y bendeciré tambien por ella, como por un grandísimo favor y beneficio que me viene de vuestra mano.

3.° *Dejo en este instante todo el derecho que pueda tener para con el mundo de mi fama y honor; todo le dejo á vuestro arbitrio.* De aquí en adelante no cuidaré ya mas de todo esto, y lo miraré como un bien ajeno que nada me pertenece. Dignaos aceptarlo, ó Jesús mio; y así como vuestro eterno Padre se sirvió para su gloria del derecho que Vos teníais á la buena fama, permitiendo que fuéseis despreciado y vilipendiado, así tambien servíos Vos del derecho que yo puedo tener á mi buen nombre. Esta es, ó Jesús mio, la oblacion de mi sacrificio; yo la renovaré cada dia, y espero vivir y morir teniéndola en la boca y en el corazon.

Peticion del espíritu de humildad. Mas ¿quién me dará que mi corazon se mantenga constantemente en estas felices disposiciones? Solo Vos, ó Jesús mio, solo Vos podeis hacerlo; y sin Vos, mis buenos deseos se desvanecerán como el humo; sin Vos, no tendrán jamás ningun buen efecto mis buenos propósitos; sin Vos, mi buena intencion no podrá permanecer constante ni una hora... Por tanto, volved hácia mí vuestros ojos misericordiosísimos, ó amadísimo Jesús mio; dadme un corazon que sea del todo conforme al vuestro; haced que yo ame lo que Vos habeis amado, que aborrezca lo que Vos habeis aborrecido; haced que yo aborrezca todas las vanidades y la estimacion de los hombres, como Vos las habeis aborrecido. Esta gracia os pido; por esta suspiro.

Padre nuestro y *Ave María.*
Conclusion como en la pág. 14.

MEDITACION XXIV.

De las penas interiores de Jesucristo.

Oracion preparatoria como en la pág. 13.

Composicion de lugar. Imagínate, alma mia, que estás viendo á Jesús en el huerto de Getsemaní, triste, afligido y puesto en agonía, sudando sangre y agua.

Peticion. ¡Oh Jesús mio, dadme constancia, silencio y paciencia para padecer con conformidad á la voluntad de Dios todas las penas que seais servido enviarme.

Punto 1.º

Jesucristo padeció antes que nosotros todas cuantas penas interiores se encuentran en el camino de la perfeccion.

Figúrate vivamente, alma mia, que ves en el huerto de Getsemaní á tu divino Redentor, y esfuérzate á penetrar hasta lo íntimo de su corazon, y á comprender aquellas terribilísimas penas de que fue oprimido... Pero en esto ten cuenta con que la Divinidad no prestó ningun alivio á su santísima Humanidad, puntualmente como no se lo presta una alma de un escogido que está en el cielo á su cuerpo que abandonó para podrirse en el sepulcro, porque Jesús padeció de la misma manera que hubiera padecido si hubiera sido puro hombre como lo somos nosotros... Esto supuesto, comienza.

La primera pena de Jesucristo fue una tristeza inmensa. Dos fueron las causas de ella. La primera fue su ardentísimo amor. No hubo jamás madre alguna tan afectuosa que amase á su hijo único con tanta ternura, como Jesucristo amaba á todos y á cada uno de los hombres en particular. La segunda fue su infinita ciencia. Sabia el Señor que, no obstante su pasion, la mayor parte de los hombres vendria á perecer eternamente : de aquí se derivó en él una tristeza tal, que aun cuando le hubiesen faltado las demás penas, esta sola hubiera sido suficiente á causarle la muerte. Para concebir alguna idea de esto, figúrate, alma mia, á una madre que, habiendo dejado algunos hijitos suyos, á quienes amaba tiernísimamente, jugando en el campo, á su vuelta los ve todos despedazados por una fiera que habia salido de un bosque vecino, y hecho en ellos un horrible estrago, esparciendo por acá y por allá sus tiernos miembros descarnados y hechos pedazos. ¿Podrá comprenderse jamás bastantemente el dolor de esta tierna madre á la vista de sus tiernos hijos tan amados, muertos así tan desgraciadamente? Entra ahora, alma mia, en el corazon de Jesús, y mira si puede hallarse dolor semejante al suyo, á vista de la ruina de tantas almas compradas con el derramamiento de toda su preciosísima sangre, y perdidas irreparablemente por toda la eternidad en el infierno.

La segunda pena interior de Jesucristo fue el temor. No hay cosa que oprima mas cruelmente el corazon de un hombre como el temor de la próxima muerte. No pocas veces ha sucedido que al intimarse esta, aun á personas jóvenes y de complexion muy robusta, en sola una noche han encanecido como los ancianos mas decrépitos. Pues ¿qué impresion no debia hacer en el corazon de Jesús el temor de su inminente muerte, que vivísimamente preveia con todas aquellas terribilísimas circunstancias que se la hicieron tan amarga?

La tercera pena interior de Jesucristo fue el interior combate que tuvo. La naturaleza y la gracia se unieron juntamente para suscitar en el corazon de Jesús este combate. La naturaleza, tanto por el horror de la muerte como por la amargura que sentia de la ingratitud de los hombres, le hacia insoportable su pasion, y por eso se volvió á su Padre con aquellas palabras: Padre, si es posible, pase de mí este cáliz. —La gracia le exigia el gran sacrificio, y así le hizo añadir: Padre, no se haga mi voluntad, sino la tuya... Mas ¿quién explicará la violencia de esta interna lucha que sostuvo?

20

Baste saber que fue tal, que no pudo con ella su santísima Humanidad, y fue obligada á despedir por todos sus poros un copioso sudor de sangre viva.

La cuarta pena interior de Jesucristo fue su mortal agonía. El estado mas crítico y de mas tormento al hombre, es ciertamente el de la agonía. Imagínate, alma mia, que ves un moribundo. Transpira por su frente un sudor frio, causado del interno conflicto que le desconcierta; las manos y los piés están helados y yertos; no puede respirar sino con grandísimo trabajo; el corazon le tiembla y le palpita; y una apretura no da lugar á la otra, por ser todas tan contínuas y apresuradas. Solo el verlo da lástima. Considera ahora tú, alma mia, á tu Jesús en el huerto de Getsemaní, reducido por sus penas interiores al estado agonizante, y no hay duda que hubiera muerto, si un Ángel que le fue enviado del cielo no le hubiese animado en aquel lance, á fin de que pudiese consumar su sacrificio.

AFECTOS.

1.° *Confusion de sí mismo.* ¡Oh Jesús mio, cuán grandes son vuestros padecimientos, y cuán grande es vuestra fortaleza en medio de ellos! Vos estais anegado en un mar de amargura, de congoja y de tristeza. Tédios, terrores, aflicciones, desolaciones sin alivio, agonías mortales son aquellas oleadas de que se ve agitado vuestro corazon : y sin embargo, en medio de esta horrorosa borrasca, se deja ver invencible vuestra constancia. Sí, Vos seguís orando, y aun haceis mas larga vuestra oracion ; Vos uniformais vuestro querer al del eterno Padre ; Vos no retrocedeis á vista de las penas, y ni siquiera rehusais la muerte de cruz. ¡Oh! esto sí que es amar de veras ; esto es verdaderamente ser fiel á Dios; esto es cumplir perfectamente su divino beneplácito. Ahora, pues, al frente de vuestro padecer, ¿cuál es el mio, ó mi afligidísimo Jesús? ¡Ay, que mi padecer cotejado con el vuestro es bien leve! y sin embargo, cualquier adversidad por pequeña que sea es bastante para hacerme abandonar el bien comenzado. Tédio y tristeza en la oracion, falta de mortificacion, inconstancia en los buenos propósitos, disipacion de espíritu, pusilanimidad, desconfianza, tales son los desgraciados efectos de mis penas con que Vos me brindais para probarme... y merecer....¡Cuánto no deberia confundirme y llenarme de rubor en vuestra presencia! ¡Vos, que sois la misma inocencia, os sujetais á las penas ; y yo, que soy pecador, no quiero mas que consuelos!...

2.° *Propósito.* ¡Qué vergüenza no es esta á los ojos de toda la corte celestial! ¡Jesús está afligido hasta la muerte sin tener ningun pecado, y yo quiero tener consuelos hasta la muerte despues de

20*

tantos pecados! Conozco mi locura, ó Jesús mio, y la detesto. Ya no me quejaré nunca de mis penas interiores. La desolacion que Jesús ha padecido por mi amor, quiero yo tambien padecerla por el suyo. Á mí me basta el agradarle. Á él solo quiero buscar. Á él solo quiero amar, lo mismo en las tinieblas que en las ilustraciones; tanto en las aflicciones como en los consuelos. Así lo resuelvo, ó Jesús mio. Así lo haré con vuestra gracia.

Punto 2.°

El estado de la desolacion es mucho mas ventajoso para nosotros que el del consuelo. ¡Cuán tranquila podrias vivir, alma mia, entre las tinieblas y las desolaciones, si conocieses la ventaja que trae consigo la desolacion! Por las siguientes verdades podrás formar el verdadero concepto.

Primera verdad. El estado de la desolacion es mas á propósito para hacer á Dios un sacrificio acepto que el estado del consuelo. ¡Oh cuánto nos engañamos á nosotros mismos aun en las cosas espirituales, alma mia! Si por fortuna se goza un poco de quietud interior, si se experimenta en el corazon un poco mas de devocion tierna, si destilan los ojos algunas dulces lágrimas, se tiene por feliz aquel dia en que esto sucede. Mas ¡oh cuán incomparablemente es mas estimable un dia de desolacion! Pon atencion en el dia en que tú tambien te llamares feliz. Dios te da á tí alguna cosa, mas tú nada le das á Dios. El haberte convidado á su mesa, el haberte dado una muestra de sus dulzuras, es una liberalidad, que es toda suya, para contigo : no hay nada tuyo para con él. ¡Ah! cuántos hay que en tiempo de las consolaciones se muestran fieles á Dios ; mas cuán pocos hay que igualmente se muestran tales en el tiempo de la desolacion! El verse privado de toda luz y vigor, el sentir en sí la rebelion de las pasiones alteradas, el estar acometido por todas partes de todo género de tentaciones, y no obstante esto perseverar con fidelidad en el silencio, en la oracion, en el recogimiento, en la mortificacion, y en todas las demás prácticas virtuosas, este es aquel sacrificio que es mas acepto á Dios, y la oblacion que su Majestad mira con ojos de la mas tierna complacencia.

Segunda verdad. El estado de la desolacion conduce al alma al perfecto amor de Dios, mas seguramente que el estado del consuelo.

Amar á Dios perfectamente no es otra cosa sino buscar única y puramente su beneplácito, y fuera de esto no cuidar de nada mas, ni en la tierra ni en el cielo. El que llega á este estado entra al instante en posesion del mas perfecto amor de Dios, y viene á ser perfecto y santo en su divina presencia. Mas para llegar aquí, el camino mas seguro que puede llevarse es el estado de la desolacion, porque privándose una alma fiel en este estado de todo consuelo exterior, y sustrayéndola Dios toda interior dulzura, queda como crucificada, y poco á poco muere á sí misma y á todas las criaturas. De aquí es que no encontrando ninguna satisfaccion en otra cosa que en el solo divino beneplácito, en este reposa, y en él encuentra el perfecto amor divino.

Tercera verdad. El estado de la desolacion, con preferencia al del consuelo, conduce al alma mas seguramente y mas pronto á la íntima union con Dios. Debes saber, alma mia, que así como el fuego purifica el oro, y despojándole de toda su escoria lo deja hermoso y reluciente, así el estado de la desolacion purifica el alma, y consumiendo en ella todo afecto que á Dios no se refiere, la hace muy pronto agradable á Dios, y la dispone próximamente á la íntima union con el sumo Bien, iluminándola con su celestial luz, é inflamándola con su santo amor, sucediéndole lo que á un aposento al cual solo le ilumina y le calienta el sól cuando se le quita aquel velo que impedia la entrada á sus rayos. Mas no puede decirse lo mismo del estado de consuelos, porque siendo este muy conforme al amor propio, de cada mil almas apenas habrá una que en tal estado llegue á la union con Dios. Pues ¿cuánto mas deseable es el estado de la desolacion?

AFECTOS.

1.º *Oblacion*. ¿Qué haré yo pues? Veo á Jesús en el estado de la desolacion, y angustiado hasta la muerte; comprendo que tal estado me es sumamente provechoso, como que es el que me lleva á la union con Dios. ¿Por qué, pues, rehuso entrar en él? ¡Ah! no. En este momento me postro arrodillado á vuestros santísimos piés, ó Jesús mio, y me consagro y dedico todo á vuestro divino beneplácito. Mi corazon está pronto á quedar privado de toda ilustracion, de todo consuelo, de toda satisfaccion, y á padecer tinieblas, abandonos, tristezas, tentaciones, y todo aquello que mas os agrade á Vos, ó Dios mio. Mi único consuelo en adelante será el cumplimiento de vuestro divino beneplácito; mi única alegría, mi único alivio, el estar privado por Vos y con Vos de todo consuelo y descanso, y saber que así se cumple en mí vuestra santísima voluntad.

2.º *Súplica para obtener la fortaleza.* Mas aquí es donde yo me veo en la necesidad de elevar á Vos, ó Jesús mio, las manos, los ojos y el corazon, para implorar en mi socorro vuestra dulcísima misericordia. No buscar alivio en las criaturas y seros fiel; tener el entendimiento oscurecido con densas tinieblas, la voluntad angustiada de penosas arideces, el corazon afligido de continuas desolaciones, y no entibiarse; sostener asaltos de horrorosísimas tentaciones, sentir la mente despedazada con pensamientos espantosos, y no desanimarse; experimentar en el interior amarguras, afanes, rebeliones, y el desencadenamiento de todas las pasiones, y mantenerse constante en el divino servicio, esta es una virtud sin igual, y que contiene en sí la verdadera abnegacion de sí mismo, el desprendimiento total de todas las criaturas, la verdadera fidelidad, la pura caridad, y la prenda mas cierta de la union con Dios. Mas para una empresa tan magnánima no se requiere menos que una portentosa y eficaz gracia del cielo. Por tanto me vuelvo á Vos con todas mis fuerzas, ó Jesús mio. Ayudadme, Señor...

Padre nuestro y *Ave María.*
Conclusion como en la pág..14.

MEDITACION XXV.

De las penas exteriores de Jesucristo.

La oracion preparatoria como en la pág. 13.

Composicion de lugar. Imagínate, alma mia, que ves á Jesús clavado en cruz un poco antes de espirar, y que oyes que dice : Ó vosotros todos los que pasais por este lugar, atended y observad si hay dolor semejante al mio!...

Peticion. ¡Oh Jesús mio! haced que siempre medite y tenga presentes vuestros dolores.

Punto 1.°

Nunca padecerémos nosotros tanto en nuestro cuerpo cuanto padeció Jesucristo en el suyo. Para concebir alguna idea de la atrocidad de los dolores que padeció Jesucristo en su pasion, pondera atentamente, alma mia, las circunstancias siguientes:

Primera circunstancia. Los dolores de Jesucristo fueron universales, sin exceptuar ninguna parte de su cuerpo. Dirige tus miradas á Jesucristo, alma mia, y observa uno por uno todos sus miembros, y díme si puedes encontrar siquiera uno que esté exento de un gran dolor. Mira sus mejillas hinchadas y amoratadas de las bofetadas ; la boca atormentada de la sed, y amargada con la hiel; los cabellos y la barba cruelmente arrancados; los ojos cubiertos de sangre; la cabeza taladrada con agudísimas espinas; sus carnes, los nervios, la espalda, el pecho, el vientre, los costados, al derecho y al revés descarnados sin piedad; el cútis sajado y roto; las venas abiertas vertiendo sangre; las arterias heridas, los músculos desnudos de sus fibras; desgarradas las carnes hasta vérsele los huesos; piés y manos traspasados con cruelísimos clavos; y todo aquel santísimo cuerpo hecho una llaga. Viéndolo mucho tiempo antes Isaías lo describió así: «Que no tenia figura ni aspecto «de hombre, y como un verdadero varon de dolo-«res; que verdaderamente llevó sobre sí nuestras «enfermedades y flaquezas, por lo cual fue reputa-«do como leproso, dejado de la mano de Dios, y hu-«millado.»

Segunda circunstancia. Los dolores de Jesús fueron sumamente crueles, y sin ninguna comparacion mayores que cuantos ha podido padecer hombre alguno jamás, por dos razones: la primera, por la blandura y delicadeza de su santísimo cuerpo, porque, como enseña san Buenaventura, tuvo un cuerpo tan tierno y delicado, tan fino y sensible, por ser obra del Espíritu Santo, que un dolor en la planta de sus divinos piés se le hacia mas sensible que á los demás hombres un dolor en la pupila de los ojos. La segunda, porque fue atormentado en los lugares mas sensibles. ¡Qué espasmo no debió experimentar cuando le clavaron en la cabeza una corona de largas y agudísimas espinas, las cuales le traspasaron no solo el cútis, sino tambien el cráneo y las sienes, y le sacaron la sangre, que le corria hilo á hilo por las mejillas y por los ojos!... ¡Qué dolor no debió sufrir cuando á fuerza de martillazos le traspasaron piés y manos con durísimos clavos, desgarrándole las carnes, rompiéndole las venas, y atravesándole los nervios!... ¡Qué martirio no debió sufrir cuando suspenso entre el cielo y la tierra su llagado cuerpo, estuvo pendiente de los clavos en un leño infame sin hallar sitio cómodo!

Tercera circunstancia. Los dolores de Jesús fueron sin ningun alivio. Ya habia estado algunas horas pendiente de la cruz, ya habia derramado su sangre, y de esta no le quedaban ya mas que algunas gotas en sus venas, cuando atormentado de una sed insaciable é insoportable, pidió de beber. ¿Puede darse un alivio mas mezquino que una taza de agua á un Dios hecho hombre, que desfallece y se está muriendo en un mar de angustias? Pues, sin embargo, ni aun esto se le concedió; mas en su lugar le presentaron vinagre mezclado con hiel para atormentarle mas, y á fin de que su última congoja fuese sin alivio, como lo habian sido todas las demás penas que habia sufrido...

AFECTOS.

· 1.º *Accion de gracias.* No sé qué decir, ni qué pensar á vista de tal tragedia, ó Jesús mio. Si Vos hubiéseis cometido tantos pecados como he cometido yo, y si vuestro Padre hubiese sido tan ofendido como lo ha sido de mí, ó hubiéseis merecido el infierno como lo he merecido yo, ¿hubiérais podido padecer mas, y hacer una penitencia mas rigurosa que la que habeis hecho? ¡Ah! Vos os habeis sometido á penas tan duras, no por pecados que hayais cometido (porque siendo la santidad misma por esencia, no podíais pecar), sino por mis pecados. Sí, me lo dice la fe, que Jesús por mis pecados sudó sangre en el huerto ; por mis pecados fue todo su cuerpo despedazado á azotes ; por mis pecados fue escarnecido como loco; por mis pecados hubo de morir, y morir como malhechor en una cruz. ¡Oh Jesús! ¡oh amantísimo Jesús! ¡qué bondad y qué misericordia es la vuestra! Quisiera tener mil lenguas para poderos alabar y bendecir cuanto deseo. Yo os rindo infinitas gracias por todas las gotas de sangre que derramásteis por mi amor ; por todas las bofetadas y golpes que sufristeis por mí; por todos los oprobios, ofensas y escarnios que padecísteis por mi amor ; por todas las penas y dolores que tolerásteis en la cruz por mí...

2.° *Propósito*.   Mas esto no basta. Jesús no se contenta con rogar por mí ; quiso tambien padecer por mí. De aquí debo inferir que es necesario padecer ; por tanto yo quiero corresponder al amor de Jesús para conmigo... Conozco cuán debido es esto , y de cuán absoluta justicia , y deseo cumplirlo. Por lo mismo desde ahora os ofrezco un sacrificio del que no quiero retractarme jamás... 1.° Vos sabeis todos aquellos dolores, enfermedades y demás adversidades que vuestro eterno Padre ha decretado enviarme ; yo desde este momento adoro y acepto humildemente todas estas disposiciones, y deseo que se cumplan en mí perfectísimamente. 2.° Os es igualmente conocido, Jesús mio, el modo y el tiempo en que el eterno Padre ha determinado llamarme á sí de este mundo por medio de la muerte ; yo adoro tambien profundamente este decreto , y me someto á él con toda mi alma. Quiero padecer y morir, y quiero padecer y morir por puro amor, como Vos habeis padecido y muerto por mí...

Punto 2.°

Cuán excesivas y crueles fueron las penas de Jesucristo, otro tanto fue insigne y estupenda su paciencia. Las circunstancias por las que podrás concebir, alma mia, alguna idea, son estas:

Primera circunstancia. Jesús toleró sus penas en silenció y sin quejas. El Espíritu Santo, hablando de Jesucristo, lo compara á un corderillo, porque así como este inocente animal se deja trasquilar y conducir al matadero sin balar ni hacer la mas mínima resistencia, así Jesús se dejó maltratar hasta el exceso, y conducir á la cruz, sin resistir y ni siquiera chistar. Sí, era azotado y despedazado todo su cuerpo, y callaba; era coronado de agudísimas espinas, y callaba; consumido hasta el extremo y sumamente debilitado le cargaban una pesadísima cruz sobre los hombros, y callaba... Le habian taladrado piés y manos con clavos, y estaba crucificado con inaudita barbarie en un patíbulo, y callaba. «He enmudecido, y no he abier-«to la boca,» dice él mismo por el real Profeta. Así se portó Jesús en sus extremados dolores... ¿Cómo me porto yo?...

Segunda circunstancia. Jesús toleró sus penas con inalterable mansedumbre. No ha habido hombre en el mundo que tuviese tan justa razon de enojarse como la tuvo Jesús en la cruz. Los motivos fueron : Primero, el odio universal. Estaba á su vista una multitud innumerable de gente de todas clases, y penetraba el fondo de sus corazones. Pero ¿y qué descubria en ellos? Nada mas que odio, rencor, malquerencia; alegría, placer y gozo de sus penas y de su muerte; deseos y ansias de que su nombre fuese extirpado del mundo y borrado de la memoria de todos. Segundo, las irrisiones, las blasfemias, los insultos con que los escribas y fariseos, meneando la cabeza, le escarnecian con amarguísimos sarcasmos, diciendo: Hé ahí, hé ahí el que destruye el templo y lo reedifica en tres dias... Ha salvado á otros, y no puede salvarse á sí mismo... Si es Hijo de Dios descienda de la cruz... Á estos punzantes improperios que se le hacian en el colmo de sus penas, ¿no hubiera tenido Jesucristo justa razon de airarse? Mas no, lo sufre todo con entera resignacion, y con un afecto de caridad prodigiosa que olvida sus propias ofensas y todos sus dolores, y solo se muestra solícito de la salvacion de sus mismos enemigos. Y por eso habia ya dicho antes á las mujeres que le manifestaban compasion: «Hijas de Jerusalen, no lloreis «sobre mí, mas llorad sobre vosotras y sobre vues-«tros hijos.»

Tercera circunstancia. Jesús toleró sus penas con fortaleza y con deseo de padecer mas. Jesús está pendiente de la cruz; sus fuerzas están ya exhaustas, sus penas han llegado al colmo, su cuerpo desangrado ya no puede resistir mas al poder de la muerte... Pues bien, ¿qué hace? ¡Alma mia, da una mirada á su interior, y admira su estupenda fortaleza! Los dos amores de que está inflamado han encendido en él dos deseos... Ama á su Padre celestial, y de aquí le nace el deseo de vivir aun mas tiempo para poder padecer aun mas por su amor... Nos ama tambien á nosotros los hombres, y de aquí le proviene el desear vivir mas tiempo para poder padecer mas prolongadamente por nuestro amor... Y esto cabalmente quiso significar cuando manifestó su sed, y cuando vuelto al Padre dijo: Padre, ¿por qué me habeis abandonado? Como si quisiera decir: ¡oh Padre! ¿por qué no me dais fuerzas para vivir mas y para padecer mas por vuestro amor y por amor de los hombres?

AFECTOS.

1.º *Confusion.* ¡Qué temor no deberia sobrecogerme, y de cuánta confusion no deberia cubrirme, ó Jesús mio, al mirar vuestro cuerpo pendiente de la cruz! ¡Ah! ¿en qué pecaste tú, ó venerable cabeza de mi Redentor, para ser agujereada con tantas espinas? ¿En qué, hermosísimos ojos, para ser tan hundidos y tan manchados de sangre? ¿En qué, piés y manos omnipotentes, para ser taladrados con cruelísimos clavos? ¿En qué, ó corazon amantísimo, para ser traspasado con la lanza cruel? ¡Ah! que Jesús es inocente, y cuanto en él resplandece todo es flor de inocencia... ¿Y por qué, pues, contra el inocente tantos y tan crueles tormentos? ¡Desgraciado de mí! ¡Ay! que Jesús padece, no por pecados suyos, sino por los mios; mis pecados lo han reducido á un estado tan lastimoso; mis pecados lo han enclavado en la cruz; mis pecados lo han traido á la muerte.

2.° *Confesion y propósito.* Y yo, reo de enormísimos pecados, no quisiera padecer; y para colmo de malicia, ni siquiera me persuado que tantas veces lo he merecido. Mas eternas alabanzas os sean dadas, ó Jesús mio, que al presente estoy convencido de ello : no hay pena ni tormento en el infierno que yo no haya merecido por mis pecados. Cuanto hasta ahora he padecido, cuanto tenga que padecer en adelante, no es suficiente para borrar ni aun uno solo de mis muchos pecados, ni de daros por ellos la mas mínima satisfaccion. ¡Oh cuán injustas son mis quejas en mis trabajos! Por mucho que yo padezca, siempre padeceré mucho menos de lo que he merecido. ¿No es, pues, muy debido que yo me remita en todo á vuestra santísima voluntad, y que en medio de los padecimientos os alabe y bendiga por todas vuestras amorosísimas disposiciones sobre mí? Sí, es justísimo, y así resuelvo hacerlo en adelante.

Padre nuestro y *Ave María.*
Conclusion como en la pág. 14.

21

MEDITACION XXVI.

De las ignominias y penas que toleró Jesucristo.

Oracion preparatoria como en la pág. 13.

Composicion de lugar. Imagínate que ves á Jesús en los tribunales y palacios de Anás, Caifás. Herodes y Pilato, y admírate de la paciencia con que sufrió ignominias las mas atroces y penas las mas sensibles.

Peticion. ¡Oh Jesús mio! dadme la gracia que necesito para sufrir con silencio y humildad las ignominias y penas que tengo de pasar en este mundo.

Punto 1.º

No ha habido ni habrá jamás hombre alguno que haya padecido ó haya de padecer tantas injurias é ignominias como padeció Jesucristo.

No es posible reunir en una sola meditacion todas las ignominias á que se sujetó Jesucristo. Por tanto ponderarémos solamente algunas, y solo estas, alma mia, serán bastantes para hacerte avergonzar de tu soberbia.

La primera especie de injurias fueron las falsas imputaciones y calumnias. No hay cosa que hiera mas vivamente á un hombre de corazon noble y sincero, que el acumularle delitos falsos, que ni aun ha soñado siquiera cometer. Ahora entra, alma mia, en el tribunal de Anás y de Caifás, y escucha cuán atrocísimas maldades se le imputan á Jesús. Los testigos están ya al órden, y hé aquí las acusaciones que le hacen : dicen que es un hombre dado al vino ; que gusta comer con los publicanos y pecadores ; que está dominado de una soberbia intolerable, llegando hasta proclamarse por una Divinidad ; que quiere destruir el templo de Jerusalen ; que esparce una doctrina impía, é introduce en el pueblo la idolatría ; que es un hechicero, y obra milagros con la ayuda del demonio, con quien tiene secreta inteligencia ; que es un seductor, y astutamente maquina la ruina del pueblo escogido... De tales delitos culparon á Jesús en los tribunales de los sumos pontífices y en el de Pilato ; y estos se divulgaban entre el pueblo, y se esparcian por los barrios y plazas de Jerusalen.

La segunda especie de injurias fueron los escarnios y burlas. No bastaba á la impiedad el acusar á Jesús de blasfemo y facineroso ; era menester tambien declararle falto de juicio y mentecato. Véle aquí en la presencia de Herodes ; y porque á las preguntas reiteradas que se le hacen nada responde, sino que calla por un rasgo de su infinita sabiduría, al instante el rey y los cortesanos le de-

21*

claran por loco, y como tal es cubierto de una vestidura blanca, y entre las burlas y las irrisiones de la insolente plebe le conducen á Pilato por las calles mas públicas... Á esta afrenta sucede otra, no sabré decir si más fiera ó mas contumeliosa, en el palacio del presidente romano. Los soldados de este, instigados por los hebreos, determinan hacer con Jesús una diversion, que otro que el demonio no podia sugerirla. Le echaron sobre las espaldas un trapo de púrpura, despues le pusieron una caña en la mano, y tejiendo una corona de agudas espinas se la clavaron en la cabeza, para mofarse de él como de un rey de burlas. Ni paró aquí el juego, porque para escarnecerle mas doblaban delante de él la rodilla como por un acto de obsequio; pero despues le arrojaban al rostro asquerosas salivas, y se lo acardenalaban con bofetadas. Y mientras el cielo se asombra con esta vista, y los Ángeles lloran amargamente, un innumerable pueblo se para á ver tan insólito espectáculo, y con la fiesta que hace de él, y con sus aplausos, aumenta á Jesús las injurias y los escarnios...

La tercera especie de injurias que fueron hechas á Jesús fue su condenacion á muerte, tan llena de oprobio. Pilato, por librar á Jesús, cuya integridad é inocencia conocia perfectamente, presentó dos al pueblo, que se hallaba reunido debajo de la galería de su palacio, para que escogiese uno, á quien debia hacerse la gracia de perdonarle la vida en obsequio de la Pascua: Jesús y Barrabás. ¿Quién lo creeria? La eleccion, contra la esperanza de Pilato, recayó sobre Barrabás, y gritó todo el pueblo: que este quede libre, y Jesús sea condenado. Mas ¿cómo es esto, que se quiere sea condenado Jesús y absuelto Barrabás? ¿Quién es este? Un facineroso, un sedicioso, un homicida. ¿Y á este debe absolverse, y condenarse á Jesús? Sí, así lo queremos: viva Barrabás, y muera Jesús. ¿Qué mal ha hecho Jesús?... Mas si Jesús ha de morir, ¿á qué muerte se le ha de sentenciar? Aun seria mucha severidad hacerle morir al golpe de una espada; no, ha de morir de una muerte la mas dolorosa, y al mismo tiempo la mas ignominiosa: ha de morir enclavado en una cruz, como suelen morir los malhechores mas infames y mas malvados; y ha de morir en medio de dos asesinos, á fin de que todos sepan que ha excedido á todos en maldad. Así lo quiso el pueblo, y así lo sentenció Pilato. Así fue Jesús conducido á la muerte de cruz entre el gozo festivo de los sumos sacerdotes, entre las ignominiosas blasfemias de los escribas y fariseos, y entre las mas mordaces irrisiones de un inmenso pueblo. Entonces puntualmente se verificó la prediccion del Profeta, que en persona de Jesucristo testificó: «Yo soy gusano, no hombre; el «ludibrio de los hombres, y el desecho de la «plebe.» Párate aquí un poco, alma mia, y responde á algunas preguntas que te voy á hacer.

Pregunto en primer lugar : ¿Dió el eterno Padre una sentencia injusta cuando destinó para su Hijo unigénito tantas y tan sorprendentes ignominias? No, alma mia, no por cierto. Jesús habia salido fiador por nuestros pecados, y nuestros pecados exigian tal paga... Pregunto en segundo lugar : ¿Te haria algun agravio el eterno Padre permitiendo contra tí otras tantas ignominias y oprobios cuantas quiso que fuesen á las que se sujetase su unigénito Hijo? No, porque tanto como esto merece el pecado, y bien lo infieres tú por las afrentas é ignominias hechas á Jesús, y bien te acusa tu conciencia de que tú eres reo de muchos pecados. Pregunto en tercer lugar : Si tú crees que el pecado merece tales ignominias, sabiendo tú que has pecado, ¿no será intolerable tu soberbia si rehusas soportar siquiera un ligero desprecio? ¿Y qué ingratitud seria la tuya si no quisieses sufrir por el amor de Jesús una ligera ofensa, despues que él ha sufrido tantas y tan extraordinarias por tu amor?

AFECTOS.

1.º *Admiracion de la humildad de Jesús.* ¡Oh Jesús amado, Redentor mio! ¡Qué milagros tan estupendos no propone vuestra humildad á mis ojos! Vos, que sois infinita sabiduría y gobernais el cielo

y la tierra, sois proclamado por mentecato y loco!.
¡Vos burlado como rey de escena, y escupido en
el rostro como el hombre mas vil del universo!
¡Vos, santidad infinita, de donde se derivan todos
los dones y las gracias celestiales, sois tenido por
hipócrita y bebedor de vino! ¡Vos acusado como
seductor y blasfemo, Vos llamado samaritano y
hechicero, y reputado por peor que un homicida
y un asesino! Y todo esto lo sufrís, y lo sufrís con
un silencio portentosísimo, sin la mas mínima queja, con una incomparable mansedumbre, sin rencor, y con una resignacion plenísima, sin ningun
lamento de las disposiciones del cielo... ¡Oh humildad! ¡oh silencio de mi Jesús! Este sí que es un
sacrificio que por sí solo es suficiente á dar al eterno Padre una complacencia infinita, y á insinuar
la humildad en todos los corazones de los hombres...

2.° *Confusion.* Mas esta humildad vuestra
¡oh cuán abominable hace mi soberbia á vuestros
ojos, ó Jesús mio! ¡Yo, vilísimo hombrecillo, con
un entendimiento todo lleno de ignorancias y de tinieblas, quiero ser reputado por sábio y prudente,
mientras Jesús, que es la misma sabiduría, vestido de loco es conduido por las calles públicas
para ser el ludibrio de todo el pueblo! ¡Yo pecador
quiero ser tenido por inocente, cuando al inocente
Jesús se le hace pasar y se le tiene por seductor,

blasfemo y hechicero! ¡Yo, pobre de toda virtud y lleno de vicios, pretendo ser preferido á todos, cuando Jesús, que es la misma santidad, es pospuesto á un Barrabás, y sentenciado á muerte sobre un infame patíbulo! ¡Oh cuán odiosa y abominable deberá parecer una soberbia tan intolerable á los ojos de mi Redentor! ¡Oh Jesús mio, tened misericordia de mí, y concededme que yo tenga en el entendimiento sentimientos del todo diversos ó inclinaciones del todo contrarias en mi voluntad á las que he tenido hasta aquí!

Punto 2.°

No ha habido hombre en el mundo que haya soportado las ignominias y los ultrajes como los soportó Jesucristo. El real Profeta expresó esta humildad verdaderamente portentosa con que Jesús soportó las ignominias y los ultrajes con las siguientes palabras : Me hice semejante á un sordo, que no oye, y á un mudo, que no abre su boca [1]. Pondera, alma mia, estas breves palabras, y admira la estupenda humildad que bajo este portentoso silencio se esconde.

1.° *Jesús fue inocente*, y tal que jamás se le pudo atribuir cosa que no fuese recta, y que con razon pudiese ser censurada. Los delitos de que le

[1] Ego autem tamquam surdus non audiens; et sicut mutus non aperiens os suum. (*Psalm.* XXXVII, 14).

acusaron eran invenciones maliciosas de sus enemigos ; y si Jesús hubiera querido hablar, en un
momento hubiera podido hacer patentísima á todos
su inocencia, y que enmudeciesen sus enemigos á
la presencia de todo el pueblo, y cubrirlos de rubor y de vergüenza.

2.° *Jesús era omnipotente...* Bastaba una palabra suya para hacer caer de las nubes rayos sobre todos sus enemigos y precipitarlos á todos en
el abismo. Con una sola palabra hubiera podido dar
á conocer su divinidad á todos los hombres, y hacer que toda Jerusalen le adorase por el Mesías tan
largo tiempo esperado.

3.° *Jesús era de infinita sabiduría.* Sabia que
sus enemigos abusarian de su silencio, y que no
descansarian hasta que le hubiesen visto morir en
un patíbulo y con una muerte infame. Sabia que
su querida Madre y los Apóstoles padecerian ex-
tremadamente por este su silencio... Sabia que de
callar así tomarian ocasion para desacreditar los
milagros que habia obrado, para condenar por er-
rónea su doctrina, y para enfurecerse contra su
nueva Iglesia. Todo lo sabia ; con todo, estos motivos tan poderosos no fueron suficientes para sacar de su boca una palabra para disculparse ; quiso
callar, y callar hasta su última respiracion. ¡Oh
Jesús! ¡oh admirable Jesús mio, cuán estupendo
y elocuente es este vuestro silencio! ¡Cuán subli-

me esta vuestra doctrina! ¡cuán singular este vuestro ejemplo! Mas ¡ay! ¡cuán pocos son los que le imitan! ¿Dónde están aquellas almas que, siendo afrentadas con ignominias y ultrajes, saben callar con Jesús? Bien habrá quien sepa acomodarse con otras dificultades y mortificaciones, sobre todo si se emprenden por su propio juicio; mas callar entre las ignominias, amar los vituperios y calumnias, no alejar de sí las injustas imputaciones, ¡oh, esta es una carga para pocas espaldas!... Pero entre tanto, siempre será una verdad incontrastable que el ejemplo de Jesucristo es el único camino para la santidad, y quien no le imite siempre será pequeño en sus ojos, ni tendrá esperanza de llegar alguna vez á la perfeccion.

AFECTOS.

1.° *Estima y aprecio de los desprecios.* ¡Oh cuán admirable es vuestra doctrina, Jesús mio! ¡Cuánto sobrepuja á toda la sabiduría del siglo! Vos no descubrísteis en las ignominias, en los desprecios, en las ofensas sino belleza y amabilidad; y pudiendo con una sola palabra proporcionaros tantos honores cuantos fueron los desprecios que recibísteis, quisísteis preferir estos á aquellos; y vuestro corazon, cuanto estuvo ajeno de las honras, otro tanto se mostró deseoso de las ignominias. Pues ¿por qué no tendré yo los mismos sen-

timientos que Vos tuvísteis, y por qué no amaré
lo que Vos amásteis? Sí, Jesús mio, yo miraré en
adelante el desprecio como cosa que abate mi mas
fiero enemigo, cual es la soberbia; que me abre la
entrada al corazon de Jesús; que deberá formar la
mas bella parte de mi gloria en el paraíso.

2.° *Contricion y propósito.* ¡Oh cuán ciego
he sido en el tiempo pasado, ó Jesús mio! Yo tambien he deseado poderos amar como Vos sois amado por los Serafines en el cielo; y ciertamente he
deseado poderos demostrar mi amor con la ofrenda
de algun sacrificio que os fuese grato y acepto. ¿Y
qué otro sacrificio podia seros agradable sino el del
propio honor, sobrellevando en silencio las ignominias y las afrentas? ¿Y por qué no lo he hecho
yo así? ¡Ah! que no fue el mas bello momento de
mi vida aquel en que mi corazon se halló penetrado
de un tierno afecto sensible para con Dios, y sintió derretirse de amor por su infinita bondad; no,
sino que el mas bello instante fue aquel en que mis
acciones fueron interpretadas siniestramente y cen-
suradas; y la mas bella ocasion de ofrecer á Dios
un sacrificio perfecto, fue aquella en que me despreciaron y escarnecieron solemnemente. Erré,
pues, ó Jesús mio, erré entristeciéndome cuando
hubiera debido regocijarme, y huyendo de lo que
hubiera debido buscar, y murmurando cuando hubiera debido callar. ¿Qué deberé hacer, ó Jesús

mio, ahora que conozco mi engaño? Puntualmente aquello que Vos hicísteis aproximándose la hora de vuestras ignominias. «Á fin de que el mundo co-«nozca que yo amo al Padre, levantaos, y vamos.» Así dijísteis Vos, entregándoos animosamente á vuestros enemigos, de los cuales no podíais esperar otra cosa que malos tratamientos y oprobios. Así tambien yo, cuando me sobrevenga alguna ocasion de desprecio y de humillacion, me animaré diciendo : Á fin de que el cielo conozca que yo amo á Jesús, ea, alma mia, vamos de buena gana á abrazarlos por su amor...

Padre nuestro y *Ave María.*
Conclusion como en la pág. 14.

MEDITACION XXVII.

Del prodigioso amor que manifestó Jesús en la cruz á sus enemigos.

Oracion preparatoria como en la pág. 13.

Composicion de lugar. Imagínate que ves á Jesús clavado en la cruz en medio de los mayores dolores, y que oyes que ruega á su Padre á favor de los mismos que le han crucificado.

Peticion. ¡Oh Jesús mio y maestro mio! os suplico la gracia, no solo de perdonar á mis enemigos, sino tambien de amarles y hacerles todo bien.

Punto 1.º

El amor de Jesús para con sus enemigos, fue un portento de amor.

Trasládate, alma mia, con tu pensamiento al Calvario, y pondera atentamente el amor de Jesús para con sus enemigos. Míralo pendiente de tres clavos en un infame patíbulo, todo hecho una llaga, chorreando sangre, anegado en un mar de dolores, y próximo á exhalar el último aliento... Mira por otra parte la multitud de gente de toda edad, condicion y estado, jóvenes y ancianos, nobles y plebeyos, hebreos y gentiles, escribas y fariseos, señores del pueblo y sumos sacerdotes, los cuales, en vez de tener compasion (la cual solamente algunos pocos la manifiestan á la vista de sus penas), todos arden en un odio irreconciliable y mortal contra él; y ponderando las notabilísimas circunstancias de este odio, considera si se le debió hacer cosa bien dura y dificultosa el amar á una gente tan bárbara y tan inhumana.

1.° *La primera circunstancia fue el júbilo y el triunfo de sus enemigos.* No debes aquí, alma mia, considerar á Jesús como puro hombre, sino cual era, hombre y Dios juntamente, á cuya vista estaban patentes los corazones de todos, y cuyos mas ocultos pensamientos penetraba. Estando, pues, agonizando en la cruz, ¿qué malignidad no descubrió en los corazones de aquellos bárbaros? Vió á unos que se regocijaban al mirarle enclavado en la cruz, y se congratulaban entre sí de que finalmente hubiese llegado la hora tan deseada de ver á un seductor colgado en un patíbulo; vió que otros aprobaban la sentencia pronunciada contra él, juzgando que era muy justo que á un malvado y blasfemo no convenia otro suplicio que el de la cruz, en medio de dos asesinos; que estos se complacian y saltaban de alegría al verle padecer, y de que se le negase el mas mínimo alivio á su sed, y aun de que se le aumentase esta, y se le añadiese el tormento, dándole á beber hiel y vinagre; y que aquellos esperaban con impaciencia su muerte, deseando que su nombre fuese borrado de la memoria de todos. Todo esto vió Jesús, y en el corazon de aquellos mismos por quienes habia bajado del cielo á la tierra, abandonando una inmensa felicidad y sujetándose á las miserias humanas : lo vió en el corazon de aquellos en cuyo favor habia obrado tantos milagros, y por los cuales moria. Y á tal vista, ¿de qué carácter debia ser su amor hácia tal clase de gente?

2.º *La segunda circunstancia fueron las befas é insultos de sus enemigos*. El compadecer á un miserable que está agonizando, y es entregado en manos de un verdugo para ser ajusticiado, es un acto de humanidad que no se niega ni al mas perverso malhechor. Al comparecer en el tablado un delincuente, por muy merecedor que sea de muerte, se observa sin embargo en todos un gran silencio, y hasta los corazones mas duros le dan algunas muestras de piedad y compasion; y estas son tanto mas visibles, cuanto mas atroz es el suplicio á que es condenado. Mas Jesús no fue digno de tanto : cuanto mas crueles fueron sus penas, y cuanto mas bárbaro fue su suplicio, tanto mas picantes fueron las befas, y mas mordaces las irrisiones con que fue insultado de sus enemigos. Ea, vamos, le decian unos, si te has jactado de destruir el templo y reedificarle en tres dias, muestra ahora tu poder, y líbrate á tí mismo de la cruz. Otros replicaban: si has hecho tanto alarde de ser Hijo de Dios y de haber confiado siempre en él; ¿por qué no viene ahora á librarte?

3.° *La tercera circunstancia fue la pertinacia de sus enemigos.* No se le hubiera hecho difícil á Jesús el amar á sus enemigos, si finalmente hubieran conocido y detestado su malignidad; pero era demasiado grande la obstinacion de estos impíos. Los elementos, aunque insensibles, dieron no obstante testimonio de la inocencia de Jesús. Se cubrió de luto el cielo, se oscureció el sol, las piedras se hicieron pedazos, el velo del templo se dividió en dos partes, la tierra tembló y se sacudió. Fueron ellos testigos oculares de tales prodigios, mas ni por eso cesaron de maltratarlo, y aun, enfureciéndose mas y mas contra el Señor, continuaron en escarnecerle, maldecirle y blasfemarle: ni cesaron de atormentarle sino cuando le vieron ya muerto. Y sin embargo, Jesús lo sufrió todo con una paciencia heróica; y aun olvidándose de sus dolores, y de tantas injurias como en tan crítica situacion vomitaban contra él en su misma cara, vuelto al eterno Padre peroró con él, y tomó por su cuenta la causa de ellos, á fin de obtenerles el perdon de su impiedad... ¿Y podrá hallarse amor que se asemeje á este? No hubiera sido difícil á Jesús amar á sus enemigos si hubiese previsto que, al menos despues de su muerte, hubieran cesado de aborrecerle; pero ni aun este consuelo pudo tener. Previó que la mayor parte de ellos harian burla de todos aquellos milagros suyos que se habian de hacer despues de su resurreccion; previó que perseguirian de muerte á sus Apóstoles, que debian anunciar su nombre; previó que perseverarian en su pertinacia hasta la muerte, y que le blasfemarian por toda la eternidad en el infierno aun mas que los mismos demonios. Cosa muy dura debia ser ciertamente para Jesús el amar á una gente tan inícua y proterva; con todo eso, en vez de airarse y de pedir venganza de su muerte tan dolorosa é infame, no dejó de amar aun á los mas delincuentes, y de desear que su divina sangre diese la vida á aquellos que tan bárbaramente la habian derramado por darle muerte... Entra aquí, alma mia, dentro de tí misma, y mira quiénes son aquellos á quienes tú encuentras dificultad de amar. ¿Son acaso testigos falsos, que te han acusado falsamente delante de un tribunal? ¿Son tigres que te han hecho beber en algunas ocasiones hiel y vinagre de penas, trabajos, privaciones é injusticias? ¿Son asesinos que están sedientos de tu sangre, y quieren enclavarte en una cruz como á Jesús? ¡Ah! habrá alguno que tal vez te mire con rostro torcido; habrá alguno que dejará escapar de su boca una palabra poco considerada: ¿y tendrás dificultad en amar á estos, al ver que Jesús ama aun á los mas despiadados verdugos? Coteja detenidamente tus enemigos con los de Jesús.

AFECTOS.

1.° *Confusion.* ¡Oh Jesús! ¡oh amantísimo Jesús! Yo admiro vuestra magnánima caridad, y á vista de ella conozco cuán débil es la mia. Vos conservais en vuestro corazon un amor que se mantiene firme en medio de todos los ultrajes. Vos, con vuestra vista, divisais á aquellos que hace muchos años abrigan en su pecho contra Vos un odio mas que diabólico; á aquellos que os maldicen y blasfeman como si fuéseis el mayor malhechor del mundo; á aquellos que han hecho gala de reduciros á un tal estado, en que ni siquiera podais ser conocido; á aquellos que en medio del mas horrible destrozo de Vos os burlan y os escarnecen. Vos los veis con vuestros propios ojos, los oís con vuestros mismos oidos, y os es bien conocido todo el odio y toda la rabia de sus corazones, y todo esto no basta para enfriar vuestro amor, ni vuestro corazon admite sombra de enojo, ni vuestros labios profieren una palabra de queja, ni vuestras manos se mueven á la venganza, antes á todos los amais Vos, á todos los estrechais en vuestro seno, por todos derramais vuestra sangre preciosísima, á ninguno excluis de vuestro corazon. Tan fuerte y magnánimo como esto es vuestro amor, ¡oh Jesús mio! ¿Y el mio? ¡Ay! que es un amor que no merece este nombre, porque cualquiera pequeña injuria es suficiente á debilitarlo, y alguna vez llega tambien á extinguirle, y quizá convertirle en odio.

2.º *Arrepentimiento.* ¡Con qué yo soy un hombre destituido de amor! ¡Oh qué triste y congojoso es este pensamiento! ¡Yo soy un hombre destituido de amor! y sin embargo ¿quién soy yo? Yo soy una alma escogida entre millares y millares para seguir á Jesús. Yo soy una alma cristiana, que hace tanto tiempo que medita cada dia los ejemplos de Jesucristo, el cual amó aun á los que le crucificaron; ¡y á pesar de todo esto, yo soy una criatura destituida de amor! ¡Y esto despues de tantos años como han pasado desde que soy cristiano, despues de tantas luces, gracias é inspiraciones interiores, despues de tantos medios y ocasiones! ¡Oh! cuánta razon tengo de detestar mi frialdad!

Punto 2.º

El amor de Jesús fue un portento de amor atendidas las circunstancias en que amó á sus enemigos. Hasta ahora hemos considerado las circunstancias del odio, de la rabia y de la barbarie inaudita que mostraron contra Jesús sus enemigos. Ahora pondera, alma mia, las circunstancias del

22*

amor que les mostró á ellos Jesús en el mismo tiempo de su furor. La consideracion de estos dos puntos no dudo que te suministrará motivos poderosísimos para admirar este amor tan estupendo.

La primera circunstancia fue el tiempo en que oró por los que le crucificaban... Jesús debia hablar á muchos desde la cruz : á su eterno Padre, para encomendarle su espíritu; á su querida Madre, para confiarla á su discípulo Juan; á Juan, para encargarle el cuidado de su afligida Madre; á los circunstantes, para pedirles alivio en su extrema sed : mas ¿por quién se interesa primero cuando habla? ¡Ah! espere aun la desconsolada Madre, ceda el fiel discípulo, olvídese el propio interés, y diríjanse las primeras palabras á su eterno Padre en favor de sus enemigos, implorando para ellos el perdon : « Padre, perdonadlos. » ¡Oh amor! ¡oh qué prodigio de amor es este!

La segunda circunstancia fue la malicia de sus enemigos, la cual crecia cada vez mas de punto, cuanto mas ardiente se mostraba el amor de Jesús... Parece que para obtener Jesús el perdon de sus enemigos debia esperar que antes se reconociesen del grande exceso que habian cometido, y que humillados y compungidos implorasen piedad y misericordia. Mas de otro temple era su caridad, la cual no le permitió esperar al reconocimiento, sino que al instante se hizo su mediadora con el eterno Padre para obtener de él les perdonase. Yo amo, decia Jesús, y porque amo intercedo : amo é intercedo en este mismo momento en que estoy oyendo sus mofas y blasfemias, y veo su odio, y experimento todos los efectos de su rabia y furor. Los amo é intercedo por ellos, y por ellos ofrezco toda mi sangre... ¿Qué dices tú, alma mia, á vista de un amor tan fino?

La tercera circunstancia fue la excusa que alegó Jesús en su oracion... No puede negarse que los judíos habian cometido contra Jesús una injusticia la mas atroz y execrable, queriendo que muriese de la muerte mas cruel y mas extraña. Los milagros que habia obrado, y que ellos habian visto con sus propios ojos; la inocencia de su vida, conocida hasta por el presidente gentil; las mismas acusaciones que ellos habian inventado y que habian producido en juicio, probaban hasta la evidencia su malignidad : no obstante esto, Jesús ruega por ellos, y en su disculpa alega su ignorancia, diciendo : «Padre, perdónalos, porque no saben «lo que se hacen ; » como si quisiera decir : Padre mio, yo no digo que no hayan pecado, solo digo que puede excusarse su impiedad : la ignorancia tiene gran parte en ella, de otro modo nunca me hubieran tratado así; y por esto os ruego, Padre mio, que los perdoneis como yo los perdono, y que les ameis como yo los amo... ¡Oh prodigioso amor

de Jesús para con sus enemigos, que le llevó á
amarlos, y á amarlos así! Alma mia, aprende tambien á amar tú á quien te ha ofendido, y si quieres hacerlo, mira á tus enemigos con aquellos ojos
con que los miró Jesús desde la cruz, y se te hará
muy fácil. ¿Y qué descubrió Jesús en sus enemigos que pudiese inclinar su corazon á amarlos?
¡Ah! vió en ellos la debilidad de la naturaleza, in-
clinada al mal desde su nacimiento : vió en ellos
una alma preciosísima, formada á su imágen y
semejanza, y llamada á la participacion de su gloria ; vió en ellos las altísimas disposiciones de su
eterno Padre, el cual cabalmente por las manos de
sus enemigos le ofreció el cáliz que le habia preparado; vió finalmente aquel número exorbitante de
pecados, de los que él espontáneamente se habia
cargado para dar á la divina justicia la debida satisfaccion, y que esta los castigaba en él por medio
de sus enemigos : y estos fueron los motivos efica-
císimos que le estimularon para rogar con empeño
é interponerse con su eterno Padre, para obtenerles el perdon del grande exceso que habian cometido.

AFECTOS.

1.º *Arrepentimiento.* ¡Ah, mi amado Jesús!
ahora comprendo la verdadera causa de la dificultad que yo he experimentado siempre en amar á

aquellos de quienes habia sido ofendido. La causa ha sido que yo no los he mirado jamás con aquellos ojos con que Vos mirásteis á vuestros enemigos, y esta es tambien la verdadera causa de mi mal. Si yo hubiera mirado siempre á los que me ofendian como á gente por cuyas manos mi Padre celestial me presentaba el cáliz que me habia preparado; si yo los hubiese mirado siempre como gente de quien se valia la divina justicia para castigar mis pecados, ¡ay! cuántos actos perfectísimos de caridad no hubiera yo hecho hasta este momento, y cuán bien se asemejaria á vuestro amorosísimo corazon el mio! Mas ahora ¿cuál es mi corazon y cuál es mi caridad? ¡Ay, mi amado Redéntor, dejadme callar y esconderme de vuestra vista, porque el gran rubor que siento me impide hablar y miraros! Mas ¿qué me aprovecha el callar y esconderme de Vos? Mejor es que yo confiese ingénuamente mi necedad, y que implore humildemente el perdon de vuestra misericordia. ¡Ah, Jesús mio! Seguramente yo he meditado con frecuencia los eminentes ejemplos de vuestro amor, los he admirado, los he ensalzado; pero ¿cuándo los he tomado yo por materia de imitacion?

2.° *Propósito y súplica.* Ahora pues, ¿me portaré yo siempre así, ó Jesús mio? ¡Ah, no! Por vuestra gracia experimento en mí otros sentimientos al presente, y me parece que está mi corazon

del todo mudado. Propongo amar con todo mi corazon á los que me ofenden; propongo soportar las
injurias con mansedumbre y en silencio; y haré
un estudio particular de volver bien por mal. Así
amó Jesús, así debo y quiero amar tambien yo.
Mas ¿cómo lo haré sin una luz que ilumine mi entendimiento, y sin un fuerte impulso que dé valor
á mi espíritu? Á Vos acudo, amado mio crucificado y único maestro del amor, á Vos os invoco por
aquella maravillosa mansedumbre con que perdo-
násteis á vuestros enemigos; por aquella afectuosa
súplica que hicísteis en favor de los mismos; y por
aquella sangre preciosísima que por ellos derramásteis. Concededme una caridad que se extienda á todos los hombres; una caridad que me dé valor para
sufrir y tolerar con paciencia todas las cosas; una
caridad que estimule siempre á corresponder el mal
con otro tanto bien. Así sea.

Padre nuestro y *Ave María.*
Conclusion como en la pág. 14.

MEDITACION XXVIII.

De la conclusion de la cuarta seccion, ó sea de la via iluminativa, y paso para la via unitiva.

Oracion preparatoria como en la pág. 13.

Composicion de lugar. Imagínate que ves á Jesús en el Calvario clavado en la cruz, y en el Tabor transfigurado, y oyes la voz del eterno Padre que dice : Este es mi querido Hijo, en quien tengo todas mis complacencias : á él habeis de oir [1].

Peticion. ¡Oh Jesús mio! os pido gracia para cumplir todo lo que Vos nos enseñais con el ejemplo y de palabra.

VERDADES QUE SE HAN DE TENER PRESENTES.

Hé aquí, alma mia, que hemos llegado ya al punto mas importante, del cual depende en la vida espiritual todo tu bien. Este punto es que conviene caminar sobre las huellas que Jesucristo ha dejado impresas, y, haciéndole fiel compañía, soportar pacientemente desolaciones y aflicciones de espíritu, dolores y trabajos corporales, ultrajes, injurias, malquerencias y persecuciones de cualquier parte que vengan. El que no tiene ánimo para an-

[1] Matth. XVII, 5.

dar por este camino nunca encontrará á Dios, y mucho menos podrá llegar á su puro y perfecto amor, que es el objeto de estos ejercicios espirituales, y al que debe enderezarse toda nuestra vida. Considera, pues, con la mas atenta reflexion las siguientes verdades, y resuélvete á entrar de una vez con corazon magnánimo por este camino con tu Redentor crucificado, y á continuar en él mientras le agrade.

Primera verdad. El camino de las penas es el camino mas noble que puede llevar un alma. Dos fueron los fines por los cuales el unigénito Hijo de Dios bajó del cielo. El primero fue para ofrecer á su Padre celestial un sacrificio con el que le tributase un honor sumo, y que fuese juntamente digno de su infinita grandeza, y de condigna satisfaccion de los pecados del mundo, haciendo oficio de Redentor. El segundo fue dar al hombre un modelo de aquella perfecta santidad á que debia aspirar. ¿Cuál fue el camino que eligió Jesús para obtener este doble fin? No otro que el de las penas; las cuales, comenzadas desde el primer instante de su encarnación en el seno de María, no terminaron sino con su muerte. Conviene, pues, decir, ó que este camino es el mas noble, ó que Jesucristo no ha dado á los hombres un ejemplar de la mas perfecta santidad.

Segunda verdad. El camino de las penas es el

mas ventajoso que puede andar un alma. No es posible explicar en pocas palabras los frutos preciosísimos que se encuentran en el camino de las penas. Yo insinuaré solamente dos. Siempre que Dios quiere admitir un alma á su union, y hacerla participante de las dulzuras de su santo amor, exige de ella principalmente dos cosas, que son : una perfecta pureza de corazon, y una perfecta posesion de las virtudes. Pues bien, para conseguir estas dos cosas no puede hallarse otro camino mas á propósito que el de las penas. Y en cuanto á la perfecta pureza de corazon, parece que no puede ponerse en duda que se obtenga por este camino, porque no hallando en él el alma cosa alguna que la satisfaga, sino Dios solo y su divino beneplácito, poco á poco aprende á deshacerse de todas las criaturas, á despreciar toda satisfaccion y consuelo criado, y á volverse con todos los afectos de su corazon al sumo Bien, en el cual únicamente puede encontrar todo aquello que puede contentar sus deseos... Por este mismo camino se llega tambien á la posesion perfecta de las virtudes; porque no pudiendo el alma practicar sus actos en el tiempo de sus penas sino usando de un esfuerzo extraordinario y heróico, con el que triunfa de todas aquellas perversas inclinaciones que á aquellas se oponen, las mismas virtudes vienen á arraigarse mas profundamente en el corazon, y á adquirir nuevo lustre y perfeccion.

Y de aquí es que solo aquellas almas que son conducidas por el camino de las penas llegan mas pronto á la íntima union y familiaridad con Dios.

Tercera verdad. El camino de las penas es el mas seguro que puede andar un alma. Ha habido almas que, favorecidas de Dios con ilustraciones muy sublimes en el entendimiento, y con superiores consuelos de espíritu, parecia que tocaban la cima de la santidad, y que llevaban una vida mas angélica que humana; mas no estando suficientemente probadas y fundadas en las virtudes, y singularmente en la humildad, se envanecieron con estas gracias, y de la altura del estado en que se hallaban se precipitaron en el abismo de toda miseria. Nada de esto debe temerse de un alma que va por el camino de las penas, siendo este siempre ventajoso, siempre seguro. Porque en él se ejercitan las mas perfectas virtudes, la humildad, la sumision, la mansedumbre, la caridad, la resignación al divino beneplácito, y con ellas se echa un firme fundamento, sobre el cual se pueden establecer despues las gracias mas grandes y la santidad mas sublime. Y ésta es la verdadera imitacion de Jesucristo, y el camino que nos ha enseñado con su doctrina y ejemplo, y que nunca falta...

PRÁCTICAS.

Despues de haber ponderado bien estas verdades, aprende, alma mia, las prácticas que es necesario observar en el camino de las penas.

Primera práctica. Imprimir profundamente en el espíritu, á fuerza de oracion, ciertas máximas y verdades que pueden animarnos en el tiempo de las penas... Estas, por ejemplo, podrán ser: 1.ª Jamás podré yo padecer cuanto merece la adquisicion de un Dios; porque aunque padeciese todas las penas imaginables por mil años, seria nada en comparacion de aquel bien. 2.ª Jamás podré padecer cuanto he merecido por mis pecados, y por mucho que padezca nunca será un infierno de penas, que es de lo que me hice reo. Estas verdades conviene meditarlas tan frecuentemente y con tal atencion, que se nos hagan en todo familiares, y las tengamos presentes en todas las ocasiones que se nos puedan ofrecer.

Segunda práctica. Sufrir en silencio las contradicciones ligeras y cotidianas, y cobrar de este modo aliento y estar dispuesto para sobrellevar otras mayores. En estas ocasiones conviene portarse de esta manera:

1.º Acordarse de alguna de estas máximas.

2.º Ofrecer á Dios la cosa de que se tratare

con pura intencion, y con un acto de fervorosa caridad.

3.° Observar un perfecto silencio, sin proferir una sola palabra de queja, cualquiera que sea.

Tercera práctica. En las grandes y largas adversidades ofrecerse á Dios como una hostia. Para este efecto es necesario : 1.° Comenzar desde la mañana á resignarse perfectamente en la voluntad de Dios y en todas sus divinas disposiciones, y confirmar entre dia esta resignacion. 2.° Ofrecer á Dios en todas las horas las penas que se toleran con pureza de intencion y fervor de caridad. 3.° No quejarse nunca de las disposiciones de Dios ni de nadie. 4.° Ejercitando estos actos con humilde paciencia y con filial confianza en Dios, esperar el tiempo que ha prefijado para librarnos... Estas son, alma mia, aquellas eminentes virtudes en que consiste la verdadera imitacion de Jesucristo, y que abren camino á la íntima union con Dios. Si tú quieres practicarlas sin dilacion, ofrécete con humilde sentimiento á tu Señor crucificado, y díle así con todo afecto : ¡Oh Jesús! ¡oh mi amado Jesús, qué espectáculo se presenta á mis ojos cuando os veo pendiente de la cruz! La alegría y la bienaventuranza por esencia es afligida hasta la muerte! La inocencia y santidad infinita es condenada á muerte. La Majestad infinita está en un patíbulo acompañada de dos infames malhechores... El amor inmenso es aborrecido... ¡y todo esto lo padeceis por mí! Por mí es esa sangre que corre á arroyos de vuestro inocentísimo cuerpo; por mí esas rasgaduras que os han abierto; por mí todas las penas, tormentos é ignominias que habeis padecido... Todo esto lo creo, ó Jesús mio, y sin embargo, ¡oh detestable maldad de mi corazon! y sin embargo aun no os amo. ¡Ah! conozco muy bien la causa funesta de esto; todo proviene de que yo me amo mucho á mí mismo, no quiero hacerme ninguna violencia, ni quiero padecer; así, amándome de este modo no queda en mi corazon amor para Vos. Alma mia, ¿y persistirás tú siempre en este estado? ¿no morirás alguna vez á tí misma? ¿No te resolverás, finalmente, á padecer por tu amor crucificado? Ó Dios mio, ¡qué vida tan vergonzosa seria esta para mí! ¡He merecido ser quemado en un fuego eterno, y no quiero padecer una pequeña incomodidad! ¡He merecido vivir en una eterna desesperacion allá abajo en el infierno, y no quiero tolerar una pasajera desolacion de espíritu! ¡He merecido ser eternamente aborrecido de las criaturas, y no quiero sufrir un ligero desprecio! ¡He merecido habitar eternamente en compañía de los demonios y condenados, y no quiero soportar una debilidad en mi prójimo, aunque tal vez será inculpable!... ¡Qué vergüenza es esta para mí! Mas al mismo tiempo, ¡qué ingratitud para con Vos, ó

Jesús mio! Mas bendito seais, que ahora, iluminado de vuestra gracia, conozco el mal que hasta aquí he hecho, y llamo al cielo por testigo del dolor que experimento de mi pasada tibieza, y de la resolucion que tomo de querer seguir fielmente vuestras huellas, ó Jesús mio. Fortalecedme Vos...

Padre nuestro y *Ave María*.
Conclusion como en la pág. 14.

MEDITACION XXIX.

De la Resurreccion de Jesucristo.

Advertencia. Para entender bien el fin que es propio de esta quinta seccion, conviene recordar todo el órden con que están distribuidos los mismos ejercicios. En el principio hemos meditado nuestro último fin, que es amar á Dios perfectamente en esta vida, y gozarle despues en la otra ; y nos hemos resuelto á querer seguir esto á toda costa. Para conseguirlo se requiere en primer lugar que lloremos nuestros pecados, extirpemos nuestras malas inclinaciones, y conservemos inmaculado nuestro corazon ; y esto se obtiene con las meditaciones de la primera y segunda seccion. Se requiere además que imitemos á Nuestro Señor Jesucristo, y adornemos nuestras almas con aquellas virtudes que él nos enseñó con su doctrina y ejemplos, y esto se consigue con las meditaciones de la tercera seccion. Mas no siendo posible el ejercicio de estas virtudes sin vencer grandes dificultades, y sin morir á sí mismo, por eso se propone en la cuarta seccion la consideracion de la pasion y muerte de nuestro divino Salvador para mas facilitarlo. Despues que el alma haya hecho todo esto, y haya llegado á mo-

23

rir á sí misma totalmente, entonces entrará en el perfecto amor de Dios, en que consiste nuestro último fin en la tierra. Y este perfecto amor de Dios será la materia de las meditaciones que se harán en esta quinta seccion. La introduccion á esta la hará la meditacion de la Resurreccion de Nuestro Señor Jesucristo, á fin de que con la consideracion de tanta bienaventuranza despreciemos las cosas temporales, nos aficionemos á los padecimientos, nos afiancemos mas en los propósitos hechos, y nos habilitemos para entrar en la perfecta amistad y comunicacion con Dios.

La oracion preparatoria como en la pág. 13.

Composicion de lugar. Imagínate que ves á Jesucristo resucitado, hermosísimo, glorioso y triunfante, y que oyes la voz de san Pablo que dice: «Si padecemos con Cristo, con él serémos glo-«rificados [1].»

Peticion. Dadme, Señor, gozo y alegría para acompañaros, y virtud para imitaros en la paciencia con que sufrísteis las penas y trabajos, á fin de participar de las glorias.

Punto 1.°

Cuanto fue grande y atroz la amargura de la

[1] Si tamen compatimur, ut et conglorificemur. (*Rom.* VIII, 17).

pasion de Jesucristo, tanto fue grande y apetecible la felicidad y gloria de la Resurreccion. Cuatro fueron las principales amarguras que experimentó Jesucristo en su pasion, las cuales son : 1.ª Dolores muy terribles en su cuerpo. 2.ª Extrema afliccion en el alma. 3.ª Ofensas inauditas en su honor. 4.ª Una increible malevolencia de sus enemigos. Ahora pondera, alma mia, las bienaventuranzas en que se cambiaron estas amarguras.

1.º Jesús resucitó con una admirable hermosura en su cuerpo. Para formar alguna idea de esta belleza, reflexiona, alma mia, en primer lugar que si se pusiese á hacer las veces de sol el cuerpo glorificado de cualquier escogido, despediria tal luz que todo el mundo quedaria iluminado con una claridad incomparablemente mayor que la de aquel planeta tan luminoso. 2.º Si Dios reuniese en un cuerpo solo las hermosuras de todos los escogidos juntos, tantas hermosuras juntamente desaparecerian al punto al frente de la hermosura del solo cuerpo de Jesucristo; y sin embargo, este es aquel cuerpo que tres dias antes fue el blanco de la crueldad y de la barbarie, y que no aparecia sino como el cuerpo de un leproso.

2.º Jesús resucitó con un gozo inmenso en su alma. Para comprender este gozo, reflexiona, alma mia, que así como la amargura que experimentó el alma de Jesús en el huerto de Getsemaní fue tal, que si se hubiese distribuido entre todos los corazones de los hombres hubiera sido suficiente á dar á todos la muerte, así el gozo que experimentó en su resurreccion fue tal, que si se hubiese comunicado á cuantos hombres hay en el mundo, hubiera bastado á quitarles á todos la vida en fuerza de la dulzura de que sus corazones hubieran sido inundados y sumergidos. Tanto fue el gozo de que se vió penetrada.

3.° Jesucristo resucitó con una glorificacion infinita en su honor. ¡Ah, qué mudanza es esta, alma mia! Jesús, al presente, forma la gloria de los Ángeles, los cuales descienden del cielo para extasiarse con la gloria de su resurreccion. Él es la alegría de los antiguos Padres, y todos se postran arrodillados para honrarle y magnificarle como á su Redentor... Él es el juez de vivos y muertos; y así los escogidos como los condenados le adorarán con reverencia en el valle de Josafat... Él es la corona de los predestinados, y no habrá ninguno entre ellos que no le bendiga incesantemente por toda una entera eternidad. Sí, esta es la brillante perspectiva con que en este dia se deja ver Jesús, aquel Jesús que tres dias atrás fue burlado como mentecato por un Herodes, mofado por los soldados como rey de escena, y enclavado en una cruz como malhechor por los hebreos.

4.° Jesús resucita con el placer de un amor

universal. Dejo aparte aquel amor en que ardian por Jesús en este dia todos los espíritus bienaventurados; omito tambien el amor con que los Padres del limbo se engolfaron en su santísimo corazon, para recrearse en él; hablo solo del amor de que están penetrados todos los comprensores del cielo... Allí, por toda la extension de la eternidad, no habrá un solo momento en que no piensen en Jesús; ni un punto en que no se derritan alabando y bendiciendo á Jesús; ni un instante en que no amen tiernísimamente á Jesús...

AFECTOS.

1.º *Complacencia de la gloria de Jesús.* Ahora se ha acabado el padecer, ó Jesús mio; ha amanecido finalmente el dia de la gloria, y vuestro santísimo cuerpo, hecho el ornamento de todo el paraíso, resplandece mas que todas las estrellas del firmamento. Vuestra alma está sumergida en el gozo; vuestro santísimo corazon es un mar de placeres; vuestro nombre se ve adorado del cielo y de la tierra. Vos sois el gozo de todos los escogidos; apasionadamente deseado de los viadores en la tierra y de los comprensores en el cielo. Yo me complazco sumamente de esta vuestra gloria y bienaventuranza, y me complazco de ella mas que si fuese mia. Me congratulo con Vos, con todo el afecto de mi corazon. Gozaos enhorabuena esta vuestra corona, y gozáosla eternamente. Justísimo es que sea remunerado con tanta gloria, el que con tanta fortaleza quiso morir por la gloria de su eterno Padre.

2.º *Deseo de una bienaventuranza semejante.* ¡Oh qué felicidad seria la mia si tuviese algun dia la suerte de resucitar tambien así! ¡Quién podria jamás explicar mi gozo al mirar la hermosura del rostro de Jesús con mis propios ojos, y oir sus amorosas voces, amarle y ser de él amado: estrecharme con él, y ser de él abrazado; estar ya siempre en su compañía, y no ser separado de ella por toda la eternidad! ¡Hora bienaventurada! tú eres el blanco de todos mis deseos, tú el fin de todos los afectos de mi corazon...

Punto 2.º

Santas reflexiones y resoluciones que deben sacarse de esta meditacion. —Despues de haber meditado bien la resurreccion de Jesucristo, vuelve, alma mia, la vista sobre tí misma, y aplícate á ponderar las siguientes consideraciones:

Primera consideracion. Cuanto es cierto que Jesucristo ha resucitado glorioso del sepulcro, tanto lo es que tambien tú resucitarás algun dia glorioso si imitas su ejemplo... Despues de haber padecido Jesús en su carne, dice el Apóstol, os habeis de armar tambien vosotros de semejantes sentimientos, sabiendo bien que aquel mismo que resucitó á Jesucristo, os resucitará tambien á vosotros con Jesucristo... ¡Oh doctrina llena de consuelo! ¡oh palabras capaces de desterrar del corazon toda tristeza! ¡Con qué con estos ojos tuyos, con que al presente ves en la tierra, verás un dia el paraíso! ¡con estas tus manos te abrazarás un dia con Jesús! ¡con estos tus oidos oirás un dia las melodias de los Ángeles! ¡con esta tu boca gustarás un dia las dulzuras celestiales! ¡con estos tus piés te pasearás un dia sobre las estrellas!

Segunda consideracion. Cuanto es cierto que Jesucristo por su cruz y pasion obtuvo la gloria de la Resurreccion, tanto lo es que no se halla mejor medio para llegar á la misma gloria que la cruz y la tribulacion. Así lo enseña nuevamente el Apóstol. Son palabras verdaderas: si morimos con Jesucristo, si padecemos con él, reinarémos tambien con él. ¡Oh Dios mio! ¿qué impresion me harán entonces las aflicciones y las contradicciones pasadas? ¡Oh bienaventurados dolores! diré yo entonces; ¡oh benditas aflicciones que me habeis ensalzado á tanta gloria!

Tercera consideracion. Cuanto mas conforme sea en los padecimientos, tanto mas semejante seré á él en la gloria de su resurreccion. Escucha otra vez al Apóstol de las gentes diciendo: así como sois compañeros de Jesús en la tribulacion, así lo seréis en la consolacion. Nota bien, alma mia, estas dos palabras: así como, así; porque significan, que cuanto mas se padezca con Jesús en la tierra, tanto mas se gozará con él en el cielo en la resurreccion; y cuanto mas graves sean los trabajos sufridos con Jesús en la tierra, tanto mas espléndida será la gloria que se logrará en la resurreccion. Á vista de tal verdad, ¿bajo qué aspecto se te presentan, alma mia, las adversidades, los desprecios, las desolaciones y las penas? ¿No son ellas unas disposiciones las mas amorosas de Dios; los medios mas eficaces para la santidad; la mas bella herencia de Jesucristo; la prenda mas cierta de la resurreccion, y de su eterna é inmortal gloria? Sí, lo son verdaderamente, porque así lo ha enseñado Jesucristo. ¿Y tú te afligirás y te llamarás infeliz si te sobrevienen? ¡Oh, qué ceguedad seria la tuya! Deberias mas bien elevar las manos al cielo y bendecir la divina misericordia, si en eso fuese liberal contigo. Y si los hombres mismos se levantasen contra tí, y te cargasen de oprobios y de injurias, y te maltratasen de otras maneras las mas extrañas, sabe, alma mia, que ellos serian puntualmente aquellos medios por los que Dios cumpliria en tí sus amorosos designios; ellos los que te pondrian en la mano los mas hermosos medios para tu santificacion; ellos los que te harian conforme á tu Señor crucificado; ellos los que acrecentarian tu gloria en el cielo, y te labrarian aquella corona que llevarias eternamente en la cabeza. Sí, sin la menor duda ellos cabalmente serian : así tambien lo enseña Jesucristo... ¡Y á estos los he mirado yo como enemigos! ¡Ay! ¡ay perverso amor propio! ¡Cuántas bellas y excelentísimas verdades me has ocultado hasta ahora, y cuánto me has alejado y hecho desviar del camino de la santidad y del seguimiento de Jesucristo!

AFECTOS.

1.º *Fe.* Así es. Jesús vive, ha resucitado de la muerte; él ha entrado en su gloria, y al presente goza en el cuerpo y en el alma un mar de placeres. Sí, no puede dudarse; así lo creo, ó Jesús mio, y lo creo así por haberlo dicho Vos, que sois verdad por esencia... Mas : tambien yo viviré eternamente si sigo á Jesús... resucitaré de la muerte, y entraré en la celestial Jerusalen... y estos ojos verán á Jesús mi Redentor; sí, estoy seguro de ello, y lo creo, ó Jesús mio, porque Vos, verdad eterna, lo habeis revelado... Mas, aun mas: yo, en aquel punto, conseguiré el premio de todos los padecimientos que haya sufrido. Por un dolor momentáneo tendré una bienaventuranza eterna; por una burla, una eterna gloria; por una breve tristeza, gozos eternos. Sí, no hay duda alguna; y lo creo porque Vos, verdad infalible, lo habeis atestiguado... ¡Oh fe santa, qué verdades tan estupendas me descubres, y cuánto consuelo das á mi corazon!

2.° *Arrepentimiento.* Mas esta esplendidísima luz de fe, ¡oh qué objeto de amargura no presenta á mi vista! Si es verdad que Dios da un premio particular por cada mortificacion, incomodidad ó dolor que se sufra, ¿cuántos de estos premios no me ha hecho perder mi impaciencia y mi amor propio? Si es verdad que Dios despues de la resurreccion remunerará todas las humillaciones, injurias y afrentas que se hayan sobrellevado con paciencia por su amor con una corona de particular gloria, ¿cuántas coronas no he perdido por mi soberbia y vanidad? Si es verdad que Dios por cada acto de resignacion en las tentaciones y desolaciones interiores concederá una particular bienaventuranza, ¿de cuántas de estas bienaventuranzas no me he privado por mi pusilanimidad y pereza? ¡Y yo he desperdiciado todos estos bienes! ¿Y por qué? ¡Oh cuánto deberia llenarme de amargura esta pérdida! ¡Cuántas y cuán amargas lágrimas deberia yo verter! Mas consuélate, alma mia, porque sabiendo cómo entró Jesús en su gloria, tambien podrás entrar tú siguiéndole, y reparar esta pérdida. Postrado á vuestros piés, ó Jesús mio, así propongo hacerlo...

Padre nuestro y *Ave María.*
Conclusion como en la pág. 14.

MEDITACION XXX.

Del amor de Dios.

Advertencia. Ante todo debe saberse que el amor no consiste en solas palabras, sino en obras y en sufrimientos por el amado. Y así dice san Juan: Hijitos mios, no amemos solamente de palabra y con la lengua, sino con obras y de veras[1]. En donde no hay obra y sufrimiento, no hay amor.

Mas el amor verdadero consiste en la mútua comunicacion de bienes entre el amante y el amado, y vice versa; de modo que si uno tiene ciencia, honor, riqueza, lo comunica al otro : por manera que es imposible haya verdadero amor sin sacrificio, esto es, sin sacrificar lo que uno tiene y quiere en obsequio del que ama, y por el amor que le tiene se priva y lo ofrece ó sacrifica al amado.

El amor tiene pensamientos continuos, afectos encendidos, palabras verdaderas, obras grandes, sufrimientos heróicos y sacrificios perennes.

Oracion preparatoria como en la pág. 13.
Composicion de lugar. Imagínate que te hallas en la presencia de Dios, y que todos los Ángeles y Santos interceden por tí.

[1] I Joan. III, 18.

Peticion. Dios y Señor mio, dadme claro conocimiento de los beneficios divinos, á fin de que conociéndolos y agradeciéndolos ame y sirva en todas las cosas á vuestra divina Majestad.

Punto 1.°

Dios merece ser amado por la infinita bondad y amor con que hasta ahora nos ha amado y favorecido. Para ver el abismo de esta bondad y amor, prepondré sus circunstancias. Recoge tus pensamientos, alma mia, y fíjate cuanto puedas para considerarlos bien...

1.° *La bondad y amor de Dios para contigo es eterno.* Así como Dios no ha tenido jamás principio, sino que siempre ha existido en sí mismo, así su bondad y amor para contigo, alma mia, no ha tenido principio, y es tan antiguo cuanto lo es el mismo Dios, esto es, eterno. Vé con tu pensamiento á los tiempos pasados desde hace mil años y díme: ¿qué eras tú entonces? Una mera nada. ¿Y qué hacia entonces Dios? ¡Ah! él te amaba, y con aquel mismo ardor que despues le impelió á derramar toda su sangre por tí. Concibe un tiempo antes de la creacion del mundo, y vuelve á decirme, alma mia, ¿qué habia entonces? Nada absolutamente; ni cielo, ni tierra, ni Ángeles, ni hombres; nada, una pura 'nada. Y entonces Dios ¿en qué se ocupaba? se ocupaba en amarte, y te amaba tanto que por tu amor crió el cielo y tierra, esta para que te sirviese de habitacion en esta brevísima vida, y aquel para que reinases eternamente en la otra. Vé aun mas atrás, alma mia, con tu pensamiento, y engólfate en la eternidad antecedente lo mas que te sea posible, y díme, ¿qué habia entonces? Nada sino Dios solo, infinitamente glorioso é infinitamente bienaventurado en sí y por sí mismo. ¿Y cuál fue su ocupacion en toda aquella inmensa eternidad? Fue, si no lo sabes, el amarte, y no hubo un momento en que no pensase en tí, y en que no estuviese determinado á querer morir por tí, y á querer hacerte participante de todos sus bienes, de todas sus riquezas y de toda su felicidad para siempre y eternamente. ¿Qué prodigio de bondad y amor no es este?...

2.ª *La bondad y amor de Dios hácia tí es generosa y magnánima.* No es menester que recuerdes una por una las gracias que Dios te ha dispensado para persuadirte de esta verdad. Solo el misterio de la Encarnacion que te pusieses á considerar, bastaria para hacértela palpable. Imagínate que un oficial de un príncipe que te haya robado fraudulentamente y malgastado una gruesa suma de oro que se le habia confiado; que se halla convencido de ello, y por lo mismo que haya sido confinado á un castillo á vivir entre lágrimas y sollozos hasta que haya restituido enteramente todo el hurto. Figúrate que un hombre rico y honrado, para poner á este infeliz en libertad vende todos sus bienes y satisface al príncipe, y despues, reducido á extrema mendicidad, se acoge al doloroso partido de ponerse á trabajar en un taller para ganar con el sudor de su frente lo necesario para no morir de hambre. ¿Qué prodigio de caridad no seria este?... Mas ¿sabes tú, alma mia, con quién se ha obrado este prodigio? ¿Quién fue este miserable preso? ¿Quién el misericordioso salvador? Piénsalo, alma mia, y pondéralo atentamente... El hombre es el preso, y el Verbo es el salvador.

3.° *La bondad de Dios hácia tí es paciente y constante.* Pon, alma mia, la vista en la prision del infierno, y mira un espectáculo que jamás has visto. ¿Qué ves? Ves un número sin número de almas condenadas, que arden en las llamas de un fuego devorador. Pues hé aquí que baja Jesús del cielo, y de tantas almas que están penando toma una sola, y sacándola fuera del infierno la reune á su cuerpo y la concede espacio de penitencia. ¿Qué dices tú, alma mia, á tal vista? ¿No dices que es incomprensible el amor de Jesús por esta alma? Quizá dirás : esta merecia el infierno igualmente que las otras ; le merecia aun mas que otras mil que eran menos delincuentes. Sin embargo, todas las demás se quedan abajo encerradas en el infierno por toda la eternidad ; solo esta es sacada de él, ó lo que es mas aun, se la ha preservado de caer en él; á esta sola se la hace la gracia, á esta sola se la concede espacio de penitencia. ¡Oh qué grande y cuán particular debe ser el amor con que Jesús ama á esta alma! Mas ¿te vendrá tal vez temor de engañarte, alma mia, si en esta alma predilecta te reconoces á tí misma? ¿Y qué? ¿No es ello cierto que hay en el infierno millares de almas menos pecadoras que tú, las cuales ni han abusado de tantos medios como de los que tú has abusado, ni han despreciado tantas gracias cuantas has despreciado tú, ni se han endurecido tanto en la tibieza como te has endurecido tú, y sin embargo ellas están condenadas por toda una eternidad, y tú vives aun en la abundancia de todas las gracias y de los divinos favores? ¿No se deberá decir de tí lo que decian los judíos viendo á Jesús que lloraba sobre Lázaro: mirad, mirad cómo le amaba?

AFECTOS.

1.° *Confesion y admiracion del amor de Dios.* Todas vuestras cosas, Dios mio, todo vuestro ser y obrar es admirable; mas sin embargo, ninguna cosa me lo parece tanto como el amor con que me distinguís. ¡Ah! ¿y qué amor es ese vuestro? Vos sois un ser infinito, que no ha tenido principio ni tendrá fin; el tiempo de vuestra vida no es menos que una entera eternidad pasada, y en este inmenso espacio no hubo ni un momento en que yo no fuese el objeto de vuestro amor. Me amásteis con un amor eterno, me amásteis con un amor mas activo y fuerte de lo que se puede decir; porque ¿hasta dónde no os ha conducido vuestro amor hácia mí? Vos descendísteis del cielo á la tierra, y nacísteis como un pobre niño en un establo de bestias, tuvísteis una vida trabajosa y afanada, os ganásteis el sustento con el sudor de vuestro rostro, y finalmente, terminásteis vuestros dias colgado en una cruz como un malhechor. ¿Quién os apretó á hacer tanto por mí sino el amor? Sí, Vos me amásteis con un amor pacientísimo, y bien que yo hubiese cometido una multitud innumerable de pecados, y hubiese abusado de infinitos medios que me teníais preparados, y hubiese despreciado un número sin número de vuestras misericordias, con todo eso, tantas indignidades mias no fueron poderosas para extinguir vuestro amor, y ni aun siquiera para enfriarlo. Me amais tambien al presente, y me amais con aquella ternura con que me habeis amado por toda la eternidad. ¡Oh Dios admirable! ¡oh Dios de amor y de misericordia inmensa! ¡Ah! cuánta verdad es que Vos mereceis que yo os ame, y que os ame con todas mis fuerzas; y si pudiese quisiera amaros con un amor infinito, ya que con este amor mereceríais que yo os amase!

2.° *Arrepentimiento y amor.* Sí, ¡con qué así he sido yo ingratísimo para con Dios por no haberle amado con todo mi corazon! Lo conozco, lo confieso, ó fidelísimo amante mio y Dios mio, mi Señor, mi Padre y mi todo. Veo mi monstruosa ingratitud, y la detesto sumamente. He amado á los que han sido generosos conmigo solo de palabra, y no he amado á Dios, á quien soy deudor de todo lo que soy, y de todo lo que poseo. He amado á los que nada han hecho por mí, y no he amado á Dios, el cual ha llegado hasta el extremo de morir en la cruz por mí. Sí, reconozco mi ingratitud, la detesto, y me arrepiento de ella. Al presente tengo otros sentimientos, otros deseos. Habeis vencido, ó divino Amante, habeis vencido; mi corazon no será ya mio : yo os le doy irrevocablemente para siempre y por toda la eternidad. Sí, os amaré desde ahora en adelante, os amaré á Vos solo, y os amaré con tanta mayor fuerza é intension en adelante, cuanto he tardado en amaros en el tiempo pasado.

Punto 2.°

Dios merece ser amado por lo que en su infinita bondad y amor está dispuesto á hacer contigo en adelante. ¿Qué es lo que Dios está dispuesto á hacer contigo en adelante, alma mia? ¡Ah! Él está dispuesto á dársete todo á sí mismo para que lo poseas eternamente. Si no entiendes la grandeza de este don, de este portento de amor, recoge todas tus potencias, y esfuérzate como puedas á profundizar un misterio que es el mas consolador entre los misterios de nuestra santa Religion.

1.° *Poseer á Dios, quiere decir llegar al colmo de todos los deseos.* En el punto que el alma se separa del cuerpo, una luz sobrenatural, una claridad sorprendente la hace conocer que Dios es su sumo y único bien, y su suma y única felicidad. Á esta luz sucede inmediatamente un deseo tan impetuoso de gozar este único y sumo bien, y esta única y suma felicidad, que el estar privado de él forma en el infierno la pena mayor que sufren los condenados... Pues Dios, para satisfacer este deseo tan vehemente, une íntimamente á sí al alma, y dándola á gozar todo el abismo de su divinidad, hace que experimente en un instante una satisfaccion infinita, y quede sumergida en un océano de placeres.

2.° *Poseer á Dios, quiere decir contemplar á Dios y amarle.* No habrá un momento en toda la eternidad en que el alma no vea á Dios, y viéndole no descubra los infinitos tesoros de su omnipotencia, bondad, hermosura y otras perfecciones, que la arrebatarán en un éxtasis infinitamente delicioso... Por toda la eternidad no habrá un instante en que no se sienta encendida siempre en nuevas llamas de amor, que con un gozo infinito la elevarán á su divina esfera.

3.º *Poseer á Dios, quiere decir tener una infinita felicidad.* La felicidad con que serás bienaventurada en el cielo, alma mia, será la misma con que es bienaventurado el mismo Dios. Sí, entiéndelo bien; tú gozarás los mismos placeres, las mismas dulzuras, los mismos contentos que goza Dios. Mas ¿de qué grandeza serán estos? Escucha, alma mia, una estupenda pero incontrastable verdad. Un solo ligero choque de aquella eterna felicidad, seria bastante para colmar á todos los condenados de un gozo incomparablemente mayor que el dolor de todas las penas que al presente padecen. Una sola pequeña muestra de aquella interminable bienaventuranza bastaria para anegar con superabundancia en alegría á todos los escogidos. Una gotita sola de aquel piélago infinito de gozos seria capaz de beatificar á todas las criaturas juntas, aun cuando de nuevo se criasen tan gran número de ellas, que sobrepujasen á las arenas de todas las playas... En suma, estos gozos son tales y tantos, que bastan á saciar al mismo Dios, capaz por otra parte de una infinita felicidad.

4.º *Poseer á Dios, quiere decir ser amado de Dios con infinita ternura.* Dios no mira jamás al alma sino como una hija suya tiernamente amada; como un objeto á quien quiere enriquecer con los

24*

tesoros todos de su bondad ; y como una esposa en la cual encuentra todas sus delicias y complacencias. No hay en la tierra ternura de amor que se pueda comparar con la ternura del amor divino ; porque así como Dios es poder infinito, el cual sobrepuja infinitamente á todos los poderes humanos, así es igualmente amor infinito, que sobrepuja infinitamente á todas las medidas de la ternura humana. Sí; él solo puede acoger en su corazon una alma, y darla á beber del torrente de aquellas dulzuras de que están privadas todas las criaturas, y que en vano espera comprender el entendimiento humano.

5.° *Poseer á Dios, quiere decir vivir mientras vive Dios, y ser bienaventurado mientras lo es Dios.* La bienaventuranza de Dios es una bienaventuranza que no tiene fin, ni admite interrupcion, ni padece disminucion. Estas tres propiedades tendrá tambien, alma mia, tu bienaventuranza.

Primera. Tu bienaventuranza será sin fin; transcurrirán tantos años cuantas son las arenas de todos los mares, los átomos del aire, las gotas de toda el agua que hay en las fuentes, en los rios y en el océano, pero en tan largo tiempo no habrá pasado ni aun la mitad, ni aun siquiera un solo punto de la bienaventuranza, porque será eterna y sin fin.

Segunda. Será una bienaventuranza sin interrupcion ; porque en cada momento descubrirás en Dios siempre nuevas perfecciones ; ya que siendo Dios belleza infinita, quedará de ella un abismo infinito por ver, que hasta entonces no hayas visto ; siendo bondad infinita, siempre quedará otro abismo infinito que no hayas descubierto, y en cada instante te sentirás encender en nuevas llamas de amor para con él; siendo dulzura infinita, quedará siempre otro abismo infinito que aun no hayas gustado, y en cada momento encontrarás en él nuevos torrentes de gozos y de placeres.

Tercera. Será una bienaventuranza sin disminucion. Tendrás, es verdad, ardentísimos deseos de gustar de Dios, y te parecerá que no te sacias de él ; mas siempre tendrás la satisfaccion de gustarlo plenamente, y siempre serás bienaventurado, porque siempre le gozarás con una plena posesion.

AFECTOS.

1.º *Amor.* Sumo y único bien mio, mi Dios, ¡cuán ciego he sido hasta ahora! No os he conocido ni á Vos, ni vuestro amor; ahora os conozco á Vos, y tambien conozco vuestro amor. ¿Qué puedo yo hacer sino corresponder á un amor tan admirable é inmenso, con otro amor, mezquino,

sí, pero mas sincero que hasta el presente? Sí,
Dios mio, vedme aquí postrado en vuestro divino
acatamiento, para ofreceros el sacrificio de todo
mi corazon, que es bien debido á vuestra infinita
bondad y amor. Yo os amo, y os amo con todo el
afecto, con toda el alma, con todo el entendimiento
y con todas mis fuerzas.

Aborrezco y detesto todos aquellos afectos é inclinaciones que no se han dirigido á Vos... Os
amo á Vos solo, sumo bien mio, á Vos solo quiero
amar mientras viva, y preferiré vuestro honor,
vuestra voluntad, vuestro beneplácito á todas las
criaturas, aun las mas queridas que tengo en el
mundo...

2.º   *Deseo de amar á Dios perfectamente.*   Mas
por mucho que yo os ame así, y haga cuanto he
resuelto hacer, ¿qué es este amor mio en comparacion del amor con que Vos me habeis amado?
Verdaderamente es nada. ¡Ah! yo quisiera poder
concentrar en mi corazon todo el amor que está
repartido entre todos los escogidos: quisiera, sí,
quisiera yo solo poseer los amores de todos los
espíritus angélicos, para amaros con ellos, sumo
Bien mio y fidelísimo amante. Mas ¿de qué servirán estos mis deseos, si Vos, que sois sumo bien,
y por lo mismo merecedor de ser amado infinitamente, no encendeis en mi corazon una llama de
amor verdaderamente perfecto? ¡Oh Dios de amor!

tened piedad de mí, y en este dia haced conocer en mi favor vuestra omnipotencia, porque yo no anhelo otra cosa, ni deseo mas, sino amaros con todo mi ser...

Padre nuestro y *Ave María.*
Conclusion como en la pág. 14.

MEDITACION XXXI.

Del amor y amabilidad de Dios en sí mismo.

Oracion preparatoria como en la pág. 13.

Composicion de lugar. Imagínate que te hallas en la presencia de Dios; que todos los Ángeles y Santos alaban su bondad é interceden por tí.

Peticion. Dios y Señor mio, dadme claro conocimiento en cuanto sea posible de vuestra infinita bondad, para amaros y serviros con mas perfeccion [1].

Punto 1.°

Dios merece ser amado por ser sumo bien. Hé aquí, alma mia, el fundamento y la base en que estriba el perfecto amor de Dios. Conviene amar á Dios por ser sumo bien, que merece por sí mismo ser amado con infinito amor. Mas ¿entiendes tú qué quiere decir ser sumo bien? Quiere decir que Dios es un ser que contiene infinitas perfecciones, y las contiene y las posee en sí mismo, por sí mismo, en sumo grado, sin ser deudor de ellas á na-

---

[1] **Deus autem quanto perfectius cognoscitur, tanto perfectius amatur.** (*D. Thom.*).

die. Para concebir de todo esto una débil idea, considera, alma mia, solamente algunas de tantas perfecciones suyas.

1.° *Dios es hermosura infinita.* Aquí conviene servirse solamente de imágenes, las cuales, por mas vivas y expresivas que sean, serán sin embargo semejantes á las ideas de un niño que se pone á considerar el curso del sol y de los planetas que brillan en el firmamento. Sea esta la primera imágen: La beatísima Vírgen María descubre mucho mas ella sola de la hermosura de Dios, que todos los Ángeles y los escogidos juntos que están en el paraíso. Fínjase ahora que Dios eleve su entendimiento, y le dé á ver de, su hermosura otro tanto mas de lo que hasta ahora habia visto; que un momento despues le comunique nueva luz, y que descubra doble de lo que habia descubierto en el primer momento, y así sucesivamente por millones de años. ¿Verá jamás la beatísima Vírgen toda cuanta en sí es la hermosura de Dios? ¡Ah! que despues de transcurridos tantos años, quedaria tanta hermosura que contemplar, cuanta agua queda en el Océano despues que se hubiese sacado la que puede contener la palma de la mano. Sea la segunda: El número de los Ángeles es cási sin número, y el mínimo de ellos está dotado de tan rara belleza, que ningun hombre podria fijar la vista en él sin desfallécer al punto por la superabundan-

cia del gozo que le inundaria al mirarle. Fínjase
ahora que Dios criase un Ángel, el cual contuviese
en sí solo la belleza de todos los Ángeles; ¿qué belleza no seria esta? Y con todo seria infinitamente
inferior á la hermosura de Dios. Fínjase además
que Dios criase por el espacio de mil años en cada
instante un millon de Ángeles, de los cuales cada
uno sobrepujase tanto al otro en belleza, cuanto sobrepuja al presente á un hombre el supremo de
los Serafines. Pasados los mil años extienda de nuevo el brazo de su omnipotencia, y saque de la
nada un Ángel que él solo tuviese la hermosura de
todos estos Ángeles juntos. ¿Podrá el humano entendimiento imaginar una belleza semejante á esta?
Pues sin embargo, todo esto seria nada en comparacion de la hermosura de Dios, y seria infinitamente inferior á ella... Vé, pues, adelante cuanto
quieras, alma mia, con estas imaginaciones por
dias, por años, por toda la eternidad, que jamás
te será posible figurarte una belleza tan excelente,
á la que no sobrepuje infinitamente la hermosura
de Dios.

2.º *Dios es omnipotencia infinita.* Aquí tambien conviene servirse de la imaginacion para comprender alguna cosa de esta divina perfeccion. Sea
la primera: Supóngase que el número de los
hombres que han vivido sobre la tierra, y que vi-
virán hasta el dia del juicio, llegue á doscientos

mil millones... ¡Qué número tan estupendo seria este! Las almas de estos hombres, unas están en el paraíso, otras en el purgatorio y otras en el infierno, y los cuerpos se hallan convertidos y reducidos á polvo. Ahora, amanezca el dia último, y resuene la trompeta del Ángel por todas las partes del universo, ¿qué sucederá? En un abrir y cerrar de ojos, en un solo instante resucitan los cuerpos, vuelven á entrar en ellos las almas, y los doscientos mil millones de hombres otra vez se encuentran vivos. ¡Qué prodigio tan estupendo! Mas para obrarlo, ¿qué ha sido menester? No otra cosa que estas dos palabras de la divina omnipotencia: *Resucitad, muertos*... Sea la segunda: Fínjase que Dios, bajando del cielo, se para sobre la ribera del mar, como al criar el primer hombre se paró en el campo Damasceno, y que con voz imperiosa diga: Comparezcan aquí tantos hombres cuantos son los granos de arena de toda esta ribera. Á estos acentos de la Omnipotencia, ¿no comparecerian luego al instante tantos hombres cuantos eran los granos de la arena? Fórmense, pues, ahora cuantas imaginaciones se quieran; auméntense, multiplíquense al arbitrio de cada uno: jamás podrá formarse una á la que no sobrepuje infinitamente la omnipotencia de Dios.

3.° *Dios es bondad infinita.* Tres son los efectos por los cuales podrás conocer, alma mia, la

grandeza de la bondad de Dios. El primer efecto
es la paciencia en tolerar á los pecadores. Dios ve
desde el cielo innumerables hombres, los cuales,
dejándose arrastrar de sus desordenadas pasiones,
se entregan á toda suerte de vicios y le ultrajan diariamente, hollando su santa ley y profanando su
santísimo nombre, y en este género de vida prosi-
guen por veinte, treinta, cuarenta y mas años.
Dios los ve; podria en un instante deshacerse de
ellos, y vindicar tantos agravios como se le hacen,
y con todo, calla como si no supiese su inícuo modo de obrar, antes bien les prolonga la vida, y
como si le sirviesen fielmente, les hace cada dia
nuevos beneficios, y les habla al corazon invitán-
doles á su amistad; como si el Señor necesitase de
ellos, y no ellos de su divina Majestad. ¡Oh paciencia! ¡oh bondad! El segundo efecto es la amabilidad en acoger á los pecadores. Figúrate, alma
mia, un hombre que, habiendo vivido cien años
en continuas ofensas de Dios, jamás hubiese pensado en toda su vida en hacer la mas mínima penitencia. Si este se encontrase en agonía, y no le
quedase mas que un momento solo de vida, ¿crees
tú que podria recibir de Dios el perdon de tantos
pecados? ¡Ah! admira la divina bondad, y sabe
que si este malvado enviase al cielo un solo acto
interior de arrepentimiento, le perdonaria Dios todas las iniquidades de su mala vida, las olvidaria

para siempre, y le haria participante de su gloria. El tercer efecto es el premio del justo. Figúrate, alma mia, un hombre el cual, en todo el discurso de su vida, no hubiese hecho otro bien sino este acto solo con un corazon contrito y humillado: ¡Oh Dios mio! os amo sobre todas las cosas por ser Vos sumo bien; y que despues de este único acto bueno, sin ningun otro mérito, muriese y entrase en la eternidad; ¿qué premio piensas tú que le daria Dios? Nada menos que la posesion de todo el cielo, la vision y el gozo de toda su hermosura, y uno y otro por toda la eternidad. Tan admirable y tan infinitamente grande en premiar es la bondad de Dios.

AFECTOS.

1.° *Confusion propia.* Sí, ¡oh Dios mio! bien conozco, y me lo enseña la fe, que Vos sois un bien sumo, un bien que reune en sí eminentísimamente y posee infinitas perfecciones; un bien que es digno de ser amado con un amor infinito. Mas ¿de qué proviene, ó Dios mio, que un corazon criado por Vos únicamente para amaros y poseeros, con todo este conocimiento y con esta fe quede, sin embargo, tan insensible, indiferente y frio? No me tira el tratar con Vos; el silencio, la soledad, el recogimiento me fastidian; no veo en mí aquellos efectos que de ordinario suele producir el verdadero amor en quien le posee. ¿Y qué quiere decir esto? ¡Ah! conozco, Dios mio, mi miseria, y en ella tendré que estarme pudriendo hasta que el fuego del divino amor no se encienda en mi corazon. ¡Ah! alejad de mí para siempre mi frialdad, y haced que comience una vez á amar perfectamente á vuestra divina bondad, y que nunca jamás acabe de amarla.

2.° *Propósito y arrepentimiento.* Mas ¿cuándo comenzarás á hacerlo así, alma mia? ¿quieres saberlo? Entonces comenzarás cuando mueras perfectamente á tí misma y á todas las criaturas: entonces tu Dios usará contigo de misericordia, é inflamará tu corazon en este santo fuego... Si así es, hé aquí, Dios mio, que desde este punto quiero despojarme enteramente de mí mismo; daros mi corazon todo entero, y amaros con todas mis fuerzas; detesto todos los pensamientos y todos los afectos que alguna vez se dirigieron á las criaturas, y me arrepiento de cuanto he hecho en mi vida que no ha sido hecho por vuestro amor. De aquí en adelante solo vuestro supremo beneplácito y solo vuestro amor será el objeto de todos mis pensamientos, el blanco de todos mis deseos, el fin de todas mis operaciones... Mas, ó Dios mio, por mas sincera que pueda ser esta mi resolucion, jamás podré yo cumplirla si no os dignais fortalecer mi debilidad con vuestra gracia. Volved, pues, hácia mí vuestros benignísimos ojos : acordaos que habeis derramado toda vuestra preciosísima sangre con este único fin, de que yo os ame. Por esa sangre os suplico que obreis en mí uno de los acostumbrados prodigios de vuestra misericordia, destruyendo en mi corazon todo lo que es contrario á vuestro amor, y encendiéndole en tan grande llama que no se apague jamás por toda la eternidad.

Punto 2.°

Dios merece ser amado por ser único bien. Esta es una verdad importantísima, alma mia, y bien meditada tiene toda la fuerza para atraer todo nuestro corazon á Dios, y consiste en esto :

1.° Que ni en el cielo, ni en la tierra, ni en ninguna otra criatura se encuentra un bien, por mínimo que sea, que no provenga de Dios. Vuelve la vista al rededor de toda la tierra; observa todas las criaturas que se hallan en ella; mira tanta variedad de árboles, de frutos, de flores y de otras plantas; de animales en la tierra, de aves en el aire, de peces en el agua. Desde la tierra dirige los ojos al cielo, y contempla las maravillas de que hace gala; mira al sol, que con su claridad ilumina al mundo; mira las estrellas que brillan en el firmamento; mira la incomprensible espaciosidad y belleza del paraíso, que es la habitacion de los escogidos. De las criaturas inanimadas pasa á considerar las racionales, y pondera en el hombre tantos dotes como le adornan de belleza, de sabiduría, de amor, de gallardía, de cordialidad y otros semejantes, ya sean naturales, ya sobrenaturales. Pondera en los Ángeles, en todos los comprensores bienaventurados, sus virtudes y sus méritos, su santidad, sus excelencias, sus prerogativas, en fin, la gloria con que son enteramente felices; y despues, alma mia, entrando dentro de tí misma discurre así contigo: Antes que se criase el mundo, ¿dónde estaban estas nobilísimas criaturas? ¡Ah! estaban sepultadas en el seno de su nada, y aun estarian allí si Dios con su omnipotencia, y por un exceso de su infinita bondad, no las hubiese sacado á luz, como lo enseña la fe; si, pues, tienen el ser, y un ser tan hermoso, no lo tienen de sí, lo tienen de Dios.

2.º *Todo lo que en las criaturas se llama bien, no es otra cosa que una pura misericordia que Dios las ha comunicado.* Toda la hermosura de las criaturas no es mas que un rayo de este sol divino; toda su santidad no es mas que una gota del mar inmenso de la santidad de Dios; solo Dios es bueno, y el bien que se encuentra en las criaturas solo es una misericordiosa participacion de su infinita bondad. Es artículo de fe, y se debe creer. Mas ¿concuerda nuestra vida con esta fe? ¡Ay, cuán mal empleamos los mas nobles afectos de nuestro corazón! Por lo mismo considera bien, alma mia, las necesarias consecuencias que de estas estupendas verdades se derivan, y penétralas de manera que no se aparten de tu memoria.

Primera consecuencia. Dios merece ser infinitamente amado; la razon te lo enseña. Todo bien merece amor, y un bien infinito merece un amor infinito; Dios es bien infinito, merece, pues, ser infinitamente amado.

Segunda consecuencia. Si Dios es una bondad infinitamente amable, yo, pues, no le amo cuanto debo amarle si no le amo cuanto puedo.

Tercera consecuencia. Yo, pues, no cumplo la obligacion que tengo de amarle con todas mis fuerzas, si admito en mi corazon un afecto, aunque pasajero, que á él no se dirija; si hago alguna cosa que no sea conforme á su divino beneplácito; si una sola vez me opongo á las soberanas disposiciones que sobre mí ha formado.

AFECTOS.

1.º *Confusion.* ¡Oh Dios único y sumo bien! demasiado conozco lo que Vos mereceis, y cuál debe ser el verdadero amor... Un alma inflamada de vuestro amor corta todo apego, y no tolera inclinacion alguna que no venga de Vos, y que á Vos no vuelva; no hace cosa alguna que no os sea

25

grata, y todo lo hace solo por cumplir vuestro divino beneplácito; todo lo sufre, y no se opone á nada de lo que de ella dispeneis, y dejándose toda en Vos descansa sin temor en el seno de vuestra amorosísima Providencia. ¡Oh estado felicísimo el de estas almas! ¡Oh santo amor, cuán bello y deseable eres! Pero de tí ¿cuánto es lo que se halla en mi corazon? ¿cuántas horas podré yo contar de mi vida en las que haya amado de esta manera? ¿cuántas obras he hecho y cuántas adversidades he padecido animada de este amor? ¡Miserable de mí! ¿quién me dará fuentes de lágrimas para llorar dia y noche esta falta de amor?...

2.° *Amor y consagracion.* Mas ¿por qué me aflijo? Aun puede hacerse todo y repararse todo con el fervor. Ea pues, fuera de aquí pusilanimidad. ¿Por qué no podré yo tambien hacer lo que han hecho en la flor de su edad tantos jovencitos y tantas delicadas virgencitas? Yo lo puedo todo, dijo uno de los mayores Santos, no por mí, sino en aquel que me conforta; lo mismo digo yo; y con esta confianza en Vos, ó Dios mio, ó fortaleza mia, ó mi todo, comienzo á amaros, y me entrego todo á Vos. Tomad enhorábuena, ó sumo Bien, mi libertad; tomad mi memoria, entendimiento y voluntad; cuanto tengo y poseo, todo es don vuestro, y todo os lo vuelvo á Vos; no deseo otra cosa ni anhelo mas que vuestro amor: con esto solo que dan satisfechos mis deseos, y con esto soy suficientemente rico...

3.° *Súplica.* Venid, pues, ó santísimo y divino Espíritu. Vos sois amor por esencia, y orígen de aquel divino fuego que ardia en los corazones de los Santos. Vos sois santidad por esencia, y la fuente de aquellas gracias eficaces que penetran los corazones humanos, y los arrebatan hácia Dios con tódos sus afectos. ¡Ah! dignáos de venir á mi corazon, y de purificarle de todas las imperfecciones, y de encenderle con vuestro fuego. Estoy pronto á hacer y padecer: disponed, pues, de mí como querais, que yo no me opondré en nada. Solo os pido vuestro amor, á fin de que sea la norma de toda mi conducta.

Padre nuestro y Ave María.
Conclusion como en la pág. 14.

25*

MEDITACION XXXII.

De la devocion que debemos tener á María san-
tísima.

Oracion preparatoria como en la pág. 13.

Composicion de lugar. Imagínate que ves á
María santísima con Jesús en sus purísimas y vir-
ginales entrañas: con Jesús la verás en Belen, en
Egipto, en Nazaret, en Jerusalen, en las bodas de
Caná, en el Calvario y en el cielo.

Peticion. Dios te salve, María, llena eres de
gracia, el Señor es contigo, bendita tú eres entre
todas las mujeres, y bendito es el fruto de tu vientre, Jesús. Santa María, madre de Dios, ruega por
nosotros pecadores, ahora, y en la hora de nuestra muerte. Amen Jesús.

Punto 1.°

Uno de los medios mas poderosos que nos ha
dado Dios nuestro Señor para alcanzar y aumentar
la gracia y el divino amor, es sin duda la devocion
á María santísima. La razon es evidente. Todo lo
tenemos por Jesús, y como María es su madre,
todo lo que quiere alcanza. Jesús es como el depósito de todas las gracias, y María es el canal por

donde se nos comunican; y este precioso canal vemos que siempre está arrimado al depósito; esto es, María siempre está con Jesús, en Belen, en Egipto, en Nazaret, en Jerusalen, en las bodas del Caná, en el Calvario y en el cielo, á la derecha de su mismo Hijo, que es el Rey de reyes y Señor de señores. Para acertar en la verdadera devocion á María santísima has de considerar tres cosas, á saber: quién es esa Señora; qué beneficios has recibido y debes esperar de ella; y en qué consiste esta verdadera devocion. ¿Quién es María santísima? ¡Ay, difícil pregunta! Solo Dios conoce bien quién es María santísima, dice san Bernardino. Sin embargo, debes saber que María es una gran Señora, concebida sin mancha de pecado original, llena de gracia y de virtudes, Vírgen y Madre de Dios, Reina de cielos y tierra, y abogada de pecadores.

1.° *María es una gran Señora, concebida sin mancha de pecado original.* En efecto, es Señora; la misma palabra María quiere decir señora; con este nombre la llama el Ángel cuando le dice: *no temas, María, porque has hallado gracia en los ojos de Dios;* para que se vea que su nombre no es de capricho de los padres, sino dispuesto por Dios con grande acuerdo, pues que la santísima Trinidad la crió y le impuso el nombre de María, para que fuese Hija del eterno Padre, Madre del eterno

Hijo, Esposa del Espíritu Santo, y Señora de todo lo criado. La dignidad de Madre de Dios es una dignidad cási infinita, dice santo Tomás, por ser Madre de un ser infinito, que es Dios; y criándola el Señor á este fin la preservó del pecado original, la adornó con todas las gracias de que es posible una criatura, la enriqueció con las virtudes y méritos, le confió el tesoro de las misericordias, y la hizo dispensadora de ellas.

2.° *María es distinguida por Dios con todos los privilegios, y condecorada con todas las prerogativas.* Es Madre sin dejar de ser Vírgen, y Vírgen singular, Vírgen por antonomasia, y como dice el Evangelista, el nombre de la Vírgen es María. Ella es Reina del cielo y de la tierra, es Reina de los Ángeles, Reina de los Patriarcas, Reina de los Profetas, Reina de los Apóstoles, Reina de los Mártires, Reina de los Pontífices y Confesores, Reina de las Vírgenes y de todos los Santos. Si aquí se presentara una señora que fuese reina de todos los reinos ó imperios del mundo, ¡cuánto seria admirada y venerada! Mas debes, alma mia, venerar á María santísima, que es Reina universal del cielo y de la tierra: en el cielo, en la tierra y en el infierno doblan la rodilla al dulcísimo nombre de María, por ser Madre de Jesús; y lo que se debe á Jesús por naturaleza y méritos, esto mismo se da á María santísima por gracia.

3.º *María es destinada para Madre y abogada de los pecadores.* El Verbo eterno se encarnó, se hizo hombre; se hizo nuestro hermano, y como hermano quiere que tengamos un mismo Padre que él y una misma Madre. Ya nos habia dado Padre; ya nos habia dicho: cuando oráreis, diréis: *Padre nuestro que estás en los cielos;* y despues nos da á su Madre por madre nuestra: *Hé aquí tu Madre.* Sí, María en Belen parió á su Hijo primogénito; y en el Calvario parió á los segundogénitos, que somos todos los discípulos de Jesucristo, figurados en el discípulo amado. Quiere que esta misma Madre suya y nuestra sea la abogada inmediata, á quien confiemos nuestras causas, y ella las presentará á Jesús, que es el abogado que tenemos con Dios Padre. ¡Oh qué confianza tan grande debemos tener!...

AFECTOS.

1.º *Accion de gracias.* Infinitas gracias os sean dadas, ó Trinidad beatísima, por haber criado á María santísima sin pecado, por haberla honrado con tantas gracias y prerogativas, y habérnosla dado por Madre y abogada nuestra. No podemos, Dios mio, daros las gracias que se os deben por ese grande y admirable favor, y suplicamos á Vos, Vírgen santísima, Madre y abogada nuestra, que Vos las deis por nosotros.

2.º *Alabanza y ruego.* Dios te salve, María, llena eres de gracia, el Señor es contigo, bendita eres entre todas las mujeres, y bendito es el fruto de tu vientre, Jesús. Santa María, madre de Dios, ruega por nosotros pecadores, ahora y en la hora de nuestra muerte. Amen Jesús.

Punto 2.º

Una de las virtudes más agradables á Dios y á la santísima Vírgen, y mas útil á los hombres, es sin duda la gratitud. Esta verdad la vemos comprobada por el Antiguo y Nuevo Testamento, y por la misma naturaleza. Cuando libraba Dios á su pueblo de males y les hacia beneficios, les exigia el tributo del agradecimiento, y para que no se olvidasen fácilmente les hizo guardar las doce piedras que cogieron en el Jordan, y una porcion de maná se custodiaba dentro del Arca. En el Nuevo Testamento vemos que Jesucristo se manifestó complacido con el extranjero que, al verse curado de la lepra, le vino á dar gracias; y se quejó de los nueve curados igualmente, pero que no fueron agradecidos. Y aun vemos en la naturaleza que los animales son agradecidos á quien les hace bien: los árboles dan fruto á quien los planta, y la tierra corresponde generosa á quien la cultiva.

La gratitud es tan apreciada que no solo se ve con ella pagado el bienhechor, sino que además se siente como obligado á dispensar nuevos favores. Hé aquí la razon por que todos hemos de ser muy devotos de María.

1.° *Por los muchísimos y grandes beneficios que hemos recibido.* Dice san Bernardo, que Dios dispuso que todo lo tuviésemos por María. Y san German añade, que nadie se salva sino por María, que intercede por nosotros y nos alcanza los méritos de Jesucristo, Hijo suyo, y Redentor y Salvador nuestro. Nadie se libra de males sino por María, y ninguno alcanza favores sino por María.

Las luces é inspiraciones que tan á menudo recibes, piensa que son beneficios que te vienen por intercesion de María. Si no has caido en pecado mortal, ó no has cometido mayor número de faltas ó mas graves, gracia es de María. Si no te has muerto en pecado, y no te hallas actualmente en los infiernos, gracia es de María. Si Dios te conserva la salud y la vida, si en cada instante te dispensa grandes favores, piensa que es por intercesion de María. No hay madre tan solícita para preservar á sus hijos, como lo es María de preservar á sus devotos de todo mal y desgracia.

No solo, alma mia, te debe mover al agradecimiento y á ser devoto de María la multitud de beneficios que has recibido de María, sino tambien los muchísimos que debes esperar, y que la Vírgen María te concederá, si eres fiel y verdadero devoto suyo. Tú no puedes dudar ni de su poder, ni de su piedad y voluntad. Como Madre de Dios es poderosísima, y como madre tuya te quiere todo bien: por esto con razon y en verdad es el refugio de los pecadores, el consuelo de los afligidos, la salud de los enfermos, la madre de la misericordia y de la divina gracia. Ella ruega por tí ahora y siempre, y especialmente rogará por tí en la hora de tu muerte, y te alcanzará y te concederá en toda ocasion cuanto has menester.

Con especial providencia dispuso Jesucristo que el primero que santificó en la ley de gracia, que fue el Bautista, y el primer milagro que obró, fuesen por intercesion de María, su madre, cuando visitó á su prima santa Isabel, y cuando asistieron en las bodas de Caná, en que convirtió el agua en vino; para que entendieran los discípulos y todas las gentes el corazon compasivo de María, y cuán poderosa es su intercesion para alcanzarnos todas las gracias espirituales y corporales, temporales y eternas. Acerquémonos, pues, con confianza á nuestra madre María, como á trono que es de la gracia, para que consigamos la misericordia.

AFECTOS.

1.º *Confianza.* Tres motivos tienes, alma mia, para confiar en María santísima: 1.º Es tu madre; el Criador ha impreso muy fuertemente en todo corazon maternal la ley de amar á sus hijos, y cuanto es mayor la necesidad de estos, tanto es mayor y mas solícito el amor y afan de la madre para con ellos, como lo vemos por experiencia en todas las madres racionales é irracionales, aun entre las fieras. Pues ¿qué hijo y devoto de María no confiará en su madre María, siendo ella tan buena madre, y el hijo tan necesitado y en necesidad tan apremiante y de tanta trascendencia, cual es de salvacion ó condenacion eterna? 2.° María, aunque no fuera Madre nuestra, es de un corazon muy bueno y muy compasivo, y esto solo le bastaria para socorrernos, como vemos que lo hacen aquellas buenas señoras que por su buen corazon socorren á todos. 3.° Tiene precepto de Jesús, y encargo de testamento, que le hizo antes de espirar en la cruz: aunque no fuera nuestra madre, aunque no fuera de corazon tan bueno, basta que tenga el precepto de Jesús, que por cierto nos socorrerá y cuidará de nosotros como de hijos muy queridos.

2.° *Propósito.* Madre mia, acordaos que sois mi madre, y haced que yo me acuerde que soy vuestro hijo. Sí; yo me acordaré, y á Vos invocaré; á Vos acudiré en todos mis apuros y necesidades de alma y cuerpo, y espero que Vos me sacaréis con bien de todas ellas. Amen.

Punto 3.°

La verdadera devocion á María santísima es una de las señales mas ciertas de predestinacion; pero es preciso que sea verdadera, pues que si la devocion es falsa no sirve; por manera que se puede comparar á la moneda, que si no es buena sino falsa, no sirve. Á fin de que, alma mia, no padezcas equivocacion y engaño en cosa de tanta trascendencia, has de meditar muy detenidamente, si la devocion á María santísima tiene todos los requisitos necesarios para que sea buena.

1.° *La devocion á María consiste en abstenerse de todo pecado.* El amor halla ó hace semejante. Pues bien, si tú, alma mia, amas á María, debes hacerte semejante á María; ella fue concebida sin pecado, ni jamás consintió á pecado alguno. Para que seas tú semejante á María, despues del bautismo, en que se te ha borrado el pecado original, has de tener un grande horror al pecado personal, nunca has de consentir á él, y si alguna vez tuvieres la desgracia, lo que Dios no permita jamás, de caer en algun pecado mortal, no has de tener reposo hasta que te hayas levantado y confesado bien; no has de hacer como aquellos que dicen que son devotos de María, y están de asiento en pecado mortal. Esos no son devotos de María, son sus mayores enemigos, pues que segun san Pablo vuelven á crucificar á Jesús; y crucificando á Jesús, ¿cómo pueden amar y ser devotos de María su madre? Esto no puede ser.

2.º *La verdadera devocion á María santísima consiste en imitar sus virtudes.* San Buenaventura decia: Si queremos ser devotos de María, imitémosla en la caridad, en la modestia, en la humildad, en la pureza, en la paciencia, y en el amor de Dios. Si una madre cuida y desea que sus hijos vistan segun su rango, así desea nuestra Madre que sus hijos vistan como ella el ropaje de todas las virtudes. Y así como una madre se abochorna, porque es su deshonor, si sus hijos andan andrajosos, súcios, feos y con jirones, así tambien es deshonor de María si sus hijos andan feos de vicios, culpas y pecados.

3.º *La verdadera devocion á María cuida y procura tributarle algunos obsequios, y frecuentar los santos Sacramentos.* Es imposible vivir libre de pecados si no se recibe la sagrada Comunion; el mismo Jesucristo lo asegura diciendo: Si no comiéreis mi carne y no bebiéreis mi sangre, no habrá vida en vosotros. Si no hay vida, menos podrá haber virtudes sólidas; pero si hay frecuencia de Sacramentos, entonces animados con el pan de fuertes, tiene el alma valor para vencer los enemigos; supera las dificultades y se hace superior á sí misma, practica los actos mas heróicos, y hasta sufre el martirio si es menester.

4.º *La verdadera devocion á María santísima cuida de hacer bien, con prontitud, alegría y perseverancia sus oraciones y demás cosas de su servicio.* Párate, alma mia, en estas últimas palabras que dicen: en hacer bien. Si cuando se hace una cosa para un alto personaje se atiende á hacerla bien, mucho mas se debe atender á lo que se hace en obsequio de María santísima, ya que ella es Reina de los cielos y tierra. ¡Oh, cuán reprensible serias si hicieses las obras y oraciones con tibieza, flojedad y poco cuidado! Tambien has de hacer las cosas en su obsequio con prontitud, y luego que puedas; imita á Abel y á Abrahan, que ofrecian á Dios con prontitud lo que conocian era de su divina voluntad y agrado; no imites á Cain, que ofreció lo peor y tarde, y Dios por esto lo despreciaba, no le hacia caso. ¡Oh alma mia! cuanto ofrezcas á María sea lo mejor que tengas y puedas, y hazlo luego, imita á Abel y á Abrahan, y guárdate mucho de imitar á Cain, y á aquellos malos cristianos que ofrecen lo peor, tarde y mal: oyen misa, pero allá á lo último; rezan el Rosario y otras oraciones y devociones, pero allá á lo último, ya muy de noche y mal, porque rendidos del sueño lo hacen con disgusto, y finalmente lo dejan todo. Estos no son hijos de María, son apóstatas y desertores:

¡ay de ellos! no los imites tú; por el contrario, te valdrás de todos aquellos medios que te dicte la prudencia y te enseña la experiencia son mas á propósito para enfervorizar tu corazon en la devocion á María.

AFECTOS.

1.º *Medios y propósito.* Conozco que los medios de que me tenga que valer son: 1.º Tener alguna imágen de María á la vista, para acordarme siempre de ella; así, pues, lo propongo, y todo lo que haré lo dirigiré á Dios por sus sántísimas manos, y todo lo que me dé pena lo sufriré, acordándome de sus dolores y de la pasion de Jesús. 2.º Todos los dias rezaré á lo menos una parte del Rosario con atencion y devocion, sin dormitar ni hablar. 3.º Rezaré las oraciones de mañana, mediodía y noche, y además cada vez que el reloj dé la hora rezaré un Ave María. 4.º Me alistaré en alguna de sus cofradías; llevaré el escapulario; frecuentaré los Sacramentos, á lo menos una vez al mes; leeré libros que traten de su devocion, los haré leer á otras personas, y les exhortaré á que tengan devocion á María; y finalmente, para mí y para todos haré lo que conozca ha de ser mas del agrado de María santísima, mi dulce madre.

2.º *Súplica.* Madre mia, Vos sois mi madre, y esto me basta: como buena madre, Vos cuidaréis de mí; una madre natural á veces conoce lo que ha menester su hijo, y no tiene con que socorrerle; pero Vos teneis conocimiento de lo que he menester, teneis con qué, teneis buen corazon, teneis precepto de Jesús; así estoy seguro y confiado que cuidaréis de mí, y me daréis lo que he menester.

Padre nuestro y *Ave María.*
Conclusion como en la pág. 14.

———

MEDITACION XXXIII.

Del amor al prójimo.

Oracion preparatoria como en la pág. 13.

Composicion de lugar. Imagínate que ves á Jesucristo rodeado dé sus Apóstoles y discípulos, y que les dice: Amaos los unos á los otros como yo os he amado... en esto conoceréis si sois mis discípulos, si os amais los unos á los otros... Todo lo que haréis á vuestros hermanos, yo lo tomaré como hecho á mí.

Peticion. Dadme, Señor, ese espíritu de caridad con que ame á mi prójimo como á mí mismo, mas que á mí mismo; que le ame como Vos le habeis amado hasta dar por él la vida.

Punto 1.º

Debes saber, alma mia, que Dios es el mismo amor, Dios es caridad; esta virtud es la mayor de las virtudes, es mas que la fe y que la esperanza; es como el sol entre los astros, y como el oro entre los metales; ella da vida á todas las virtudes, y sin ella ninguna accion tiene valor ni merece para el cielo, aunque sean las obras mas heróicas.

Ese amor ó caridad es como un centro de do

26

de salen los rádios, ó un vértice de donde arrancan dos líneas, que la una se dirige á Dios y la otra al prójimo. En estas dos líneas, ó en estos dos preceptos, está contenido cuanto han dicho los Profetas y la Ley. Con el amor de Dios se conoce el amor que se tiene al prójimo, y el amor que se tiene al prójimo revela el amor que se tiene á Dios; porque el que dice que ama á Dios y no ama á su prójimo, este falta á la verdad, porque es imposible que ame á quien no ve, que es Dios, el que no ama á quien ve, que es su hermano. Debes considerar detenidamente, alma mia, acerca de este amor ó caridad para con tu prójimo, en tres cosas.

1.º *Qué es esta caridad.* La caridad es una virtud universal que abraza á todos, á nacionales y extranjeros, á amigos y enemigos; á todos se extiende, á todos abraza, y á todos hace bien : por tanto aquellos que limitan su amor á sus compatricios, á los de su nacion, y á los de su genio, amigos ó parientes, y no se cuidan de amar á los demás, esos tales no tienen caridad verdadera.

2.º *Cuál es el carácter de esa virtud.* El Apóstol la explica en estas palabras: La caridad es paciente, benigna; se alegra de los bienes ajenos como de los propios; no se indigna con nadie, ni de nadie habla mal; á todos hace bien y de todos se compadece; socorre cuanto le es posible las necesidades de todos; procura y promueve el bien, y con todas sus fuerzas impide el mal; en una palabra, la caridad anima y hace practicar con gusto todas las obras de misericordia, corporales y espirituales.

3.° *Debes examinar de qué espíritu estás animado* cuando amas á tu prójimo; si te mueve el amor de Dios, ó mas bien tu amor propio. Quizá hallarás que ni aun así lo amas; tal vez encontrarás envidia en lugar de caridad, rencor en lugar de amor: mira si te entristeces en las prosperidades de tu prójimo, y te alegras en sus desgracias y adversidades. De la abundancia del corazon habla la boca, dice Jesucristo: por tanto, si tu corazon está lleno de amor y caridad para con tu prójimo, hablarás bien de él; pero si está vacío de caridad, y abriga alguna maligna pasion de envidia, rencor ó mala voluntad, al momento hablarás mal de él: ya murmurarás, ya criticarás, ya ridiculizarás, exagerarás sus faltas y disminuirás su mérito, cuando no lo niegues del todo ó lo atribuyas á una mala intencion. La persona envidiosa ó falta de caridad es como la araña, que saca veneno de las mismas flores de donde las abejas sacan miel. Las personas envidiosas, destituidas de caridad, son como aquellas moscas grandes ó moscones que siempre andan á caza de mataduras, y cuando dan con alguna se detienen con mucho placer á chupar el pus: así se conocen las personas envidiosas y destituidas de cari-

26*

dad en el modo de indagar las faltas del prójimo y murmurar de ellas: miserables, se complacen y deleitan en revolver tales miserias. Ya ves, pues, alma mia; debes tener caridad y así imitarás á las abejas; forma el rico panal, que será para tí de grande utilidad, al prójimo de edificacion, y de la mayor gloria de Dios.

AFECTOS.

1.° *Propósito*.   Os doy palabra, Dios mio, que haré todo el bien que pueda á mi prójimo con limosnas, consejos, oraciones y buen ejemplo; y además sufriré con paciencia y humildad sus flaquezas, su genio y *todo lo* que me pueda molestar, y nunca murmuraré ni me quejaré de las ofensas que me haga, le perdonaré y rogaré por él, á imitacion de Jesucristo, Hijo vuestro y mi soberano Maestro, á quien quiero seguir é imitar.

2.° *Súplica*.   Jesús mio, dadme gracia para poder practicar las virtudes que Vos os habeis dignado enseñarme con palabras y ejemplos, singularmente la caridad, que tanto nos habeis recomendado.

Punto 2.°

La virtud de la caridad, ó amor que hemos de tener para con nuestros prójimos, es muy noble y santa, por manera que deberia practicarse solo por lo que es en sí: pero además tiene motivos tan poderosos, que ni la soberbia ni el amor propio los pueden resistir; basta reflexionarlos: lo que tiene es que no se meditan, por esto vemos la tierra desolada y perdida, sin caridad ó amor del prójimo, porque no hay quien medite los poderosos motivos que tenemos para ejercitar esta virtud. Vamos, pues, á meditarlos, y son los siguientes:

1.º *Es precepto de Dios, y esto basta.* Debes saber, alma mia, que despues de amar á Dios sobre todas las cosas, debemos amar al prójimo como á nosotros mismos, aunque sea nuestro enemigo. Quizá el amor propio ó la soberbia se resistirá, pero al momento se ha de decir: así lo manda Dios, y si el enemigo no merece ser amado, bien merece Dios ser obedecido; y por amor de Dios, y por la obediencia que le debemos, hemos de amar á nuestros enemigos.

2.º *El segundo motivo es la misma naturaleza humana.* Hay un principio que dice: todo animal ama á su semejante; amar es querer y procurar el bien, luego nos debemos procurar el bien los unos á los otros. Todos formamos un cuerpo moral y social, porque el hombre por naturaleza es social; luego como miembros de un mismo cuerpo nos debemos procurar el bien mútuamente, como observamos que lo hacen los miembros del cuerpo físico.

3.º *Somos cristianos, la Religion nos enseña*

que *todos somos hermanos*, que todos tenemos un mismo Padre, que es Dios, una misma Madre, que es María santísima, y que el mayor gusto que les podemos dar es que nos amemos los unos á los otros como buenos hermanos. Tenemos un mismo Redentor y Abogado, que es Jesucristo, todos somos criados para un mismo fin, que es el cielo; todos tenemos unos mismos preceptos que hemos de guardar, y unos mismos Sacramentos que recibir y verdades que creer, promesas que esperar y castigos que temer.

4.° *Somos discípulos de Jesucristo*, que con sus palabras y ejemplos nos ha enseñado esa tan interesante verdad, y con tal encarecimiento, que llega á decir que en esto conocerémos si somos sus discípulos, si nos amamos los unos á los otros como él nos ha amado; y añade: que todo lo que harémos á nuestro prójimo, él lo tomará como hecho á sí mismo; y para hacer subir mas de punto esta caridad, nos revela una verdad asombrosa y es: que cuando allá al fin del mundo nos vendrá á juzgar, elogiará y premiará á los que habrán amado y hecho bien al prójimo, como si fuera á sí mismo; y por el contrario, á los que no habrán amado y favorecido á su prójimo, como si á él se lo hubiesen negado, los avergonzará y reprenderá públicamente, y por último los condenará al fuego eterno.

5.° *La conveniencia.* Aunque este amor no fuera precepto del Señor, por necesidad se debería amar al prójimo. Observa bien, alma mia, lo que pasa en una casa ó poblacion en donde no hay amor de prójimo ó caridad fraternal, ó que no se aman los unos á los otros como buenos hermanos. ¡Oh Dios mio, qué desórden! ¡qué confusion! Mas parece un infierno, que una casa ó poblacion... Dios retira de ella sus gracias y bendiciones, y los abandona á sí mismos, y ellos vienen á ser el juguete de sus pasiones; no hacen bien ninguno, y están expuestos á cometer mucho mal, á juicios temerarios, sospechas, odios, murmuraciones, riñas, escándalos, y á otros muchos gravísimos males; por esto dice san Juan, que el que no ama como debe á su prójimo está muerto. Es Dios tan amante de este amor ó caridad, que se llama caridad; y donde hay caridad, allí está Dios, allí hay paz y felicidad; mas en donde no hay caridad, no hay paz ni tranquilidad, no se guardan leyes, no se observan preceptos, no se cumplen obligaciones, no se practican virtudes, se pierden los bienes temporales, se contraen enfermedades, se acelera la muerte, y el alma se va á los infiernos despues de haber padecido muchísimo en este mundo.

AFECTOS.

1.° *Resolucion.* Conozco que la caridad es

una virtud tan necesaria, que sin ella no puede haber sociedad. Estoy bien convencido de los motivos poderosísimos que tengo para practicar esta virtud, y así, Dios mediante, me ejercitaré en ella cuanto pueda.

2.° *Súplica.* Dadme gracia, Jesús mio, para ser caritativo con mi prójimo, que le auxilie cuanto pueda, y que nunca jamás le dé que sentir con mis desórdenes y altiveces; que le hable siempre con afabilidad y dulzura, y nunca con palabras agrias, rústicas y de menosprecio; que me compadezca de sus penas y trabajos, y que los remedie cuanto pueda.

Punto 3.°

Considera, alma mia, los medios de que te has de valer para ejercitar bien esa virtud de la caridad ó amor para con tu prójimo.

1.° *No mires de propósito sus faltas y defectos,* por el contrario, contemplarás el bien con que Dios le ha favorecido, y si en él no ves cosa que te pueda llamar la atencion para que le aprecies, piensa que es imágen de Dios, redimido con la sangre de Jesucristo y destinado para el cielo; que tal vez tendrá allá mas gloria que tú; y que aunque en el dia sea malo, quizá se convertirá, hará penitencia, será fervoroso y contraerá mas méritos que tú, como sucedió á un san Pablo, á la Magdalena, á la Samaritana y otros.

"2.° *Has de saber distinguir el pecado del pecador;* al pecado has de aborrecer, pero al pecador has de amar. Cuando veas alguno que ha cometido un delito, pensarás que si tú te hubieras hallado en la tentación que él se ha hallado, tú habrias cometido el mismo pecado que él; y que si él se hallara en la posicion que tú te hallas, y asistido de la gracia con que Dios te asiste, seria mejor que tú eres. No murmures por esto de tu prójimo; teme á Dios; piensa que la fragilidad que tiene uno la puede tener otro, y que en el pecado en que ha caido tu prójimo caerás tú si Dios no te ayuda de un modo especial; y además no pocas veces sucede que Dios permite que nosotros ó nuestros inmediatos parientes vengamos á caer en las mismas faltas que censuramos en los demás. Y así hemos de tratar á los otros, como nosotros quisiéramos ser tratados si hubiéramos incurrido en aquellas faltas.

3.° *Para conservar la caridad hemos tambien de cumplir con las obligaciones de nuestro estado, oficio ó facultad.* No pocas veces hay disgustos, rifas y regaños por faltar á su cumplimiento; así es que los padres y mayores se incomódan, los iguales se quejan, y los inferiores murmuran cuando no se cumplen las obligaciones correspondientes.

4.º *Tambien se deben respetar los intereses aje-nos*, no coger ni desear lo ajeno: el hombre es mas delicado del bolsillo que de la sangre; no pocas veces sucede que los vínculos mas estrechos de parentesco se rompan por un vil interés. Lo mismo se debe decir de la amistad: ¡oh! cuántas amistades se rompen por un mezquino interés, cuántas compañías empiezan en nombre de Dios, y por un sórdido interés acaban en nombre del diablo, armando mil pleitos en que se pierde la caridad, la paz, y aun los mismos intereses: por esto Jesucristo nos dice en su santo Evangelio, que no hagamos resistencia al agravio; si alguno nos quiere armar pleito para quitarnos la túnica, que le alarguemos la capa; y si alguno nos hiere en la mejilla derecha, que le volvamos la otra. Que se pierda todo antes que la caridad... Dejémoslo todo en la mano de Dios, que poderoso es para darnos mas de lo que nos quitan, y justo es para volver por nuestro honor. No deseemos la venganza, antes por el contrario encomendemos al Señor á todos los que nos han per-judicado, á imitacion de Jesús.

5.º *Para conservar la caridad, no solo se han de respetar los intereses y las personas, sino tambien su honor*, tratando á todos con urbanidad y finura; no disgustar á nadie con groserías, palabras descompuestas, con apodos y ridiculeces, pues que semejantes maneras no solo van contra la caridad, sino que además revelan un ánimo vil, mal educado, é indigno de la sociedad humana.

AFECTOS.

1.° *Súplica.* Dadme, Dios mio, aquella caridad paciente, que por nada se altera; aquella caridad bienhechora, que á todos hace bien; aquella caridad universal, que á ninguno exceptúa.

2.° *Resolucion.* Nunca me enfadaré con mis prójimos. Si alguna vez me siento enfadado, callaré hasta que se me haya pasado aquella incomodidad. Nunca hablaré mal de nadie. Ni escucharé á los que dicen mal del prójimo. Haré á todos el bien que pueda, con la ayuda de Dios nuestro Señor y proteccion de María santísima.

Padre nuestro y *Ave María.*
Conclusion como en la pág. 14.

MEDITACION XXXIV.

Del santísimo Sacramento.

La oracion preparatoria como en la pág. 13.

Composicion de lugar. Imagínate que ves á Nuestro Señor Jesucristo en el cenáculo con sus amados Apóstoles, y que tú tambien te hallas con ellos, que á todos lava los piés, y á tí igualmente que á ellos te lava los piés, y te da la sagrada Comunion.

Peticion. ¡Ay Jesús mio!... Vos á mí lavarme los piés... Vos así lo quereis... hágase vuestra santísima voluntad. Ya que me quereis lavar... lavadme, y quedaré mas blanco que la nieve.

Punto 1.°

Considera primeramente, que tanto mas estimable y precioso es un don, cuanto mayor en sí, mas crecido el afecto de la persona que le da, y mas ventajas y utilidades nos proporciona. Estas tres circunstancias concurrieron en sumo grado en la dádiva inestimable que nos hizo el Señor de su cuerpo y sangre en el santísimo Sacramento.

La grandeza del don no pudo subir mas de punto, porque fue como el sello y muestra mayor de todos los beneficios, comunicando en él á cada uno de los fieles todos sus bienes y tesoros., cuerpo, sangre, alma y divinidad, con todos sus méritos, gracias y virtudes, y con invencion tan maravillosa, que ni al entendimiento del mas encumbrado Serafin le hubiera ocurrido por toda la eternidad prodigio tan estupendo, fineza de amor tan extremada; de suerte que con ser Dios infinitamente sábio, bueno y poderoso, no puede en esta vida darnos bien y tesoro que valga mas.

AFECTOS.

1.º *Gracias.* Gracias os doy, amantísimo Señor y Dios mio, de vuestra infinita liberalidad para con esta vil criatura, confundiéndome al mismo tiempo de haber sido hasta ahora de mi parte tan mezquino para con Vos. Pero con pesar y arrepentimiento os pido humildemente que añadais á este soberano favor el de concederme un espíritu y corazon nuevo, para que en adelante le estime como es justo, y corresponda á tan señalada merced con todo amor y fidelidad.

2.º *Súplica.* ¡Oh Vírgen María! cuando Vos oísteis del Arcángel que érais la destinada para la grande dignidad de Madre de Dios, quedásteis confundida. ¿Cómo quedará mi alma al oir y saber que Jesucristo, Hijo del eterno Padre é Hijo de vuestras virginales entrañas, que está en el santí-

simo Sacramento, quiere venir á mi pobre corazon? Alcanzadme, Madre mia, un corazon manso
y humilde como el vuestro; á fin de poder alber-
gar á Jesús, que tanto gusta habitar en los corazones así dispuestos. Ayudadme, asistidme y acom-
pañadme, Madre mia.

Punto 2.°

Considera en segundo lugar la grandeza del afecto, en el cual consiste propiamente la excelencia
del beneficio, porque fue afecto de amor ardentísimo, que es lo mas digno de estimacion. Llama mas
viva de lo que se puede pensar ardia en su pecho
la noche en que instituyó para nuestro bien este
divino Sacramento. Á la misma hora en que los
hombres se estaban apandillando para venir á prenderle y darle infame y cruel muerte, sabiéndolo el
Señor, celebraba estas bodas como esposo amantísimo, para quedarse con ellos hasta la consuma-
cion de los siglos. Hízonos además este regalo en
forma de festin, bajo los accidentes de pan y vino,
para ser comida y bebida nuestra, y juntarse con
nosotros espiritual y corporalmente con tan íntima
union, que así como no hay arte que pueda sepa-
rar el alimento convertido en la sustancia del cuerpo, así no haya ni arte, ni fuerza, ni cosa alguna
que nos aparte de él. Pero en lo que mas descubrió
su finísima caridad fue en que, sabiendo todas las

injurias, irreverencias y sacrilegios que mientras el mundo dúrase habia de recibir en la hostia consagrada de parte de los infieles, herejes y malos cristianos, pasó por todo, y no se detuvo en favorecernos así, con tal de alimentarnos con su misma carne, unirse á nuestras almas estrechamente, hacernos de verdad felices, y colmar los deseos de su amoroso corazon. ¿Quién hubiera nunca imaginado estos excesos, si no nos diese la fe seguridad de su certeza?

AFECTOS.

1.° *Reprension.* ¿Y cómo es que tú correspondes á tan gran merced con tanta frialdad, ó por mejor decir, ingratitud y perfidia? ¿Cómo, habiendo tenido muchas veces este fuego divino dentro del pecho, todavía no arde en él la llama celestial? Conoce tu miseria, llórala con amargura, reanima tu espíritu con actos repetidos de contricion, de fe, de esperanza y de caridad, y pide al amantísimo Jesús que se digne visitarte de nuevo con su presencia, para que unido con él íntimamente en la sagrada Comunion, perseveres hasta la muerte en su amistad y gracia, y despues en el cielo le goces y bendigas por todos los siglos.

2.° *Resolucion.* Veo, Señor, que el amor es fuerte como la muerte; el amor os obliga á sufrirlo todo, á pasar por todo. Yo me resuelvo á entregarme enteramente á Vos; ya no viviré yo, sino que Vos viviréis en mí; yo estaré muerto al mundo y á mí mismo. Viva Jesús, viva Jesús, viva Jesús.

Punto 3.°

Consideremos últimamente, alma mia, las utilidades y ventajas que nos proporciona este pan divino, llamado *Comunion*, entre otros motivos, porque en él comunica el Señor á cada uno de los fieles que le reciben en gracia, el tesoro de virtudes, dones y merecimientos ganados en su santísima vida, pasion y muerte, descubriendo con esta fineza no solo el amor con que dió su vida por todos, sino la pronta y generosa voluntad con que de nuevo moriria por la misma causa, si fuese menester. Y como si para salvarnos fuera poco haber ofrecido una vez su sagrado cuerpo en el ara de la cruz, le multiplica prodigiosamente innumerables veces cada dia en el altar por ministerio de los sacerdotes, con el mismo fin. Ni satisfecho con participarnos los dones de su gracia por los demás Sacramentos y otros canales de beneficencia y misericordia, viene personalmente, y de su propia mano nos colma en este de celestiales riquezas, iluminándonos el entendimiento, inflamándonos la voluntad, mitigando el ardor de nuestras pasiones, reformando nuestros sentidos, y dejándonos hasta en la misma carne la semilla de la inmortalidad, con que resucitemos algun dia para vivir eternamente.

AFECTOS.

1.° *Admiracion.* ¡Oh Dios mio! ¡cuán admirable os habeis mostrado en este compendio de vuestras maravillas, argumento de entrañable amor, y prenda segura de eterna felicidad! Y yo ¡cuán ingrato á tan alto beneficio! ¡cuán escaso y mezquino para quien no se cansa de ser mi liberalísimo bienhechor! ¡Qué poco fruto he sacado del uso y frecuente participacion de esta fuente de todos los bienes! ¿Y qué digo fruto, si cada vez soy peor, cada vez mas indevoto, mas vano, mas impaciente, mas interesado, mas ansioso de los placeres de la tierra? Con gran confusion lo confieso en vuestro divino acatamiento. Baste ya de ingratitud, baste de perversidad y dureza de corazon. Ayudadme con vuestra gracia poderosa; triunfe en mí vuestro amor; y ya que para ser alimento de mi alma obrais tantos milagros en este admirable Sacramento, encended hoy en mi pecho la hoguera de vuestra caridad, con la que siempre viva en gracia vuestra, y despues en la gloria os goce y glorifique por toda la eternidad. Amen.

2.° *Súplica á María santísima.* ¡Oh Madre mia, alcanzadme el vino del divino amor que á mí me falta; decidle á vuestro Hijo que está en el santí-

27

simo Sacramento: Hijo mio, *este pobrecito no tiene vino;* y estoy seguro que lo alcanzaré. Alcanzadme tambien la fe de san Pedro, el amor de san Juan, el celo de Santiago, y la devocion de los demás Apóstoles. Adornadme, Madre mia, con aquellas virtudes que Vos sabeis he menester para acercarme del mejor modo posible al santísimo Sacramento.

Alma de Cristo, santifícame.
Cuerpo de Cristo, sálvame.
Sangre de Cristo, embriágame.
Agua del costado de Cristo, lávame.
Pasion de Cristo, confórtame.
Ó buen Jesús, óyeme.
No permitas que me separe de tí.
Del enemigo maligno defiéndeme.
En la hora de la muerte llámame,
Y mándame que venga á tí,
Para que con tus Santos te alabe
Por los siglos de los siglos. Amen.

Padre nuestro y *Ave María.*
Conclusion como en la pág. 14.

MEDITACION XXXV.

De la perseverancia.

La oracion preparatoria como en la pág. 13.

Composicion de lugar. Imagínate que ves á Jesucristo que te dice: acuérdate de lo que has recibido y aprendido en estos ejercicios, y obsérvalo todo fielmente... Mira que vengo luego; guarda bien lo que tienes, no sea que otro se lleve tu corona[1].

Peticion. Señor y Dios mio, dadme gracia para cumplir con perfeccion los propósitos que he hecho, y que sea perseverante en ellos hasta el fin de mi vida. Amen.

Punto 1.º

¡Qué dicha es la tuya, ó alma mia! Ahora sí que puedes llamarte feliz. Has buscado al Señor en estos dias de retiro, y le has hallado: te ha entrado en su casa el que te ama, y abriéndote los brazos de su misericordia, te ha dado asiento en medio de su corazon. Pero en recompensa de tan grande amor y de tantas finezas como ha usado contigo, quiere que le abras tú el tuyo, y que agradecida

---

[1] Apoc. III.

27*

le dés un abrazo tan estrecho que no le sueltes jamás. Injuria la mas atroz le harias si te separabas de su amada y escogida familia, y cargarias con aquel terrible ¡ay! del profeta Isaías: ¡Ay de los hijos desertores [1]!

¡Ay del que no persevera en el Señor! ¡ay del que abandona su servicio! ¡Qué ingratitud! ¡qué maldad! ¡Pasmaos, cielos! Despues que por un exceso de su amor ha perdonado Dios á un pecador y le ha restituido á su gracia, si este es bastante atrevido para ofenderle gravemente, le dice á Dios con descaro, si no con palabras, á lo menos con sus obras: «No conozco vuestros favores; me desen- «tiendo de vuestro amor; estoy cansado de vuestro «servicio, y así no quiero serviros mas; Satanás «será mi dueño, en sus brazos me echo, yo soy «su esclavo: muera Jesús, viva Satanás...»

¿No te estremeces, alma mia, al oir este lenguaje? ¿no te llenas de horror? ¿será posible que no lo sientas allá en el fondo de tu corazon? ¿Dónde puede caber una ingratitud tan negra, una alevosía tan inaudita, y un orgullo tan insensato? ¡Oh buen Dios! no es extraño que corran por los caminos de la iniquidad los que no os conocen; no es extraño que sigan los embelesos de sus desenfrenados apetitos los que no han gustado

---

[1]   Væ filii desertores. (*Isai.* **xxx**, 1).

la suavidad de vuestras dulzuras; y que sirvan á vuestro enemigo los que no han probado cuán dulce, cuán envidiable es el yugo de vuestro servicio. Pero ¡que os dejen los que os han conocido; que os ofenda quien ha sentido vuestra amable presencia en su alma por medio de la gracia; que peque quien ha gustado los manjares sabrosos de la buena conciencia, y el perenne convite de su seguridad!... ¡Qué monstruosidad! ¡qué desacato! ¡qué insulto contra Vos, ó Señor de la majestad!

¿Insulto? Sí, insulto es deciros claramente que es preferible el pecado á vuestra gracia; que vale mas servir á Satanás que no á Vos: y esto hacen los pecadores cuando pecan; cierran los ojos á vuestra luz para sepultarse en un abismo de tinieblas. ¡Ay de ellos!... que en esto mismo tienen su castigo. No han querido ver, y han quedado ciegos; se han alejado de la fuente de todos los bienes, y se han precipitado en el golfo de todos los males: han odiado la vida, y han caido en las sombras de la muerte. *Si se aleja el justo de su justicia, ¿por ventura vivirá?* No, no vivirá [1].

Mientras el árbol esté plantado junto á la corriente de las aguas, conservará su verdor y lozanía, florecerá, y á su tiempo dará frutos en abundancia; pero si se arranca, si de allí se separa,

[1] Ezech. xviii, 24.

pronto comenzará á marchitarse, se le caerán las hojas, no dará fruto, se secará, y solo será bueno para ser echado al fuego. Lo mismo pasa con el justo que no persevera: mientras estuvo sentado cerca de las corrientes de la divina gracia, abundó en virtudes, y se cargó de méritos para la vida eterna; pero luego que por el pecado se le arroja de esta tierra tan fértil, ya no sirve sino para consumirse en los vicios, y á la postre, para el fuego eterno.

¿Lo entiendes, alma mia? Si quieres salvarte has de perseverar en el estado que has comenzado, y eso á toda costa, porque no se atiende á los principios, sino al fin. San Pablo comenzó mal y acabó bien; Judas comenzó bien y acabó mal: y hé aquí que Judas es condenado, y Pablo es bienaventurado, y uno de los mayores santos del paraíso. ¿Quieres tú ser Judas ó Pablo?... El premio se promete á los que empiezan, mas no se da sino á los que perseveran, dice san Bernardo. La corona de la gloria está pendiente sobre tu cabeza: para ceñirla es preciso que perseveres, pues solo la perseverancia será coronada, dice muy á propósito san Buenavenaventura: persevera, y se te dará. El mismo Jesucristo tiene sobre esto empeñada su palabra: lee el capítulo xxiv de su Evangelio segun san Mateo, y verás que han salido de su divina boca estas palabras: *El que perseverará hasta el fin, ese se salvará.* Desengáñate, alma mia, no basta el deseo de salvarse, y un cierto querer llamado veleidad, sino un querer eficaz, que pase á hacer las obras que para ello son necesarias. El cíelo y el infierno están llenos de hombres de deseos, con la diferencia, sin embargo, que los del infierno se quedaron con los deseos, y los del cielo pusieron manos á la obra : aquellos se condenaron, y estos se han salvado. Desea tú tambien, emprende la obra con eficacia, persevera y te salvarás. Aquí está todo nuestro bien : ánimo, pues, valor y constancia, sin espantarte por mas que sea este un negocio arduo, difícil y costoso.

¿Costoso? Sí, lo es en efecto, y no hay que disimularlo, porque escrito está : *Que el reino de los cielos padece violencia, y los que se la hacen lo arrebatan* [1]. Tener que reprimir todos los malos apetitos; sujetar la carne rebelde; cautivar su voluntad extraviada; humillarse ante la voluntad omnipotente de Dios, y rendirse á todas sus disposiciones sin dar oidos ni al amor propio, ni á otro enemigo; ¡ah! este es el camino, pero camino escabroso, alma mia, y tener que seguirlo constante, adelantar sin volver atrás, sin aflojar... Pero, ¿qué harás, alma mia? ¿Retrocederás por ventura? ¡Ah! no, has salido generosa de un mundo que, cuál

[1] Matth. xi, 12.

otra Pentápolis nefanda, está abrasándose en las llamas de todos los vicios : mira no seas como la necia mujer de Lot, que volvió atrás los ojos, y se quedó en el camino convertida en estatua de sal.

Alma mia, considera bien esta sal, te dice san Agustin; y presérvate de tamaña desgracia: la sal es señal de cordura; sé tú cuerda, y escarmienta en cabeza ajena. Has puesto por tu dicha la mano en el arado, continúa en labrar tu eterna felicidad, sin arredrarte por lo difícil de la empresa, confiando que el Señor, que te ha inspirado tan generoso pensamiento, te dará la fuerza necesaria para llevarlo hasta el fin. Si así lo haces, no serás del número de aquellos necios que comienzan por espíritu y acaban en carne, como les echaba en cara san Pablo á los fieles de Galacia. Y cuidado que no son pocos los que hacen esta locura. El número de los necios es infinito, dijo el Sábio; y san Jerónimo y san Agustin añadieron, que es de muchos el comenzar, pero el perseverar, de pocos. ¿Y no serás bastante generosa para ser del número de los pocos? ¡Oh! sí, te has declarado por el Señor, y confío que perseverarás.

AFECTOS.

1.° *Confianza.* Señor y Padre mio, conozco los peligros, estoy convencido de mi fragilidad, pero espero en vuestra bondad que me sacaréis con bien de todo. No me desampareis, Padre mio.

2.° *Súplica.* Vírgen santísima, Madre mia, rogad á Dios por mí ahora y siempre, para que persevere hasta la muerte. Amen.

Punto 2.°

Pero es necesario, alma mia, que te prepares para la tentacion, porque tienes que andar por un camino estrecho y áspero, y cercado de crueles enemigos. El mundo, el demonio y la carne van ya parapetándose por los dos lados del camino del cielo que emprendes; ya te han observado y conocen tus intentos; te arman celadas, y te embestirán á la primera ocasion que se les presente.

El mundo, ¡oh qué escándalos, qué embustes, qué halagos, qué embelesos va ya preparando para seducir tu corazon! Y cuidado, que está tan diestro en este oficio, que ya cuenta como seguro su triunfo. Mas ¡ay! si su intento le sale vano por este lado, ¡qué lluvia de chanzas, de mofas, de calumnias y de crueles persecuciones va á hacer que caigan sobre tí! Te arrastrará á los tribunales de la crítica, donde serás juzgada sin que se oigan tus descargos, y serás condenada sin compasion; por las calles te señalarán con el dedo; en las tertulias y corrillos se despedazará tu honor; serás tal vez silbada; y serás la fábula y el asunto de las diversiones de los mundanos. Y tú ¿qué harás? ¿desistirás por esto de tu empeño? ¿sabrás á tu vez reirte del mundo como de un verdadero loco, y resistir á sus ataques?

Mas cuando esto hicieres, ¿ignoras que el demonio esforzará á los mundanos, les dará trazas para vencerte, y si esto no puede, les hará crueles contra tí? Tu mismo padre, tu marido, tu hermano, tus amigos quizás serán los peores instrumentos de que se valdrá: bramará en boca de todos, y de todos se valdrá para devorarte. ¡Oh, qué valor tan heróico te será necesario, y qué constancia! ¿Y de dónde lo sacarás? ¿No ves cuán flaco eres, y cuán débil tu carne? Pues precisamente este es el flanco por donde sin duda te atacará, y por donde piensa rendirte. Vendrá y correrá el espíritu, porque es pronto; mas ¿de dónde sacará tantas fuerzas? ¿cómo podrá resistir y triunfar? ¿Cómo? Oye: vela, y vela continuamente, y ora sin cesar, como te dice Jesucristo en su Evangelio, porque lo que para tí es imposible es muy fácil para Dios; y si Dios está por tí, ¿qué podrán contra tí todos tus enemigos? Pero no te descuides por tu parte; haz lo que puedas, que así obligarás al Señor á que te ayude. ¿Te aborrece el mundo, quiere envolverte en sus ruinas? Aborrécele tú tambien, huye de sus secuaces, sal de Babilonia para que no te envuelvan sus tinieblas. ¿El demonio ruge furioso, da vueltas á tu alrededor

buscando la ocasion de devorarte? Vive en una
perfecta sobriedad y vela de continuo, te dice el
apóstol san Pedro, y armado con el escudo de la
fe resístele con fortaleza, porque sabido es que el
demonio es muy valiente con los cobardes, pero
con las almas valientes y generosas es la misma cobardía. ¿La carne quiere sujetar al espíritu? Esfuerza el espíritu, crucifica tu carne y sus concupiscencias con la mortificacion y penitencia, y la
sujetarás. Así será legítima tu pelea, y vencerás, y
ceñirás la inmortal corona: *Sé fiel hasta la muerte,
y yo te daré la corona de vida*, te dice el Señor [1].

Mas ¡ay de mí, que al empuje de una ligera mirada, dice san Agustin, caen los empinados cedros
del Líbano, de quienes no se temia mas que de
los Ambrosios y Jerónimos! Cayeron los fuertes como Sanson, los justos como David, los sábios, como Salomon, los decididos á morir con Cristo como Pedro.... Y nosotros débiles, ignorantes y cobardes, ¿confiarémos? *Será vuestra fortaleza como
la estopa seca*, te dice Dios por el Profeta [2]. ¿Nos
desesperarémos, pues? ¡Oh! no. ¿Dónde se apoya-
rá, pues, nuestra flaqueza? En Vos, Señor; sí, en
Vos espero que me libraréis de mis enemigos [3].

[1] Apoc. ii, 1.
[2] Erit fortitudo vestra, ut favilla stuppæ. (Isai. i, 31).
[3] Domine Deus meus, in te speravi, salvum me fac ex
omnibus persequentibus me, et libera me. (*Psalm.* vii, 2).

ORACION.

Santa María y todos los Santos intercedan por nosotros al Señor, para que merezcamos ser ayudados y salvos por aquel que vive y reina por los siglos de los siglos. Amen [1].

Punto 3.º

Oye, alma mia; san Pablo desafia la tribulacion, la angustia, el hambre, la desnudez, el peligro, la persecucion, la espada, y no teme ser vencido. *¿Quién nos separará?* exclama con denuedo; *¿quién nos separará de la caridad de Jesucristo?* nadie. ¿Por qué? porque aunque en sí mismo era flaco y débil, lo podia todo en el Señor, que le daba fuerzas, como nos lo asegura él mismo; y desconfiado de sí, se apoyaba todo en el Señor. Se le habia dicho que le bastaba la gracia de Jesucristo, y la gracia de Jesucristo le bastó para pelear en buena pelea, para consumar su carrera, para guardar fidelidad, y hacer suya la corona de justicia que el Señor le reservaba. ¿Corona de justicia? ¿Pues no es por la gracia por lo que ha podido adquirirla? Sí, alma mia; atiende: Dios quiso la coopera-

[1] Oracion de Prima.

cion de Pablo, y Pablo añadió á la gracia su cooperacion, esto es, con el auxilio de la gracia practicó las obras que Dios le tenia mandadas, y á las que Dios tenia prometida, como recompensa, la corona inmarcesible de la gloria, y así por los méritos de Jesucristo ganó la corona, y de justicia la corona le fue adjudicada. Y hé aquí lo que debemos hacer tambien nosotros : confiar y trabajar, empleando todos los medios conducentes para adquirirnos la tan difícil y necesaria, pero posible perseverancia final. Tantos millones de Santos la han logrado, ¿y nosotros no podrémos lograrla si empleamos los mismos medios? ¿Y cuáles serán estos? Apréndelo en las cinco máximas siguientes, que son las principales que te conviene observar, y guárdalas con escrupulosidad.

1.ª *Antes morir que pecar.* Esta fue la máxima que dió valor á Susana para resistir á los dos viejos, al casto José para despreciar los halagos de su ama, y al anciano Eleázaro para no manchar sus canas: con ella se hicieron fuertes los siete jóvenes Macabeos, y heróica su tierna madre: se resignaron, sufrieron luchando contra los tormentos mas atroces, hasta vencer, y alcanzar muriendo la corona de la victoria. Perderémos una vida miserable y pasajera, se dijeron, y vamos á adquirirnos otra que es toda dichosa y sempiterna. Este mismo fue el lenguaje de los santos Mártires, y obrando segun él lograron empañar la palma de gloria, y vestir sus blancas estolas, que lavaron con su sangre y con la del Cordero sin mancha, que se hizo cabeza de los Mártires, y borró nuestros pecados, y nos compró la vida, entregándose á la muerte sin hacer caso de la confusion que al sufrirla le esperaba. ¡Oh Dios mio! antes morir que pecar, fue la resolucion de todos los Santos, es la resolucion de todos los justos, y si no ha sido hasta aquí la mia lo es desde ahora, y lo será hasta la muerte: empeño mi palabra, y con vuestra gracia la cumpliré; ni gustos, ni deleites, ni penas, ni la misma muerte han de separarme de Vos. Mas ¡ay! que de mí mismo no soy nada mas que flaqueza, pero confio en Vos, Señor.

2.ª *Huir todas las ocasiones de pecar.* Es la segunda máxima para perseverar. *El que ama el peligro caerá en él y se perderá,* dice el Señor; y por lo mismo no amaré mas el peligro, ni buscaré la ocasion, antes la huiré: los resbaladeros donde caí no lo serán mas, porque los evitaré. El Señor me advierte que vele y ore para no caer en tentacion, y yo velaré y oraré. Mas ¿cómo debo hacerlo para orar con fruto? En nombre y por los méritos de Jesucristo, nos dice el mismo Salvador, é interponiendo la mediacion de María santísima, claman todos los Santos. Aquí tienes, alma mia, el remedio.

3.ª *La oracion y devocion á la Vírgen santísi-*

ma. ¡Oh, quién supiera ser verdadero devoto de María y rogarla de continuo! ¡Quién supiera ganar el corazon á esta gran Madre de misericordia y poderosísima abogada de pecadores! ¿Quieres hacerlo, alma mia? es la cosa mas fácil: ten horrór al pecado, conságrate á su servicio, ríndele todos los obsequios posibles, no con el fin de que puedas encubrir con esto tus faltas, sino con el de enmendarlas, y sobre todo procura formar en tí, para honra suya, una copia viva de sus virtudes. ¡Ah! nunca se ha perdido el que esto ha hecho, ni se perderá jamás. Dentro de esta torre de refugio, ¿qué podrán contra tí los enemigos? Y cubierta con este escudo, ¿cuál de sus tiros podrá herirte? María será para tí una guia segura para andar sin tropiezo en el difícil camino de tu salvacion, y una puerta siempre abierta para entrar en la celestial Jerusalen. Sigue sus pasos, y no errarás; dale tu mano, y no podrás caer. Pero los verdaderos devotos de María confiesan y comulgan con frecuencia, y esta precisamente es la cuarta máxima para perseverar que voy á proponerte.

4.ª *La frecuencia de confesar y comulgar.* Porque díme, alma mia, ¿viviria mucho tu cuerpo sin alimento? ¿y creerias que para hacerle vivir le bastaria tomarle una, dos ó tres veces al año? Y aunque fuera posible que así viviese, ¿estaria muy fuerte y muy robusto? ¿Y querrás que tu alma viva la vida de la gracia sin tomar á menudo el pan divino y sobresustancial de la Eucaristía? ¿Te figuras que la es menos necesario que el material para el cuerpo? No, te engañas tontamente; ni quieras milagros sin necesidad. Como Dios te ha dado el pan material para alimentar á tu cuerpo, así te ha dado el pan eucarístico para mantener y aumentar la vida espiritual de tu alma: comulga, pues, como te lo aconsejan los Santos y te lo persuade tu propia necesidad espiritual, y vivirás eternamente: *Quien come de este pan vivirá para siempre*, dice el Señor [1]. Pero has de comerlo con la disposicion debida, no sea que se te convierta en veneno un manjar tan provechoso y divino. Para esto cuidarás bien de curar tus dolencias con una saludable penitencia, y lavarte á menudo en la celestial piscina de una buena confesion, para que tu vida sea graciosa á los ojos del celestial Esposo de las almas. ¡Oh! si así lo haces, ¡cuán amable serás á Jesucristo! cómo se enamorará de tí, y tú te enamorarás de él! Entonces podrás decir con verdad: Mi Amado es todo para mí, y yo toda para él; entonces el buen Jesús se te dará á conocer, se te hará siempre presente, y tú no dejarás nunca de mirarle con una fe vivísima, y tal vez con los brillantes resplandores de la contemplacion.

[1] Joan. vi, 59.

5.ª *La presencia de Dios.* Mira que Dios te mira. En cualquiera parte que estés, ya sea en casa ó en el campo, ya en la iglesia ó en la calle, ya en lugar público ó en una profunda caverna, siempre te está Dios observando. Y ¿osarias ofenderle á sus mismos ojos? ¿Por ventura no es Dios tu Esposo, tu Padre, tu Señor, tu Juez y tu Dios? ¿Y qué esposa, qué hijo, qué esclavo, qué reo, qué criatura se atrevería á hacer otro tanto? Mira, pues, alma mia, que todos los títulos, la fidelidad, la piedad, el respeto, el temor, la gratitud y el amor, todos, todos te están clamando y te conjuran á que no vuelvas mas á pecar.

¿No lo has visto estos dias? ¿no lo has meditado, pensado y resuelto? ¿no escribiste estas resoluciones en tu corazon? ¡Ah! escríbelas ahora en tu memoria, ó, si te place, escríbelas tambien en el papel para leerlas todos los dias, ó á lo menos todos los meses, á fin de no olvidarlas jamás, y practicarlas con fidelidad, ayudándote para ello con las cinco importantísimas máximas que acabas de ver. ¡Oh qué útiles, qué necesarias te son! Acuérdate siempre de ellas, tenlas continuamente á la vista, y hazlas jugar como los cinco dedos de tu mano derecha, y no pecarás jamás.

Súplica. ¡Oh Dios mio, Dios de mi corazon! venid á mi socorro: por los méritos de Jesucristo, vuestro Hijo y mi amantísimo Redentor, os pido la perseverancia final en vuestra gracia, y que yo muera en vuestro amor. ¡Oh mi dulce Jesús! no permitais que en mí sea infructuoso todo cuanto habeis hecho para salvarme: por vuestras fatigas y sudores, por vuestras humillaciones y malos tratamientos, por la sangre preciosísima que derramásteis, por vuestro desamparo, por vuestras agonías y muerte, no me desampareis, ni consintais que yo me precipite otra vez en mi perdicion. Os amo, Jesús mio, sobre todas las cosas, y espero ser estrechado siempre con nuevos lazos de vuestro amor. ¡Oh amor, oh amor mio! aprisionadme cada vez mas con vuestras cadenas, y que yo viva siempre amando, y exhale mi último aliento á impulsos de vuestro amor. ¡Oh María! Vos sois llamada la Madre del amor hermoso, y sois la dispensadora del gran don de la perseverancia final; á Vos, pues, os le pido, y de Vos le espero, bien seguro de que no quedaré burlado ni confundido eternamente.

Padre nuestro y *Ave María.*
Conclusion como en la pág. 14.

Se concluirán los santos ejercicios cantando ó rezando el Te Deum.

HIMNO.

Te Deum laudamus: * te Dominum confitemur.
Te æternum Patrem: * omnis terra veneratur.
Tibi omnes Angeli: * tibi cœli, et universæ potestates.
Tibi Cherubim et Seraphim: * incessabili voce proclamant:
Sanctus, Sanctus, Sanctus: * Dominus Deus Sabaoth.
Pleni sunt cœli et terra: * majestatis gloriæ tuæ.
Te gloriosus * Apostolorum chorus.
Te Prophetarum * laudabilis numerus.
Te Martyrum candidatus * laudat exercitus.
Te per orbem terrarum * sancta confitetur Ecclesia.
Patrem * immensæ majestatis.
Venerandum tuum verum, * et unicum Filium.
Sanctum quoque * Paraclitum Spiritum.
Tu Rex * gloriæ Christe.
Tu Patris * sempiternus es Filius.
Tu, ad liberandum suscepturus hominem: * non horruisti Virginis uterum.
Tu, devicto mortis aculeo: * aperuisti credentibus regna cœlorum.

28*

Tu ad dexteram Dei sedes : * in gloria Patris.

Judex crederis * esse venturus.

Te ergo quæsumus, tuis famulis subveni : * quos
pretioso sanguine redemisti.

Æterna fac cum Sanctis tuis : * in gloria numerari.

Salvum fac populum tuum, Domine : * et benedic
hæreditati tuæ.

Et rege eos : * et extolle illos usque in æternum.

Per singulos dies * benedicimus te.

Et laudamus nomen tuum in sæculum, * et in sæculum sæculi.

Dignare, Domine, die isto : * sine peccato nos cus-
todire.

Miserere nostri, Domine, * miserere nostri.

Fiat misericordia tua, Domine, super nos : * quem-
admodum speravimus in te.

In te, Domine, speravi : * non confundar in æternum.

℣. Benedicamus Patrem, et Filium, cum Sanc-
to Spiritu.

℟. Laudemus, et superexaltemus eum in sæcula.

℣. Benedicta sit sancta Trinitas, atque indivisa
Unitas.

℟. Confitebimur ei, quia fecit nobiscum mise-
ricordiam suam.

℣. Dominus vobiscum.

℟. Et cum spiritu tuo.

OREMUS.

Deus, cujus misericordiæ non est numerus, et bonitatis infinitus est thesaurus; piissimæ Majestati tuæ pro collatis donis gratias agimus, tuam semper clementiam exorantes, ut qui petentibus postulata concedis, eosdem non deserens, ad præmia futura disponas.

Despues se rezarán en accion de gracias tres Ave Marías *á la Vírgen santísima,* un Padre nuestro y Ave María *á los santos Ángeles, y* otro *á san Ignacio y demás patronos de los ejercicios.*

PRIMERA DISTRIBUCION DEL TIEMPO

DURANTE LOS EJERCICIOS QUE HACEMOS CADA AÑO
CON NUESTROS FAMILIARES.

A las 5 levantarse.

A las 5 y media se empieza con los actos de cristiano, ofrecimiento de obras como está en el CAMINO RECTO, *Veni Sancte Spiritus*, y lectura espiritual hasta las 6.

De 6 á 7 meditacion.

De 7 á 7 y media misa.

De 7 y media á 8 horas canónicas.

A las 8 desayuno y descanso hasta las 9.

De 9 á 10 meditacion.

De 10 á 11 descanso y visita del director.

De 11 á 12 meditacion.

De 12 á 1 menos cuarto, descanso.

De 1 menos cuarto á 1, exámen.

A la 1 comer, y descanso hasta las 3.

De 3 á 4 Vísperas, Completas, Maitines y Láudes, y descanso hasta las 5.

De 5 á 6 meditacion.

De 6 á 7 plática y descanso hasta las 8.

De 8 á 9 Rosario, Via-Crucis, y exámen del dia.

A las 9 cena y retiro.

A las 10 acostarse.

ADVERTENCIAS. 1.ª Durante estos dias siempre se guarda riguroso silencio.

2.ª Si al director le parece bien, puede antes de la meditacion disponer lectura espiritual.

3.ª Durante la mesa se leen las vidas de Santos mas análogos al estado de los ejercitantes.

4.ª El tiempo libre se emplea en examinar la conciencia, confesarse, leer, apuntar los afectos, y escribir los propósitos.

5.ª Con algunas pequeñas variaciones este plan puede servir para las comunidades de religiosas, y para cuantos están obligados al rezo del oficio divino.

SEGUNDA DISTRIBUCION DEL TIEMPO

PARA LOS SEGLARES QUE PUEDAN ESTAR ENCERRADOS DURANTE LOS DIEZ DIAS.

A las 5 y media levantarse.

A las 6 capilla, y se empieza con el ofrecimiento de obras segun el CAMINO RECTO, y lectura hasta las 6 y media.

De 6 y media á 7 y media, meditacion.

De 7 y media á 8 misa.

A las 8 desayuno y descanso hasta las 10.

De 10 á 11 meditacion:

De 11 á 12 descanso y visita del director.

A las 12 Via-Crucis, que dura media hora; se

tiene un cuarto de descanso y otro cuarto de exámen.

A la 1 comer, y descanso hasta las 4.

A las 4 meditacion, plática, y descanso hasta las 7.

A las 7 estacion al santísimo Sacramento, Rosario, dolores y gozos de san José, y exámen.

A las 9 cena.

A las 10 acostarse.

ADVERTENCIAS. 1.ª Durante los ejercicios se guarda un riguroso silencio.

2.ª Durante la mesa se leen vidas de los Santos mas análogos al estado de los ejercitantes.

3.ª El tiempo libre se emplea en examinarse, confesarse, en leer lo que señale el director, en apuntar los afectos brevemente y escribir los propósitos.

4.ª Los exámenes de mediodía y noche en estos dias versarán acerca de la observanciá de este Reglamento.

TERCERA DISTRIBUCIÓN DEL TIEMPO

PARA LOS SEGLARES QUE NO PUEDEN ESTAR ENCERRADOS.

Sólo se reunen dos veces al día.

Por la mañana.

1. Acto primero, que contiene ofrecimiento de obras por el CAMINO RECTO, invocacion del Espíritu Sánto y demás oraciones.

2. Se lee el primer punto de meditacion, y leido este, sale la misa.

3. Despues de la consagracion se leerá el segundo punto, y concluida la misa, el tercero.

4. Concluida la meditacion habrá la plática.

Por la tarde.

1. Rosario, lectura de la confesion general, y exámen de conciencia.

2. Meditacion.

3. Sermon.

ADVERTENCIAS. 1.ª Como solamente se reunirán dos veces en la iglesia no tendrán mas que dos meditaciones en comun, y así procurarán tener las otras dos que están señaladas privadamente, cuando tengan lugar, una por la mañana, y otra por la tarde ó noche.

2.ª Se encarga á todos que guarden recogimiento cuanto les sea posible, y sobre todo silencio y presencia de Dios.

3.ª Escribirán los propósitos con que se han de regir todo el año.

4.ª Al ir y volver no se detendrán por la calle en hablar, solo saludarán cortesmente y pasarán de largo, guardando silencio, recógimiento de sentidos y potencias.

5.ª En su casa, oficina ó taller guarden todo el recógimiento posible, y rumien lo que han oido: si tienen tiempo podrán leer alguno de los libros ó autores señalados en el mismo libro de los Ejercicios. No extrañen que tantas veces encarguemos el silencio, porque la experiencia nos ha enseñado que es la falta que mas se comete en los dias de ejercicios.

MODO DE HACER EL EXÁMEN

DE TODAS LAS FALTAS DEL DIA.

Contiene en sí cinco puntos segun san Ignacio.

El primer punto es el dar gracias á Dios nuestro Señor por los beneficios recibidos. Creo, Dios mio, que estais presente, y os doy gracias por todos los beneficios que me habeis dispensado.

El segundo punto pedir gracia para conocer los pecados. Os suplico, Señor y Dios mio, me deis luz para conocer mis faltas, y auxilio para arrepentirme de ellas.

El tercero es pedir cuenta al alma desde la hora que se levantó hasta el exámen presente, de hora en hora, de tiempo en tiempo, de cuanto ha faltado por pensamiento, palabra y obra.

El cuarto, pedir perdon á Dios nuestro Señor de las faltas: Señor mio Jesucristo, *etc., ó sea* el Acto de contricion.

El quinto, proponer la enmienda con su gracia, y se reza: Padre nuestro.

Práctica. Díme, alma mia, ¿qué has hecho?

¿Cómo lo has hecho? ¿Qué has dejado de hacer de lo que debias?

1. ¿Te has levantado con puntualidad? ¿Te has vestido con decencia? ¿Has pensado en Dios, y en la meditacion que habias de hacer?

2. ¿Has hecho los actos de cristiano? ¿La meditacion con reverencia, fervor, y todo el tiempo señalado?

3. ¿Has oido la misa con devocion? ¿Has hablado en el templo?

4. ¿Has cumplido con las obligaciones de tu estado ú oficio?... ¿Lo has dirigido todo á la mayor gloria de Dios? ¿Has sufrido con paciencia las penas, trabajos, genios, malicia y persecuciones de tus prójimos? ¿Has imitado en la paciencia á Jesús, al buen ladron, á Job, etc., ó por el contrario te has impacientado, maldecido, y?...

5. En cada hora al dar el reloj ¿has rezado el Ave María? ¿Te has puesto en la presencia de Dios?

6. Has rezado todos los dias el santo Rosario con devocion? ¿Y las demás devociones?

7. En la comida y bebida ¿has guardado templanza... y demás?

8. ¿Has tenido la lectura espiritual? ¿Cómo? ¿Por cuánto tiempo?

9. ¿En qué obras de misericordia te has ocupado? ¿Con qué intencion? ¿Cómo las has hecho?

10.   ¿Con qué gentes has tratado? ¿Cómo las has tratado? ¿Qué palabras has dicho?

11.   ¿Has empleado bien el tiempo?

MODO DE HACER EL EXÁMEN

PARTICULAR Y COTIDIANO SEGUN SAN IGNACIO, PARA ENMENDARSE DE ALGUN DEFECTO.

Contiene en sí tres tiempos, y dos veces examinarse.

El primer tiempo es que á la mañana, luego en levantarse, debe el hombre proponer de guardarse con diligencia de aquel pecado particular ó defecto de que se quiere corregir y enmendar.

El segundo despues de comer, pedir á Dios nuestro Señor lo que el hombre quiere, es á saber, gracia para acordarse cuántas veces ha caido en aquel pecado particular ó defecto, y para enmendarse en adelante, y por consiguiente haga el primer exámen pidiendo cuenta á su alma de aquella cosa propuesta, y de que intenta corregirse y enmendarse, discurriendo de hora en hora, ó de tiempo en tiempo, comenzando desde la hora que se levantó hasta el momento en que se hace el exámen... Y despues próponga de nuevo enmendarse hasta el segundo exámen.

El tercer tiempo es despues de cenar: se hará el segundo exámen asimismo de hora en hora, comenzando desde el primer exámen hasta el segundo presente.

ADVERTENCIAS. 1.ª Al cometer una falta se aplicará alguna leve penitencia, v. g. ponerse la mano en el pecho doliéndose de haber caido. Tambien podrá besar en el suelo cuando está solo, ó rezar un Ave María.

2.ª Cotejará un dia con otro, una semana con otra, un mes con otro.

3.ª Es muy útil ejercitarse en la virtud opuesta al defecto que se intenta quitar.

PROPÓSITOS.

Cada año.

Haré los santos ejercicios espirituales.

Cada mes.

Tendré un dia de retiro espiritual.

Cada semana.

Recibiré los sacramentos de la Penitencia y Comunion, ó cada quince dias, ó á lo mas tardar cada mes.

Santificaré los domingos y dias de fiesta que ocurran entre semana. No permitiré en mi casa trabajar, y asistiré á la misa y demás funciones religiosas.

Me ocuparé además en lectura de libros buenos, y en la práctica de obras de misericordia.

Cada dia.

Mañana y noche haré los ejercicios espirituales.

Haré un cuarto ó media hora de meditacion.

Oiré la santa misa, no solamente en los dias festivos, como es un deber, sino tambien en los demás dias por devocion, si las ocupaciones me lo permiten.

Tendré un rato de lectura espiritual.

Haré la visita al santísimo Sacramento.

Rezaré una parte de Rosario.

Siempre.

Andaré en la presencia de Dios, y haré frecuentes jaculatorias.

Tendré gran devocion á la santísima Trinidad.

Seré devotísimo de la Pasion de Nuestro Señor Jesucristo y del santísimo Sacramento.

Tendré mucha devocion á María santísima, Ángeles y Santos.

Seré devoto de las benditas almas del purgatorio.

Seré caritativo con los pobres.

Procuraré por todos los medios posibles la conversion de los pecadores y la perseverancia de los justos.

Estos son los propósitos que he hecho, y que, Dios mediante, me obligo á cumplir, y por esto los firmo hoy dia...

—

LISTA

de los libros que recomendamos á todos los ejercitantes.

Este mismo libro, no solo para hacer los ejercicios, sino tambien para tener el dia de retiro cada mes.

El Camino recto, ó devocionario.

Villacastin, ó Luis de la Puente, *para la meditacion de cada dia.*

Fr. Luis de Granada, Oracion y meditacion.

El Tesoro de proteccion. } *para la devocion de María.*
Glorias de María. . . . }

Kempis.

La Introduccion á la vida devota, por san Francisco de Sales.

El Evangelio de san Mateo, por Nos anotado.

La Conformidad con la voluntad de Dios.

Granada, Guia de pecadores.

Nuestros Opúsculos.

Nuestro Catecismo explicado.

La verdadera instruccion del pueblo, por madama
  de Beaumont.

La Instruccion de la juventud.

Los Estudios filosóficos, por Augusto Nicolás.

La Armonía de la razon y de la Religion.

El Catecismo de Perseverancia, por el abate
  J. Gaume.

El Año cristiano, por Croisset.

Estos libros los ha dado á luz la *Librería religiosa* de
Barcelona, y en sus encargados se hallarán de venta: y
no solo recomendamos estos, sino tambien todos los demás que ha dado, está dando y dará á luz con el tiempo,
Dios mediante, pues que tiene una mira especial de pu-
blicar lo mas instructivo y provechoso, tanto nacional
como extranjero. Si los ejercitantes no se pueden hacer
con todos, á lo menos que se procuren los que puedan
segun el órden que están puestos en esta lista.

DIA DE RETIRO ESPIRITUAL EN CADA MES.

En cada mes se tendrá un dia de retiro espiritual.

Este retiro consistirá principalmente en hacer una meditacion por la mañana, y otra por la tarde ó noche segun la oportunidad; estas dos meditaciones serán de las mismas que se han hecho en los ejercicios, como se ve en la tabla siguiente. Además de las meditaciones se leerán detenidamente los propósitos que se hicieron y se escribieron durante los ejercicios.

Este dia de retiro mensual es muy conveniente para no entibiarse en el fervor, y tambien para enmendarse si en alguna cosa se va faltando, pues como dice aquel proverbio, *quien no coge la gotera, ha de hacer la casa entera.* Se cotejará el presente mes con los anteriores, y así conocerá cómo adelanta en la virtud y disminuye sus defectos. En el mismo dia ó en el siguiente, ó lo mas pronto posible, se confesará de las faltas cometidas en aquel mes.

El dia de retiro, si es posible, será el 25 de cada mes, á fin de recordar los grandes acontecimientos que en estos dias han tenido lugar. Y no dudamos que el recuerdo de estos mismos acontecimientos ayudará mucho para hacer con mas fruto el retiro espiritual.

En dia de 25 de marzo Adan pecó, faltando á la obediencia: en dia 25 de marzo el Hijo de Dios obedeció á la mision que le confiara su Padre [1], y se hizo hombre; y en dia 25 de marzo se humilló á sí mismo, se hizo obediente hasta la muerte, y muerte de cruz [2].

En dia 25 de marzo por el pecado Adan quedó desnudo, y Dios le vistió de piel de cordero, y dijo Dios: *hé aquí Adan hecho como uno de nos* [3]: en efecto, como el Hijo de Dios, que tomó la zamarra de nuestra naturaleza; que se hizo hombre; Cordero de Dios que quita los pecados del mundo; que con sus méritos nos viste de gracia.

En dia 25 de marzo Adan comió la fruta de muerte; y en dia 25 de marzo Jesucristo instituyó el santísimo Sacramento, que es el pan de vida para nuestras almas.

En dia 25 de marzo Adan pecó en el árbol; y en dia 25 de marzo Jesucristo, el nuevo Adan, murió en el árbol de la cruz [4]; y así Jesús venció en

[1] Ecce ego: mitte me. (*Isai.* VI, 8).
[2] Philip. II, 8.
[3] Genes. III, 22.
[4] Los hebreos contaban el dia desde las primeras vísperas á las segundas, como hace actualmente la Iglesia en su rezo; y así se entenderá lo que decimos, que en el mismo dia 25 de marzo fue la institucion del santísimo Sacramento

el árbol á Satanás, ya que este en el árbol habia vencido á Adan [1].

En dia 25 de marzo Adan fue echado fuera del paraíso terrenal; y en dia 25 de marzo el Hijo de Dios entró en el paraíso de María, esto es, se hizo hombre en las purísimas y virginales entrañas de María, y nació el 25 de diciembre.

PLAN Y ÓRDEN DE LAS MEDITACIONES

DEL DIA DE RETIRO DE CADA MES.

y la crucifixion, aunque la una fue á las ocho de la noche del jueves y la otra á las doce de la mañana del viernes, pues que este trecho está cabalmente comprendido entre unas y otras vísperas del dia 25.

[1] In præfatione missæ.

29*

APÉNDICE

sobre la utilidad, necesidad y modo de hacer la confesion general.

1.º   Uno de los mayores bienes que resultan de los santos ejercicios espirituales, es el tranquilizar las conciencias por medio de una buena confesion general. Esta es la que infunde un sumo sosiego en el interior de quien la hace, porque el alma queda serena, y recobra la paz el corazon. ¡Oh qué consuelo el de un alma que ha hecho su confesion general con algun cuidado! Ya no hay cosa alguna que pueda enturbiar la serenidad de sus pensamientos. Ciertas aprensiones de la muerte, del juicio, del infierno y de la eternidad ya no son para ella objetos de horror, antes bien, resignada y conformada con la voluntad de Dios, las mira con una santa tranquilidad, como si para ella no existieran; solo mira la muerte como el término de sus penas y trabajos, y el principio de la eternidad feliz. ¡Oh qué consuelo es el morir y comparecer en el tribunal de Dios, Padre de misericordia, que le ha perdonado y olvidado todos sus pecados despues que ha hecho una limpieza general de todas sus culpas! ¡Qué dulces esperanzas brotan en su corazon! ¿Quién, pues, no se resolverá á hacerla luego?

2.° No obstante, antes de tratar del modo de hacer la confesion general, bueno será advertir que esta para algunas almas es de necesidad, y para otras de utilidad. Es de necesidad para aquellas almas que en las confesiones pasadas han callado ú ocultado maliciosamente, por vergüenza ó por miedo, algun pecado mortal, ó que creian que era un pecado mortal, y que por lo mismo creian que hacian mala la confesion ocultándolo. Tambien tienen necesidad de hacer confesion general aquellas almas que, si bien han confesado siempre todos sus pecados, pero ha sido sin dolor de haber pecado, y sin propósito de no volver mas á pecar. Si sus confesiones han sido sin enmienda ninguna. Si han vivido en ocasion próxima voluntaria. Si han tenido siempre odio ó rencor á su prójimo. Si han retenido lo ajeno, y pudiendo restituirlo no lo han hecho. Si han sido omisos en cumplir las principales obligaciones de su estado. Aquellas almas, pues, que han hecho sus confesiones particulares con alguno de estos defectos, han de entender que han sido nulas y sacrílegas, y que no tienen otro remedio para reparar sus daños y perjuicios, y asegurar su eterna salvacion, que el hacer una buena confesion general.

3.° Mas para aquellas almas que en todas sus

confesiones particulares han puesto de su parte todo el cuidado posible, y que tienen una certidumbre moral de que todas han sido buenas, será no obstante de grande utilidad una buena confesion general, ahora en vida y despues en la hora de la muerte. Digo ahora en vida, pues que á muchas almas les ha servido para comenzar una vida fervorosa y ejemplar, enseñándonos la experiencia que muchísimas almas despues de la confesion general no han vuelto á caer mas, ó á lo menos por mucho tiempo, y luego se vuelven á levantar, y se enmiendan en muchas cosas. Pues que le sucede al alma que se confiesa generalmente lo que á la persona que se viste un rico y precioso vestido nuevo, que por mucho tiempo tiene gran cuidado de no ensuciarlo: así el alma revestida con el vestido de la divina gracia por medio de la confesion general, vive mas cuidadosa de no volver á ensuciarse.

4.° No es posible referir la multitud de almas que por medio de la confesion general han reformado cristianamente su vida, y se han enmendado de ciertos vicios, á los cuales ya no sabian qué remedio aplicar. De aquí es que el primer consejo que suele darse á una persona que quiere mudar de estado es que haga una buena confesion general, como se practica con las que quieren abrazar el estado de religion ó el de matrimonio; como tambien se aconseja á aquellas personas que han vivido mucho tiempo metidas en los negocios del mundo y tratan de retirarse á una vida mas quieta, atendiendo á su alma y entregándose totalmente á Dios; no hallando medio mas eficaz para esta renovacion de espíritu que una buena confesion general. La razon de esto es, porque el alma que se confiesa generalmente concibe mayor dolor de sus pecados pasados, y mayor deseo de enmendarse en lo venidero. Con diferente aspecto se presenta el alma al ver todos sus pecados juntos, que al considerarlos de uno en uno y en diferentes tiempos; al modo que un ejército de soldados, si están dispersos por varios sitios no causan terror, pero lo causa y muy grande cuando están juntos y puestos en batalla y por órden. Por este motivo muchos Santos hicieron varias veces durante su vida la confesion general. En la vida del beato arzobispo de Valencia, don Juan de Ribera, admiracion de la España entera, se refiere que en su vida hizo seis veces confesion general. San Cárlos Borromeo la solia hacer cada año. Tambien hacian sus confesiones generales santa Teresa de Jesús, santa María Magdalena de Pazzis., santa Juana Francisca Chantal. Ahora, pues, estas personas santas no se movian á hacer confesion general por escrúpulo, sino que la hacian por la grande utilidad que prácticamente reportaban, de mayor confusion de sí mismas, de un aumento considerable de dolor de haber pecado, y de mayor fortaleza para enmendarse en lo venidero. De aquí es que san Francisco de Sales, entre otras alabanzas que hace de la confesion general, dice: «Que «nos provoca á una saludable confusion de nuestra «vida pasada, y nos hace admirar los rasgos de la «misericordia de Dios para amarle con mayor fervor «en lo venidero.» Y la práctica es que todas las personas bien arregladas, deseosas de su eterna salvacion, cada año hacen los ejercicios, y en ellos su confesion general de todo aquel año, ó desde la última general que hicieron bien en los años anteriores; y á aquellas almas que nunca jamás la hicieron, se les debe encargar que la hagan á lo menos una vez, cuando tienen mas conocimiento de la gravedad de las culpas, y de la bondad del Señor á quien han ofendido con ellas, como lo hizo santa Margarita de Cortona por órden del mismo Dios, y le gustó tanto, que le dijo: «Hija mia Mar-«garita, en virtud de la confesion general que has «hecho te perdono todos tus pecados.»

5.° ¡Oh bendita confesion general! ¿Quién no se determinará á hacerla con fidelidad, para enriquecerse de tantos bienes como trae? Ella revalida las confesiones pasadas que se hicieron sin las debidas disposiciones, excita al alma con mayor eficacia á la contricion de los pecados cometidos, arranca del corazon todos los vicios y apegos pecaminosos, inclina la divina misericordia á concedernos un perdon general de todas nuestras maldades, y finalmente, consuela al alma penitente, y la vuelve pura como cuando salió de la pila del santo Bautismo, y además la dispone para recibir nuevas gracias y favores en esta vida, y la gloria eterna en la otra.

6.º En vista de los grandes males que subsana, y de los grandes bienes que trae la confesion general, ya nadie admirará que san Ignacio exhorte á todos los que quieran convertirse perfectamente á Dios, que hagan primeramente la confesion general de todos sus pecados cometidos. Ni tampoco extrañará que san Vicente de Paul, de una confesion general que oyó tomase de aquí motivo para hacer sus primeras misiones y fundar despues tan santa congregacion, en la cual se hace profesion expresa de oir confesiones generales. Y así exhortamos y suplicamos á todas las almas que hagan su confesion general, á lo menos á dos clases de personas: á las que nunca la han hecho, y á las que han vivido habituadas en algun vicio, y han continuado en confesarse de tiempo en tiempo con poca ó ninguna enmienda; estas, pues, deben hacer confesion general.

7.º Convencido el entendimiento de la utilidad y necesidad de la confesion general, y resuelta la voluntad á hacerla luego, se da con la dificultad del exámen de la conciencia, mirando esta dificultad como un monte insuperable. Ánimo; no hay para qué espantarse; hé aquí un método facilísimo, que estriba en estos sencillos puntos: 1.º La primera vez que haréis confesion general, solo os confesaréis de los pecados mortales, y de los que os parece en vuestra conciencia que lo son, ó dudais, ó sospechais que lo son. 2.º Si sabeis de fijo el número que son, v. g. seis, diréis que son seis los pecados mortales que habeis cometido. 3.º Si no sabeis si son seis ú ocho, lo diréis así. 4.º Cuando se ha tenido algun vicio, se examinan los años que ha durado el tal vicio, y la frecuencia con que se ha acostumbrado caer en él, computando un tiempo con otro, v. g. dos ó tres veces cada mes, ó dos ó tres veces cada semana, ó cada dia una ó tantas veces. 5.º La persona que haya pecado contra la pureza examinará su conciencia por los estados de su vida, y así pensará primeramente cuántos años tenia cuando se casó, cuántos vivió en el estado del matrimonio, y cuántos en el estado de viudedad; y hallados los años del estado se examinará las veces que ha faltado en cada estado, por ser de distinta especie los pecados de una persona casada de otra que no lo es. 6.º En cuanto á los demás vicios y pecados no es menester hacer esta distincion de estados, puesto que tan pecado es en un estado como en otro. Sin embargo, para ayudar la memoria, bueno será que la persona, para examinarse mejor, vaya discurriendo por el decurso de su vida, empezando desde la niñez, infancia, juventud, qué año tomó estado, y tiempo que en él ha vivido, lugares en que ha estado, compañías que ha tenido, relaciones que ha conservado; y con esta diligencia la conciencia le presentará como un fiel espejo todos los pecados que ha cometido en toda la vida contra los santos mandamientos de la ley de Dios y de la Iglesia, que para mayor método y claridad los irá siguiendo por órden, y en cada mandamiento examinará todo cuanto ha cometido contra aquel mandamiento en todo el discurso de su vida, aplicando á este mandamiento las edades, estados, ocupaciones, etc.

Advertencia. El ejercitante se podrá valer ahora del devocionario para recibir los santos sacramentos de Penitencia y Comunion.

FIN.

ÍNDICE.

FIN DEL ÍNDICE.

LIBROS Y HOJAS VOLANTES

QUE HA DADO Á LUZ

LA LIBRERÍA RELIGIOSA

FUNDADA EN BARCELONA

BAJO LA PROTECCION

DE LA VÍRGEN SANTÍSIMA DE MONSERRAT

Y DEL GLORIOSO SAN MIGUEL

EN EL AÑO DE 1848.

Las obras que ha publicado hasta el presente son las siguientes, advirtiéndose que muchas se han re-impreso varias veces. Se hallan de venta en Barcelona librería de *Riera,* y en provincias en casa los señores Encargados nombrados al efecto.

Obras en 4.° mayor.

—La Santa Biblia en español, por el P. Scio. Seis tomos á 210 rs. en piel de color y relieve.
—Las Vindicias de la Biblia. Un tomo á 39 rs. id.

Obras en 4.°

—Estudios filosóficos por Augusto Nicolás. Tres tomos á 36 rs. en pasta.
—Historia de la Iglesia por Alzog. Cuatro tomos á 44 rs. id.
—Historia eclesiástica de España por La Fuente. Cuatro tomos á 44 rs. id.

—Historia de las Variaciones por Bossuet. Dos tomos á 22 reales id.

—Historia de la Compañía de Jesús por Cretineau-Joli. Seis tomos á 66 rs. id.

—El Protestantismo por Augusto Nicolás: á 11 rs. id.

—Pensamientos de un creyente por Debreyne: á 11 rs. id.

—Las Criaturas por Sabunde: á 11 rs. id.

—Ensayo sobre el Panteismo por Maret: á 11 rs. id.

—La Cosmogonía y la Geología por Debreyne: á 11 rs. id.

—La Teodicea por Maret: á 11 rs. id.

—Larraga novísimamente adicionado por el Excmo. é Ilmo. Sr. Claret: á 24 rs. id.

—Manual de los Confesores por Gaume: á 14 rs. id.

Obras en 8.º mayor.

—Año cristiano por Croisset. Diez y seis tomos á 160 rs. en pasta.

—El hombre feliz por Almeida: á 10 rs. id.

—Exposicion razonada de los dogmas y moral del Cristianismo por Barran. Dos tomos á 20 rs. id.

—Historia de la sociedad doméstica por Gaume. Dos tomos á 20 rs. id.

—Las Glorias de María por san Ligorio: á 10 rs. id.

—El Espíritu de san Francisco de Sales: á 10 rs. id.

—La única cosa necesaria por Geramb: á 10 rs. id.

—El Catolicismo en presencia de sus disidentes por Eyzaguirre. Dos tomos á 20 rs. id.

—Meditaciones del P. Luis de La Puente. Tres tomos á 30 reales id.

—Del Papa.—De la Iglesia galicana en sus relaciones con la Santa Sede. Dos tomos á 20 rs. id.

—Catecismo de perseverancia por Gaume. Ocho tomos á 80 reales id.

—Sermones de Mision, escritos unos y escogidos otros por el misionero apostólico Antonio María Claret y Clará, arzobispo de Santiago de Cuba. Tres tomos á 27 rs. id.

—Coleccion de pláticas dominicales por el Ecxmo. ó Ilmo. Sr. Claret. Siete tomos á 63 rs. id.

—Tratado de la Usura por el abate Marco Mastrofini: á 10 reales id.

Obras en 8.º

—Catecismo con 48 estampas explicado por el Excmo. ó Ilmo. Sr. Claret. Un tomo á 6 rs. en pasta.

—Id. id. en catalan: á 6 rs. id.

—Catecismo de Feller. Cuatro tomos á 24 rs. id.

—Vida devota por san Francisco de Sales: á 6 rs. id.

—Las delicias de la Religion: á 6 rs. id.

— Confesiones de san Agustin. Dos tomos á 12 rs. id.

—Historia de la Reforma por Cobbet. Dos tomos á 12 reales id.

—Nuevas Cartas por Cobbet: á 6 rs. id.

—Preparacion para la Navidad de Jesús, por san Ligorio: á 6 rs. id.

—Tesoro de proteccion en la santísima Vírgen por Almeida: á 6 rs. id.

—Armonía de la Razon y de la Religion por Almeida. Dos tomos á 12 rs. id.

—Combate espiritual. Dos tomos á 12 rs. id.

—La existencia de Dios por Aubert: á 6 rs. id.

—Las notas de la Iglesia por Aubert: á 6 rs. id.

—La conformidad con la voluntad de Dios por Rodriguez: á 6 rs. id.

—Historia de María santísima por Orsini. Dos tomos á 12 reales id.

—Instruccion de la Juventud por Gobinet. Dos tomos á 12 reales id.

—La Biblia de la Infancia por Macías: á 6 rs. id.

—La divinidad de la Confesion por Aubert: á 6 rs. id.

—La Tierra Santa por Geramb. Cuatro tomos á 24 rs. id.

—Guia de pecadores por el V. Granada. Dos tomos á 12 reales id.

—Reflexiones sobre la naturaleza por Sturm. Seis tomos á 36 rs. id.

—Obras de santa Teresa. Cinco tomos á 30 rs. id.

—Reloj de la pasion por san Ligorio: á 6 rs. id.

—Católica infancia por Varela: á 6 rs. id.

—Vida de santa Catalina de Génova: á 6 rs. id.

—Verdadero libro del pueblo por Madama Beaumont: á 6 reales id.

—¿A dónde vamos á parar? por Gaume: á 6 rs. id.

—El Evangelio anotado por el Excmo. é Ilmo. Sr. Claret: á 4 rs. id.

—Veni-mecum por el Ilmo. Sr. Caixal: á 7 rs. en piel de color y relieve.

—Las delicias del campo, ó sea agricultura cubana por el Excmo. é Ilmo. Sr. Claret: á 7 rs. en media pasta.

—Llave de oro para los sacerdotes por el Excmo. é Ilmo. Sr. Claret: á 7 rs. en pasta.

—El Nuevo manojito de flores para los confesores por el Excmo. é Ilmo. Sr. Claret: á 7 rs. id.

—Vida de san Luis Gonzaga: á 6 rs. id.

—Virginia. Tres tomos á 18 rs. id.

—Ejercitatorio de la vida espiritual por el P. Fr. Francisco García de Cisneros: á 6 rs. id.

—El hombre infeliz consolado, por el señor abate D. Diego Zúñiga: á 6 rs. id.

—Historia de santa Isabel de Hungría por el conde de Montalembert. Dos tomos á 12 rs. id.

—Práctica de la viva fe de que el justo vive y se sustenta por el P. Fr. Tomás de Jesús: á 5 rs. id.

—Historia del Cristianismo en el Japon, segun el R. Padre Charlevoix: á 6 rs. id.

—Manual de erudicion sagrada y eclesiástica por D. Bernardo Sala, monje benedictino: á 7 rs. id.

—Del matrimonio civil: opúsculo formado con la doctrina del P. Perrone en su obra *Del matrimonio cristiano:* á 6 reales id.

—Meditaciones para todos los dias de Adviento, novena y

octava de Navidad y demás dias hasta la de la Epifanía inclusive, por san Ligorio: á 5 rs. id.

Obras en 16.°

—Caractéres de la verdadera devocion por el P. Palau: á 4 reales en pasta.

—El arte de encomendarse á Dios por el P. Bellati: á 4 rs. id.

—Las horas sérias de un jóven por Sainte-Foix: á 5 rs. id.

—El Camino recto por el Excmo. é Ilmo. Sr. Claret: á 5 reales en piel de color y relieve.

—Id. id. en catalan: á 4 rs. id.

—Ejercicios para la primera comunion por el Excmo. é Ilmo. Sr. Claret: á 3 y medio rs. id.

—La verdadera sabiduría por el Excmo. é Ilmo. Sr. Claret: á 4 rs. en pasta.

—Coleccion de opúsculos por el Excmo. é Ilmo. Sr. Claret. Cuatro tomos á 20 rs. id.

—Tardes ascéticas, ó sea una apuntacion de los principales documentos para llegar á la perfeccion de la vida cristiana, por un monje benedictino: á 4 rs. id.

—El Párroco con los enfermos, ó sea algunos avisos prácticos para los principiantes en dicha carrera: á 3 rs.

Opúsculos sueltos.

—Avisos á un sacerdote: á 30 rs. el ciento.

—Avisos muy útiles á los padres de familia: á 30 reales el ciento.

—Avisos muy útiles á las casadas: á 30 rs. el ciento.

—Avisos muy útiles á las viudas: á 30 rs. el ciento.

—Avisos saludables á los niños: á 30 rs. el ciento.

—Avisos saludables á las doncellas: á 26 rs. el ciento.

—Avisos á un militar cristiano: á 24 mrs. el ejemplar.

—El rico Epulon en el infierno: á 22 rs. el ciento.

—Reflexiones á todos los Cristianos: á 24 rs. el ciento.

30*

—Resúmen de los principales documentos que necesitan las almas que aspiran á la perfeccion: á 24 rs. el ciento.

—Los tres estados del alma: á 20 rs. el ciento.

—Reglas de espíritu que á unas religiosas muy solícitas de su perfeccion enseñan san Alfonso Ligorio y el V. P. Senyeri Juniore: á 20 rs. el ciento.

—Respeto á los templos: á 22 rs. el ciento.

—Galería del desengaño: á 26 rs. el ciento.

—La Escalera de Jacob y la puerta del cielo: á 30 rs. el ciento.

—Maná del cristiano: á 15 rs. el ciento.

—Idem en catalan: á 15 rs. el ciento.

—El amante de Jesucristo: á 24 mrs. el ejemplar.

—La cesta de Moisés: á 24 mrs. el ejemplar.

—Religiosas en sus casas, ó las hijas del santísimo é inmaculado Corazon de María: á real y cuartillo el ejemplar.

—Breve noticia del orígen, progresos, gracias é instrucciones de la Archicofradía del sagrado Corazon de María, para la conversion de los pecadores; junto con una Novena, para impetrarla del Corazon inmaculado de María: á real el ejemplar.

—Socorro á los difuntos: á 24 mrs. el ejemplar.

—Bálsamo eficaz para curar un sinnúmero de enfermedades de alma y cuerpo: á 24 mrs. el ejemplar.

—Antídoto contra el contagio protestante: á 30 rs. el ciento.

—El viajero recien llegado. Obrita muy importante en las actuales circunstancias: á 26 rs. el ciento.

—Compendi ó breu explicació de la doctrina cristiana en catalan: á 28 maravedís uno.

—El Protestantismo por P. J. P.: á 24 mrs.

—Id. id. en catalan: á 24 mrs.

—El Ferrocarril por el Excmo. é Ilmo. Sr. Claret á 24 mrs.

—La Época presente por el Excmo. é Ilmo. Sr. Claret: á 24 maravedís.

—La Mision de la mujer por el Excmo. é Ilmo. Sr. Claret: á 23 rs. el ciento.

—Las Conferencias de san Vicente para los sacerdotes por el Excmo. é Ilmo. Sr. Claret: á 50 rs. el ciento.

—Cánticos espirituales por el Excmo. é Ilmo. Sr. Claret: á real.

—Devocionario de los párvulos por el Excmo. é Ilmo. señor Claret: á 40 rs. el ciento.

—Máximas espirituales, ó sea reglas para vivir los jóvenes cristianamente, edicion corregida y aumentada por el Excmo. é Ilmo. Sr. Arzobispo de Cuba: á 24 mrs.

—Ramillete de lo mas agradable á Dios, y útil al género humano, por el Excmo. é Ilmo. Sr. Claret: á 22 rs. el ciento.

—Devocion del santísimo Rosario por el Excmo. é Ilmo. señor Arzobispo de Çuba: á 23 rs. el ciento.

—Excelencias y novena del glorioso san Miguel por el excelentísimo é Ilmo. Sr. Arzobispo D. Antonio María Claret: á 22 rs. el ciento.

HOJAS VOLANTES

ESCRITAS POR EL

Excmo. é Ilmo. Sr. Arzobispo D. Antonio María Claret y Clará.

Á 64 RS. LA RESMA.

1. Máximas cristianas: puestas en verso pareado para mejor retenerlas en la memoria.

2. Máximas cristianas: puestas igualmente en verso pareado.

3. Cédula del Rosario de María santísima.

4. Modo de rezar el Rosario. Contiene los quince misterios, Ofrecimiento, y Letanía lauretana.

5. Cédula contra la blasfemia.

6. Specimen vitæ sacerdotalis.

7. Fervorosa y cariñosa exhortacion, que distribuyen im-

presa los misioneros inmediatamente antes de empezar su santo ministerio.

8. Aviso importantísimo que distribuyen los mismos antes de terminar sus santas tareas.

9. Memoria ó recuerdo de la Mision, para distribuir luego de concluida.

10. Propósitos para conservar el fruto y gracia de la santa Mision.

11. Oracion de san Bernardo : Acordaos, piadosísima Vírgen María... *Va seguida de una jaculatoria.*

12. Suspiros y quejas de María santísima dirigidos á los pecadores verdugos de su santísimo Hijo.

13. Breve instruccion que dió el Excmo. é Ilmo. Sr. Arzobispo Claret á un hombre sencillo que encontró por un camino, antes de despedirse de su compañía.

———

21. Amenazas del eterno Padre y modo de evitarlas.

22. Sé fiel hasta la muerte, y te daré la corona de la vida.

———

34. Alma perseverante que no se deja seducir.

35. Alma del Epulon en el infierno.

36. Triunvirato del universo, ó sea necesidad de la confesion.

37. La santa ley de Dios.

38. Cédula del coro de niñas de la piadosa Union.

39. Cédula del coro de niños de id.

40. Devocion al Corazon agonizante de Jesús.

41. Máximas para niños y niñas, ó sea Escalera para subir los mismos al cielo.

42. Prácticas cristianas para todos, ó sea Escalera para id.

NOTA. Para completar los números intermedios que faltan, se imprimirán sucesivamente otras hojas por el estilo.

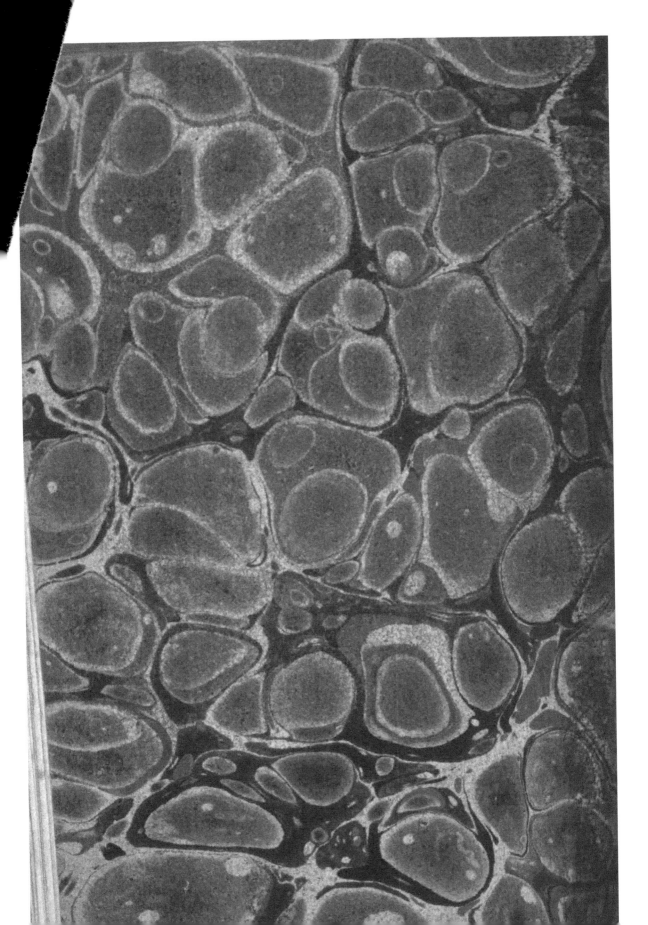

Lightning Source UK Ltd.
Milton Keynes UK
UKHW030628101022
410232UK00009B/559